Notebook

leichter Einstieg für Senioren

Leichter Einstieg für Senioren

Notebook

Starten, Windows, Schreiben,
E-Mail, Internet, mobil ...

GÜNTER BORN

Markt+Technik

Bibliografische Information Der Deutschen Bibliothek
Die Deutsche Bibliothek verzeichnet diese Publikation in der
Deutschen Nationalbibliografie; detaillierte bibliografische Daten
sind im Internet über http://dnb.ddb.de abrufbar.

Umwelthinweis:
Dieses Buch wurde auf chlorfrei gebleichtem Papier gedruckt.

10 9 8 7 6 5 4 3 2 1

08   07

ISBN-13: 978-3-8272-4187-0
ISBN-10: 3-8272-4187-1

© 2007 by Markt+Technik Verlag,
ein Imprint der Pearson Education Deutschland GmbH,
Martin-Kollar-Straße 10–12, D-81829 München/Germany
Alle Rechte vorbehalten
Covergestaltung: Thomas Arlt, tarlt@adesso21.net
Lektorat: Birgit Ellissen, bellissen@pearson.de
Korrektorat: Ulrich Borstelmann, Dortmund
Herstellung: Monika Weiher, mweiher@pearson.de
Satz: Ulrich Borstelmann, Dortmund (www.borstelmann.de)
Druck und Verarbeitung: Kösel, Krugzell (www.KoeselBuch.de)
Printed in Germany

Inhaltsverzeichnis

3 Brennen, Spiele, Fotos, Musik und Video 107

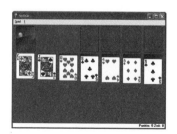

4 Das Notebook als Bürohelfer 149

5 Ich bin drin: Internet und E-Mail 205

Liebe Leserin, lieber Leser

Sie besitzen ein Notebook und möchten dessen Funktionen nun besser kennen und nutzen lernen? Dann ist dieses Buch zum Einstieg genau richtig. Unter dem Motto »Verstehen und Nutzen« lernen Sie das Notebook und verschiedene Programmfunktionen kennen. Das Ganze ist gar nicht schwer und kann sogar Spaß machen.

Sobald Sie mit dem Notebook umgehen können und wissen, wie Programme unter Windows zu handhaben sind, erfahren Sie, was sich sonst noch alles machen lässt. Nach der Lektüre können Sie Briefe oder Texte schreiben, Musik hören, ins Internet gehen, sich bei einem Kartenspiel entspannen, CDs oder DVDs brennen und vieles mehr. Mit den Informationen und Anleitungen dieses Buchs klappt der Einstieg. In diesem Sinne wünsche ich Ihnen viel Erfolg im Umgang mit dem Notebook und beim Lesen dieses Buchs!

G. Born

Arbeiten mit diesem Buch

Das Buch wurde für Einsteiger geschrieben, die ein Notebook verstehen und nutzen möchten. Falls Sie das Buch nicht von vorne bis hinten durchlesen möchten, können Sie sich die interessierenden Teile herauspicken.

Kapitel 1 enthält eine Übersicht über das Notebook, erklärt, wie Sie Zusatzgeräte anschließen, und vermittelt verschiedene Fachbegriffe. Zudem erfahren Sie, welche Software gebraucht wird und was es bei der Pflege zu beachten gibt.

In **Kapitel 2** können Sie loslegen. Ich **erkläre** Ihnen den **Windows-Desktop**, zeige den **Umgang mit** der **Maus** sowie das **Arbeiten mit Fenstern und Programmen** oder den Umgang mit Dateien und Ordnern.

Kapitel 3 zeigt Ihnen, wie Sie mit dem in Windows enthaltenen **Kartenspiel** Solitär umgehen, **Musik** hören, **Videos** ansehen, **Fotos** anzeigen oder CDs bzw. DVDs **brennen**.

Wie Sie ein Notebook als **Bürohelfer** zum **Schreiben** von Briefen einsetzen, wird in **Kapitel 4** gezeigt.

In **Kapitel 5** geht's ins Internet. Ich zeige Ihnen, was Sie dafür brauchen und wie Sie Webseiten auf dem Computer abrufen können. Abschließend erfahren Sie sogar, wie elektronische Post im Internet funktioniert.

In **Kapitel 6** vermittelt hilfreiches Wissen, falls Sie das **Notebook unterwegs nutzen** möchten, während es in **Kapitel 7** um das Anpassen von Windows-Einstellungen oder das **Einrichten** eines **Druckers** geht.

Die **Pannenhilfe** im Anhang hilft bei kleinen Fehlern, und wenn mal ein Begriff unbekannt ist, schlagen Sie einfach im **Computerlexikon** nach.

Mein Start mit dem Notebook

Besitzen Sie ein Notebook oder möchten Sie sich über die Gerätetechnik informieren? Benötigen Sie Informationen, wie Sie Zusatzgeräte anschließen? In diesem Kapitel gebe ich Ihnen einen Überblick, aus welchen Teilen ein Notebook besteht und wie sie genutzt werden. Darüber hinaus lernen Sie, welche Zusatzgeräte sinnvoll sind, wie diese angeschlossen werden und welche Software ggf. gebraucht wird. Zudem gebe ich einige Tipps, was ggf. beim Kauf eines solchen Geräts und was beim Betrieb eines Notebooks zu beachten ist.

Das lernen Sie in diesem Kapitel 1

- Ihr Notebook im Überblick
- Machen Sie das Notebook arbeitsbereit
- Software und Pflege

Ihr Notebook im Überblick

Notebooks (kommt von Notizbuch) werden gelegentlich auch als Laptops (sprich »Läptopp«) bezeichnet. Die Geräte sind leicht, kompakt, überallhin mitzunehmen und leicht in einem Schrank zu verstauen. Notebooks erfreuen sich daher einer steigenden Beliebtheit und ersetzen häufig die viel sperrigeren **Personal Computer** (abgekürzt als **PC**). Da es bei Notebooks einige Besonderheiten gibt, finden Sie in diesem Abschnitt einen Überblick über die Gerätetechnik. Auch wenn Ihr Notebook vielleicht geringfügig anders aussieht, ermöglichen die folgenden Ausführungen sich zu orientieren und die betreffenden Geräteteile bzw. Funktionen zu finden.

Was ist wo?

Ähnlich wie bei Autos (Kleinwagen, Mittelklasse-Limousinen, Lastwagen etc.) gibt es nicht »das Notebook«, sondern es tummeln sich viele Hersteller mit unterschiedlichen Modellen am Markt. Glücklicherweise sind aber die wichtigsten Teile am Notebook bei allen Geräten gleich.

Hier sehen Sie eine Abbildung eines solchen Notebooks, bei dem die wichtigsten Teile mit Namen bezeichnet sind. Tragbare Computer verfügen über ein Gehäuse mit integrierter **Tastatur** sowie einen als Deckel einklappbaren **LCD-Flachbildschirm** (LCD steht für Liquid Crystal Display). An der Vorder- und Rückseite sowie an der rechten bzw. linken Gehäuseseite finden Sie meist die Buchsen zum Anschluss von Zusatzgeräten sowie den Einschub für das CD-/DVD-Laufwerk. Je nach Gerätevariante sind im Gehäuse, entweder in Nähe der Tastatur, im Deckel des LCD-Bildschirms oder an der Vorderseite noch die Lautsprecheröffnungen zur Soundausgabe sowie ein integriertes Mikrofon angebracht.

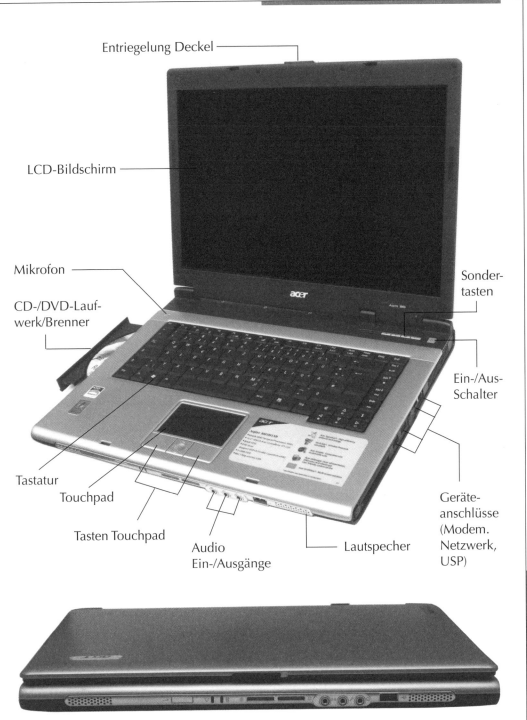

Entriegelung Deckel

LCD-Bildschirm

Mikrofon

CD-/DVD-Lauf-
werk/Brenner

Tastatur

Touchpad

Tasten Touchpad

Audio
Ein-/Ausgänge

Lautspecher

Sonder-
tasten

Ein-/Aus-
Schalter

Geräte-
anschlüsse
(Modem.
Netzwerk,
USP)

Bei einem zusammengeklappten Notebook finden Sie den Mechanismus zum Entriegeln des Deckels meist an der Vorderseite. Sobald Sie den oder die Hebel des Klappmechanismus zur Seite schieben, lässt sich der Deckel per Hand nach oben klappen. Dann ist das Notebook bereits betriebsbereit und kann eingeschaltet werden. Zum Transport schalten Sie das Gerät aus und klappen den Deckel per Hand nach unten, bis der Verriegelungsmechanismus hörbar einrastet.

Ein-/Ausschalten und Stromversorgung

Um mit dem Notebook zu arbeiten, müssen Sie das Gerät einschalten. Ältere Geräte haben hierzu einen Ein-/Ausschalter an der Geräterückseite.

Bei neueren Geräten ist der betreffende Schalter dagegen in der rechten oberen Ecke, oberhalb der Tastatur untergebracht. Ob der Schalter viereckig, wie in der obigen Abbildung, oder rund ist, wie hier gezeigt, spielt keine Rolle. Falls Sie den Schalter nicht finden, schauen Sie im Gerätehandbuch nach.

Notebooks lassen sich sowohl direkt am Stromnetz als auch über Akkus betreiben. Je nach Gerät kann eine Akkuladung dabei für einen mehrstündigen Betrieb benutzt werden. Zu Hause sind Sie aber nicht auf die Akkus angewiesen – es sei denn, Sie möchten das Notebook im Garten benutzen oder mit sich herumtragen und in verschiedenen Zimmern betreiben. Ist eine Steckdose in der Nähe, können Sie das mitgelieferte Netzteil zur Stromversorgung des Notebooks verwenden. Das Netzteil besitzt ein Kabel mit einem Netzstecker für Steckdosen. Das zweite Kabel mit einem Spezialstecker passt in eine Buchse an der Gehäuserückseite des Notebooks. Falls es Probleme gibt, schauen Sie ggf. im Gerätehandbuch nach, wie das Netzteil an das Notebook anzuschließen ist.

Akkulebensdauer und Akkupflege

In Notebooks kommen Spezialakkus der Hersteller auf Lithium-Ionen-Basis zum Einsatz. Die im Notebook eingebauten Akkus verlieren mit der Zeit an Kapazität. Zudem kann durch falsche Handhabung (z. B. häufiges Aufladen bei teilentladenen Akkus) ein Kapazitätsverlust durch Überhitzung auftreten. Der Akku lässt sich dann nicht mehr vollständig aufladen. Generell geht man davon aus, dass sich die Akkus zwischen 500 und 1.000 mal aufladen lassen. Die Lebensdauer der Akkus liegt damit irgendwo bei ca. 3 Jahren, wobei einzelne Zellen auch vorher ausfallen können.

Damit Sie lange Freude am Notebook haben und nicht schon nach kurzer Zeit feststellen, dass die Akkus voll geladen spätestens nach einer halben Stunde schlapp machen, sollten Sie ein paar **Tipps zur Akkupflege** beherzigen.

Betreiben Sie Ihr **Notebook im Haus, setzen** Sie auf das **Stromnetz**. Laden Sie den Akku auf ca. 80 bis 90 Prozent auf und nehmen Sie ihn aus dem Gerät heraus. Lagern Sie den Akku bei niedriger Zimmertemperatur.

Beachten Sie jedoch, dass ein **ausgebauter Akku** durch **Selbstentladung** nach ca. 1 Monat fast leer ist. Um eine Tiefstentladung, die den Akku irreparabel schädigen kann, zu vermeiden, sollten Sie diesen in Intervallen von etwa drei Wochen nachladen.

Sind Sie am **Notebook** auf den **Akkubetrieb** angewiesen? Dann arbeiten Sie mit dem Gerät so lange, bis das Notebook einen leeren Akku anzeigt. Erst danach schließen Sie das Notebook an das Netzgerät an und lassen den Akku vollständig aufladen. Dies kann bei ausgeschaltetem Notebook ca. 1,5 Stunden, im laufenden Betrieb aber 2,5 Stunden und länger dauern.

Gerade der letzte Punkt ist wichtig, denn Akkus sollten Sie nur in entladenem Zustand erneut aufladen. Betreiben Sie dagegen das Notebook abwechseln im Akku- und im Netzbetrieb, wird der Akku nur teilweise entladen und erneut aufgeladen. Ein Dauerbetrieb am Netzteil führt ggf., durch das ständige Nachladen des Akkus, zu einer unnötigen Erhitzung, was die Lebensdauer reduziert.

Die Notebook-Tastatur ...

Die Tastatur dient zur Steuerung des Notebooks und zur Texteingabe. Die Belegung der Sondertasten und der Schreibmaschinentasten zur Texteingabe ist auf den folgenden Seiten zu finden. Weiterhin gehe ich in den Kapiteln zu Windows bzw. zum Schreiben auf das Eingeben von Text über Tastatur ein. Notebook-Tastaturen besitzen aber noch eine Besonderheit – verschiedene Tasten sind mit (meist) blauen Symbolen versehen. Zudem weist die Tastatur in der linken unteren Ecke die Fn-Taste auf. Halten Sie diese Taste gedrückt, lassen sich die blau markierten Tastenfunktionen abrufen. So ist beispielsweise der bei normalen Tastaturen vorhandene separate nummerische Tastenblock bei Notebooks in den normalen Tastaturblock (Tasten J, K, L, Ö etc.) verlagert.

Am oberen Rand findet sich eine Reihe mit speziellen Tasten (die so genannten **Funktionstasten** mit Bezeichnungen wie F1, F2 etc.), über die sich Funktionen direkt abrufen lassen. Blau aufgedruckte Symbole deuten auf eine Doppelbelegung der Tasten mit Sonderfunktionen hin. Mit diesen Tasten lässt sich der TFT-Bildschirm des Notebooks heller, dunkler oder ausschalten. Andere Tasten erlauben eine Lautstärkeanpassung der Lautsprecher oder das Abschalten des Touchpad etc. Die Flächen des Notebook-

Gehäuses unterhalb der Tastatur dienen übrigens als Handballen-
auflage beim Tippen.

HINWEIS

Beim Notebook mit der hier gezeigten Tastatur erlauben beispielsweise
die Tastenkombinationen Fn + ← und Fn + → die Anzeige des
TFT-Bildschirms heller bzw. dunkler zu stellen. Die Tastenkombinationen Fn + ↑ und Fn + ↓ verstellen die Lautstärke. Die Cursortasten (z.B. ←) finden sich dabei in der rechten unteren Ecke der Tastatur. Mit Fn + F4 wird das Notebook in den Ruhemodus versetzt,
während Fn + F5 die Bildschirmanzeige zwischen einem externen
Monitor und dem internen TFT-Bildschirm des Geräts umschaltet. Mit
Fn + F6 lässt sich dagegen die Hintergrundbeleuchtung des internen TFT-Monitors abschalten, was Strom spart und im Akkubetrieb
ganz hilfreich sein kann. Die Tastenkombination Fn + F7 schaltet
das Touchpad ein bzw. aus (hilfreich, wenn eine externe Maus benutzt
wird), während Fn + F8 die Lautsprecherausgabe ein- oder ausschal-
tet (ganz nett, wenn Sie die Soundausgabe allzu sehr stört). Leider unterscheidet sich die Funktionsbelegung der Fn -Taste etwas zwischen
den einzelnen Geräteherstellern. Ich empfehle Ihnen daher einen Blick
in die Geräteunterlagen, um die Tasten für die hier genannten Sonderfunktionen herauszufinden.

Schreibmaschinen-Tastenblock

Diese Tasten bedienen Sie genauso wie an der Schreibmaschine. Mit der Eingabetaste schicken Sie außerdem Befehle an den Computer ab.

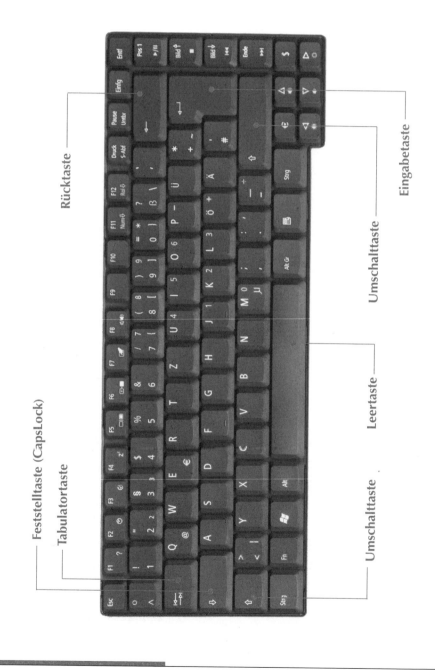

Feststelltaste (CapsLock)

Tabulatortaste

Rücktaste

Umschalttaste

Umschalttaste

Leertaste

Eingabetaste

Sondertasten, Funktionstasten, Navigationstasten, Zahlenblock

Sondertasten und Funktionstasten werden für besondere Aufgaben bei der Computerbedienung eingesetzt. [Strg] -, [Alt] - und [AltGr] -Taste meist in Kombination mit anderen Tasten. Mit der [Esc] -Taste können Sie Befehle abbrechen, mit [Einfg] und [Entf] u. a. Text einfügen oder löschen. Die [Fn] -Taste erlaubt Sonderfunktionen auf der Tastatur (z. B. Bildschirm heller/dunkler) abzurufen.

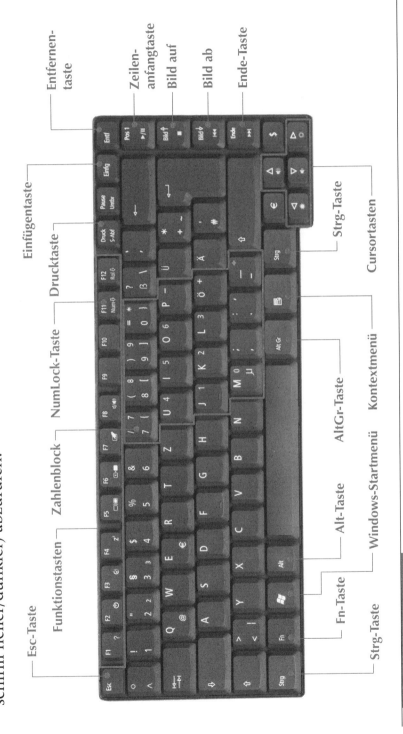

Esc-Taste
Funktionstasten
Zahlenblock
NumLock-Taste
Drucktaste
Einfügentaste
Entfernentaste
Zeilenanfangtaste
Bild auf
Bild ab
Ende-Taste
Strg-Taste
Cursortasten
Kontextmenü
AltGr-Taste
Alt-Taste
Windows-Startmenü
Fn-Taste
Strg-Taste

... und das Touchpad

Statt einer Maus verfügen moderne Notebooks über ein so genanntes Touchpad (sprich »Tatchpäd«). Es handelt sich um eine berührungsempfindliche Fläche und ein Tastenfeld, mit dem sich die Funktionalität einer Maus nachempfinden lässt.

Hier sehen Sie ein typisches Touchpad samt dem aus drei Tasten bestehenden Tastenfeld.

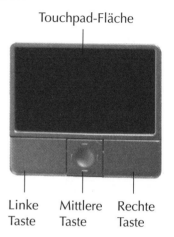

Touchpad-Fläche

In Kapitel 2 lernen Sie den Umgang mit der Maus zur Bedienung von Windows. Aus Vereinfachungsgründen beziehen sich alle Hinweise in den folgenden Kapiteln auf das Arbeiten mit einer Maus. **Sofern Sie** keine Maus, sondern das **Touchpad** des Notebooks **verwenden**, müssen Sie folgende **Arbeitstechniken beherrschen** und entsprechend den »Anweisungen zum Umgang mit der Maus« in den Folgekapiteln anwenden.

Linke Taste   Mittlere Taste   Rechte Taste

- Streichen Sie mit dem Finger über die berührungsempfindliche Fläche des Touchpad, wird der Cursor auf dem Bildschirm bewegt. Dies entspricht der in Kapitel 2 erläuterten Technik »Zeigen Sie mit der Maus«.

- Tippen Sie das Touchpad kurz mit dem Finger an, wirkt dies wie das in Kapitel 2 beschriebene »Klicken mit der linken Maustaste«. Ein schnelles doppeltes Antippen des Touchpad mit dem Finger entspricht dagegen dem »Doppelklick mit der Maus«.

Es ist nur ein leichter Druck auf die berührungsempfindliche Fläche erforderlich – starker Druck erhöht keinesfalls die Reaktionsfähigkeit, kann aber zur Beschädigung des Sensors führen! **Unterhalb des Touchpad** finden Sie meist noch **drei Tasten**, die folgende Bedeutung haben.

■ Drücken Sie die linke Taste unterhalb des Touchpad einmal kurz, entspricht dies ebenfalls dem »Klicken mit der Maus«. Ein zweimaliges kurzes Antippen der linken Taste entspricht dem »Doppelklick per Maus«.

■ Drücken Sie die rechte Taste unterhalb des Touchpad einmal kurz, öffnet dies unter Windows ein so genanntes Kontextmenü und entspricht dem »Klicken mit der rechten Maustaste«.

■ Die mittlere Taste ist hier als »4-Wege-Bildlauftaste« realisiert, um Fensterinhalte nach oben, unten, rechts oder links zu bewegen. Hierzu lässt sich die betreffende Taste in den vier Bewegungsrichtungen kippen. Dies entspricht dem in Kapitel 2 beschriebenen Klicken auf die Bildlaufleisten von Fenstern.

■ Halten Sie die linke Taste gedrückt und streichen Sie mit dem Finger über die Fläche des Touchpad, entspricht dies der Technik »Ziehen mit der Maus«. Alternativ können Sie auch die rechte Taste drücken und dann mit dem Finger über das Touchpad streichen, um das »Ziehen mit der rechten Maustaste« zu simulieren.

Sie sollten nur mit trockenen und sauberen Fingern die Fläche des Touchpad berühren. Ein verschmutztes Touchpad wird u.U. nicht mehr reagieren. Reinigen Sie dann die Fläche mit einem feuchten Lappen.

HINWEIS

Notebooks der Firma IBM besitzen meist noch einen so genannten **Trackpoint**. Dieser ist als kleine rote Kunststoffkugel in der Tastatur eingebaut. Durch leichtes Drücken mit dem Finger erlaubt dieser Trackpoint den Mauszeiger auf dem Bildschirm in vier Richtungen zu bewegen.

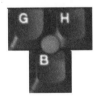

Persönlich empfinde ich aber das Arbeiten mit dem Trackpoint und dem Touchpad als recht umständlich. Sofern ich zu Hause, am Schreibtisch, mit dem Notebook arbeite, verwende ich daher eine zusätzliche Maus (und teilweise sogar eine Zusatztastatur). Auf diese Frage gehe ich auf den folgenden Seiten noch kurz ein.

DVD-Laufwerke und -Brenner

Um Programme auf dem Notebook einzuspielen, Musik zu hören oder Videos auf DVD anzusehen, sind moderne Notebooks mit einem **DVD-Laufwerk** ausgestattet. Diese Laufwerke können sowohl die von der Musikindustrie zur Speicherung von Musikstücken verwendeten **Audio-CDs** als auch normale **Programm-** oder **Foto-CDs** lesen. Größere Datenmengen oder gar Videofilme werden dagegen auf so genannten DVDs verbreitet und lassen sich ebenfalls in einem DVD-Laufwerk einlesen. Mittlerweile werden praktisch alle Notebooks bereits ab Hersteller statt mit einem DVD-Laufwerk mit einem **DVD-Brenner** ausgestattet. Ein solches Laufwerk kann sowohl **CDs** als auch **DVDs** einlesen, gestattet aber auch, CDs (steht für Compact Disk) oder DVDs (steht für Digital Versatile Disk) mit Fotos, Videos, Programmen, Dokumenten etc. **selbst** herzustellen (zu **brennen**, siehe Kapitel 3).

CDs und DVDs richtig handhaben

An dieser Stelle sollte ich Ihnen vielleicht auch noch einige Hinweise zur richtigen Handhabung der Medien sowie zur Bedienung des DVD-Laufwerks geben.

Das im Notebook eingebaute Laufwerk besitzt an der Frontseite eine Auswurftaste. Ist das Notebook eingeschaltet und drücken Sie kurz auf die Taste, wird die Schublade ausgefahren. Eine bereits eingelegte CD oder DVD lässt sich dann entnehmen.

Auswurftaste

Um eine CD oder DVD zu laden, legen Sie diese mit der spiegelnden Seite nach unten, die beschriftete Seite sollte von oben sichtbar sein, in das Laufwerk. Legen Sie das Medium so ein, dass der bei Notebook-DVD-Laufwerken vorhandene Zentrierungsdorn in das Loch in der Mitte der CD/DVD passt. Wenn Sie das Medium dann leicht andrücken, rastet dieser Dorn genau im Zentrierungsloch der CD/DVD ein. Anschließend schieben Sie die Schublade des Laufwerks in das Gehäuse ein, bis der Mechanismus einrastet.

HINWEIS

Die Oberseite einer CD/DVD ist meist vom Hersteller bedruckt, während die silbern, golden oder blau schimmernde Unterseite zum Ablesen der Daten benutzt wird. Achten Sie darauf, dass diese Unterseite frei von Schmutz, Fingerabdrücken oder Kratzern bleibt. Fassen Sie die CD/DVD immer am Rand an, um Fettflecke zu vermeiden, und legen Sie nicht mehr benutzte Medien in die Schutzhülle zurück. Falls Sie diese Hinweise nicht beachten, besteht die Gefahr, dass sich die CD bzw. DVD nicht mehr abspielen lässt.

Beim Einlegen einer CD/DVD versucht Windows sofort, deren Inhalt zu lesen (erkennbar am Blinken der Anzeige an der Frontseite des Laufwerks). Manchmal wird dann automatisch ein Programm gestartet. Den Programmstart können Sie verhindern, indem Sie nach dem Einfahren der Schublade die ⬆-Taste auf der Tastatur für einige Sekunden gedrückt halten. Solange die Anzeige des Laufwerks blinkt, lässt sich die Schublade nicht mehr ausfahren (oder sie wird sofort wieder eingefahren). Gelegentlich kommt es auch vor, dass sich eine CD oder DVD nicht mehr lesen lässt, wodurch das Laufwerk sehr lange arbeitet. Warten Sie in allen Fällen ab, bis die Zugriffsanzeige am Laufwerk erlischt, und drücken Sie dann die Auswurftaste. Bei Leseproblemen hilft es manchmal, das Medium herauszunehmen und den ganzen Vorgang nochmals durchzuführen.

Festplattenlaufwerke im Notebook

Zur Speicherung der Daten ist im Notebook eine so genannte **Festplatte** (manchmal auch als **Harddisk-Drive** oder abgekürzt **HDD** bezeichnet), eingebaut. Sie brauchen sich um dieses Teil eigentlich nicht zu kümmern. Für die Menge an aufzunehmenden Daten ist die Festplattenkapazität ausschlaggebend, die bei modernen Geräten zwischen 40 und 120 Gbyte liegt. Dies erlaubt Ihnen neben Windows auch viele Dokumente, Fotos, Musik und sogar Videos auf der Festplatte abzulegen. In Kapitel 2 gehe ich auf das Arbeiten mit dem Inhalt der Festplatte ein.

Manche Notebooks erlauben zwei Festplatten einzubauen, um mehr Speicher zu haben. Konsultieren Sie das Gerätehandbuch oder fragen Sie Ihren Händler, falls Sie mehr Festplattenspeicher für Ihr Notebook benötigen. Alternativ gibt es externe Zusatzfestplatten, die sich über die nachfolgend vorgestellte USB-Technik an das Notebook anschließen lassen.

Eine Festplatte besteht aus
rotierenden Metallscheiben
mit einer magnetisierbaren
Speicherschicht. Ein Schreib-/
Lesekopf kann Daten auf
diese Speicherschicht schreiben und später wieder
zurücklesen. Zum Schutz
vor Schmutz und Staub sind
die Festplatten in einem
hermetisch dichten Gehäuse
gekapselt.

Beachten Sie, dass eine Festplatte ein stoßempfindliches

(Foto: Western Digital Corporation)

Gebilde ist (beim Anstoßen kann der Schreib-/Lesekopf auf die rotie-
rende Metallscheibe aufschlagen und die Speicherschicht beschädigen). Sie sollten das Notebook daher keinesfalls während des Betriebs
harten Stößen aussetzen, da dies die Festplatte beschädigen und zu
Datenverlusten führen kann. Auch ein ausgeschaltetes Notebook sollte
nicht fallen gelassen werden, da dann neben der Festplatte die TFT-Anzeige Schaden nehmen könnte.

Machen Sie das Notebook arbeitsbereit

Im vorhergehenden Abschnitt haben Sie einen groben Überblick
über das Notebook und die Handhabung von Tastatur, TouchPad
und DVD-Laufwerk erhalten. Jetzt erfahren Sie, wie Sie ggf. Zubehör wie Drucker oder externe Geräte anschließen und was die
vielen Anschlussbuchsen bedeuten.

Auspacken, anschließen, einschalten!

Haben Sie sich gerade ein Notebook zugelegt? Die Inbetriebnahme
ist mit wenigen Handgriffen erledigt, da bei einem solchen Gerät
eigentlich alle Funktionen an Bord sind.

- Packen Sie das Gerät aus und überprüfen Sie, ob nichts beschädigt ist. Werfen Sie zumindest einen Blick in das Gerätehandbuch, um zu prüfen, ob alle Teile vorhanden sind, und festzustellen, ob etwas besonderes bei der Inbetriebnahme zu beachten ist.

- Stöpseln Sie den Stecker des Netzteils in die Steckdose und verbinden Sie das andere Ende des Netzteilkabels mit der Stromeingangsbuchse des Notebooks.

- Entriegeln Sie den Deckel des Notebooks über die entsprechende Taste und klappen Sie diesen so hoch, dass die TFT-Anzeige zu sehen ist. Anschließend brauchen Sie nur noch den Einschalter am Gerät zu drücken.

Dann sollte das Notebook Windows starten. Es kann einige Zeit dauern, bis Sie zum Anmeldebildschirm von Windows kommen (siehe Kapitel 2) und mit dem Gerät arbeiten können. Bei der ersten Inbetriebnahme sind die Akkus vermutlich noch leer. Belassen Sie das Gerät solange am Netz, bis die Akkus vollständig aufgeladen sind.

Drucker und Druckeranschluss

Um einen Brief, eine Webseite oder etwas anderes zu Papier zu bringen, werden Sie einen Drucker benötigen.

Im Privatbereich empfiehlt es sich, auf einen der recht preiswerten **Tintenstrahldrucker** zurückzugreifen. Diese können heute in Farbe und Schwarzweiß drucken, lassen sich also sowohl zur Ausgabe von Dokumenten als auch für den Fotodruck verwenden. Einziger Nachteil ist, dass die Tinte nicht wasserfest und recht teuer ist.

Beim Kauf solcher Tintenstrahldrucker empfiehlt es sich, auf Geräte mit einzeln auswechselbaren Farbtanks zu achten, um die Druckkosten niedrig zu halten. Je nach Druckermodell lassen sich zudem preiswertere Tintenpatronen von Drittherstellern oder Nachfüllpacks über den Fachhandel (oder über den Versandhandel wie z.B. Firma Pearl, *www.pearl.de*) beziehen.

HINWEIS

Wer viel druckt oder auf wischfeste Ausdrucke Wert legt, kann auf einen der mittlerweile preiswerten Schwarzweiß-**Laserdrucker** zurückgreifen. Diese arbeiten, ähnlich wie Fotokopierer, mit Toner. Farblaserdrucker sind noch recht teuer, haben hohe Druckkosten und eignen sich (noch) nicht für den Fotodruck.

Der Anschluss und die Inbetriebnahme des Druckers ist recht einfach. Moderne Drucker lassen sich über ein so genanntes USB-Kabel an das Notebook anschließen. Dieses Kabel besitzt zwei Stecker an seinen Enden. Stöpseln Sie das Ende mit dem hier gezeigten Stecker in die entsprechende Buchse an der Geräterückseite des Druckers.

Hier ist der betreffende USB-Anschluss des Druckers rechts zu sehen. Die linke Buchse erlaubt den Anschluss eines parallelen Druckerkabels.

HINWEIS

An modernen Notebooks sind aber meist keine Anschlussbuchsen für parallele Druckerkabel mehr vorhanden. Ein USB-Kabel für den Drucker erhalten Sie bei Bedarf im Fachhandel.

Das zweite Ende des USB-Kabels mit dem hier ge-
zeigten USB-Stecker ist für den Anschluss am Com-
puter bzw. Notebook vorgesehen. Notebooks bieten
meist mehrere USB-Buchsen zum Anschluss verschiedener Geräte (Zusatzmaus, Drucker, Scanner)

Stöpseln Sie den USB-Stecker in eine leere USB-
Buchse an der Gehäuse(Rück-) Seite des Note-
books ein.

Das war es schon. Bei der erstmaligen Inbetriebnahme erkennt
Windows den (eingeschalteten) Drucker und installiert ein als
(Drucker-)Treiber bezeichnetes Steuerprogramm. Kennt Windows
den Drucker nicht, werden Sie zum Einlegen der CD des Druckerherstellers aufgefordert. Windows sucht dann auf der in das DVD-
Laufwerk eingelegten CD den Treiber und kopiert diesen eigen-
ständig auf die Festplatte. Sie werden lediglich in verschiedenen
Fenstern aufgefordert, diese Schritte zu bestätigen (eine Einführung in die Bedienkonzepte von Windows-Fenstern finden Sie in
den folgenden Kapiteln).

TECHTALK

Geräteanschlüsse, das sollten Sie wissen

Um möglichst einfach Geräte wie Maus, Drucker, Scanner, Tastatur
etc. an einen Computer anzuschließen, wurde vor einigen Jahren die
so genannte **USB-Anschlusstechnik** entwickelt (USB steht für Univer-
sal Serial Bus). Auf Grund des geringen Platzangebots besitzen moderne Notebooks fast nur noch USB-Buchsen zum Anschluss externer
Geräte. USB 2.0 ist die schnellere Variante, die durch neue Geräte
wie externe Festplatten oder Brenner benötigt wird. Ein großes Plus
der **USB-Technik** gegenüber den anderen Anschlusstechniken: Es gibt
nur einen USB-Buchsentyp am Notebook und es ist zulässig, **Geräte
während des laufenden Betriebs an- und abzustöpseln**. Der Computer
erkennt dies und bindet das Gerät automatisch ein bzw. meldet das
Gerät wieder ab – nur beim ersten Anschließen eines Geräts fordert

Windows die Installation eines Gerätetreibers. Reichen die verfügbaren USB-Buchsen am Notebook nicht, gibt es im Fachhandel so genannte **USB-Hubs**. Dies sind kleine Verteilerkästen, die für einen USB-Anschluss vier zusätzliche USB-Ausgänge bereitstellen.

Bei Camcordern und externen Laufwerken kommt noch die so genannte **Firewire-Schnittstelle** zum Einsatz.

Diese verwendet eine ähnliche Technik wie USB, erlaubt aber noch höhere Geschwindigkeiten zur Datenübertragung. Firewire benötigt aber Kabel mit Steckern, die auf die hier gezeigten Buchsen passen.

Obwohl die meisten Notebooks eingebaute Lautsprecher und ein Mikrofon aufweisen, können Sie über separate Buchsen auch eine Verbindung zur HiFi-Anlage oder zu einem separaten Mikrofon aufbauen. Die hier gezeigte Frontseite eines Notebooks enthält neben einer USB-Buchse und der Lautsprecheröffnung (rechts) noch drei Audiobuchsen. Über diese Buchsen lassen sich Audiosignale über Kabel mit 3,5 mm Klinkenstecker übertragen.

Die linke, mit einem blauen Ring gekennzeichnete, Buchse erlaubt das Einspeisen von Audiosignalen in das Notebook – während die mittlere, mit einem roten Ring markierte, Buchse den Anschluss eines externen Mikrofons ermöglicht. Die Tonsignale beider Eingänge können mit geeigneten Programmen aufgezeichnet werden. Sie können dies beispielsweise nutzen, um Radiomitschnitte von der HiFi-Anlage oder Sprachnachrichten vom Mikrofon aufzuzeichnen und später auf CD bzw. DVD zu brennen. Die rechte, mit einem grünen Ring gekennzeichnete, Miniaturbuchse dient zum Anschluss eines Kopfhörers. Über ein Audiokabel können Sie diese Buchse des Notebooks auch mit der HiFi-Anlage verbinden, um Tonsignale in Stereoqualität an die externe Anlage zu übertragen.

Manche Notebooks besitzen aber koaxiale (SP/DIFF) und optische (TOSLink) Audioausgänge. Diese erlauben über Spezialkabel (Koaxkabel oder Glasfaserleitungen) den Video-Mehrkanalton von DVDs (z.B. Dolby  Digital) an entsprechende externe Heimkinoanlagen zu übertragen.

Allerdings führt die Behandlung dieser Fragestellungen über den Ansatz dieses Buches hinaus – mein beim Verlag publizierter Titel »Easy – Heimkino« geht detaillierter auf solche Themen ein.

Laufwerke für Wechseldatenträger

Viele Benutzer eines Notebooks besitzen auch eine Digitalkamera. Meist wird die Kamera über ein USB-Kabel an das Notebook angeschlossen. Dann muss ein spezieller Treiber installiert werden, um die Fotos von der Kamera lesen zu können. Einfacher und schneller geht es mit einem **Lesegerät** für solche Speicherkarten. Manche Notebooks besitzen bereits einen entsprechenden Einschub zum Lesen von Speicherkarten (SD- oder MMC-Speicherkarten).

Alternativ werden solche Lesegeräte, die gleich mehrere Kartenformate unterstützen, bereits für unter 10 Euro im Fachhandel angeboten. Achten Sie beim Kauf lediglich darauf, dass diese für Windows XP keine Treiber benötigen. Dann reicht es, das Laufwerk über ein USB-Kabel an den Computer anzuschließen – fertig!

Zum Sichern und zum Transport von
großen Datenmengen zwischen Notebooks kommen auch so genannte **USB-
Memory-Sticks** mit 128, 256 Mbyte
oder mehr Speicherkapazität zum Einsatz.

Wird eine Speicherkarte in das Lesegerät oder ein USB-Memory-
Stick in eine USB-Buchse des Notebooks eingesteckt, erkennt Windows dies und zeigt das Laufwerk als Wechseldatenträger an (siehe
Kapitel 2). Sie können dann die Fotos oder Daten direkt von der
Speicherkarte auf die Festplatte kopieren. Natürlich lassen sich
auch Daten von der Festplatte auf die Speicherkarte bzw. den Memory-Stick zurückschreiben. Achten Sie lediglich darauf, dass Sie
den Memory-Stick oder die Speicherkarte nicht abziehen, solange
noch Daten geschrieben werden. Der Zugriff auf die Speichermedi-
en wird meist durch eine kleine Statusleuchte angezeigt.

HINWEIS

Neben den hier erwähnten Speicherkartenlesern gibt es im Handel auch
externe Festplatten oder DVD-Brenner, die sich über USB-Kabel an das
Notebook anschließen lassen. Achten Sie bei solchen Geräten darauf,
dass diese eine eigene Stromversorgung besitzen – andernfalls kann
es zu Problemen beim Betrieb kommen. Einfache Geräte wie Mäuse,
Speicherkartenleser, USB-Memory-Sticks brauchen dagegen nur wenig
Strom, den sie aus der USB-Buchse des Notebooks beziehen.

Externe Maus, Tastatur und Bildschirm?

Da haben Sie ein Notebook gekauft, weil das alles schön kompakt
ist und sich mitnehmen oder schnell in einen Schrank verstauen
lässt. Wer jedoch viel mit dem Gerät arbeitet, wird einige Einschränkungen bemerken. Ich persönlich arbeite lieber mit einer
Maus als mit einem Touchpad und das Eintippen langer Texte geht
mir mit einer externen Computertastatur auch flotter von der
Hand. Um Fotos und Videos zu begutachten oder eine Diashow

vorzuführen, schließe ich gelegentlich auch einen Computermonitor oder einen Videoprojektor an das Notebook an.

Falls Sie auch Probleme mit dem Touchpad haben, empfehle ich auf jeden Fall die Verwendung einer **externen Maus**. Für Notebooks gibt es sogar spezielle, etwas kleinere, Mäuse. Achten Sie lediglich darauf, dass die Maus mit einem USB-Kabel versehen ist, damit sie an die entsprechende Buchse des Notebooks passt. Ob Sie eine Maus mit drei Tasten oder einem Rädchen verwenden, bleibt Ihnen überlassen. Mein Rat ist lediglich, auf Funkmäuse zu verzichten.

Einmal ist der ständige Batteriewechsel ein Ärgernis. Zudem lassen sich Funkmäuse leicht durch Telefone, WLAN-Funkstrecken etc. stören. Viele Computermäuse müssen auf einer Unterlage aus Gummi bzw. Schaumstoff bewegt werden. Diese als Mauspad (sprich »Mauspäd«) bezeichnete Ablage ist erforderlich, damit die Kugel die Mausbewegungen auf dem Schreibtisch mitmacht. Es gibt aber auch moderne Mäuse, die mit einem optischen Verfahren die Oberfläche der Tischplatte abtasten und die Mausbewegungen dadurch erkennen.

HINWEIS

Den Umgang mit der Maus und die wichtigsten Arbeitstechniken (Zeigen, Klicken, Doppelklicken, Ziehen) lernen Sie in den folgenden Kapiteln. Eine Übersicht über die Tastatur samt den wichtigsten Tasten finden Sie auf den vorhergehenden Seiten.

Eine Alternative zur Maus stellt der nebenstehend gezeigte so genannte **Trackball** dar. Dort befindet sich eine Kugel an der Oberseite. Per Daumen lässt sich diese Kugel drehen, die Bewegungen der Maus werden simuliert. Ein Trackball bietet Vorteile, falls kein Platz für die Bewegungen der Maus vorhanden ist oder wenn die Handhabung der Maus (wegen motorischer Einschränkungen bzw. zitternder Hände) Probleme bereitet.

(Quelle: Logitech)

Falls Sie viel schreiben, können Sie auch eine externe Tastatur an das Notebook anschließen. Achten Sie beim Kauf der Tastatur lediglich darauf, dass diese mit einem USB-Kabel versehen ist.

TIPP

Haben Sie noch eine ältere Maus oder Tastatur von einem Computer, die nur mit PS/2-Buchsen versehen sind? Im Fachhandel gibt es für

ca. 10 Euro einen USB-PS/2-Adapter, an dessen PS/2-Buchsen Tastatur und Maus passen, während das andere Kabelende des Adapters mit dem USB-Stecker in eine USB-Buchse des Notebooks passt.

Die TFT-Anzeige eines Notebooks kann für Brillenträger mit Gläsern ab 4 Dioptrien wegen der besseren Adaption zwischen Tastatur und Bildschirm eine echte Alternative sein. Allerdings ist die Ablesbarkeit der TFT-Anzeige doch noch etwas schlechter als bei einem Computermonitor. Zur Bearbeitung von Fotos und Videos kann ein **Computermonitor** Vorteile bringen. Oder Sie möchten eine Diashow am Computer ablaufen lassen, diese aber über einen **Videoprojektor** auf eine Großleinwand werfen.

Für solche Fälle lassen sich ein externer Computermonitor oder ein Videoprojektor über ein so genanntes VGA-Kabel an die VGA-Buchse des Notebooks anschließen.

Hier sehen Sie die an der Gehäuserückseite des Notebooks angebrachte VGA-Buchse.

Die Buchse ist nicht zu verwechseln, da sie drei Stiftreihen besitzt und nur die VGA-Stecker eines Monitors oder eines Projektors passen. Die hier links erkennbare Buchse dient dem Stromanschluss eines externen Netzgeräts.

Modem, ISDN, DSL oder Netzwerk?

Sie können mit ihrem Notebook auch eine Verbindung mit anderen Computern oder mit dem Internet herstellen.

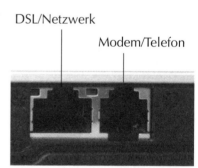

Notebooks besitzen häufig bereits ein eingebautes analoges **Modem** und einen **Netzwerkanschluss**. Dann finden Sie an der Geräte(Rück-)Seite die hier gezeigten Anschlussbuchsen. Die Netzwerkbuchse ist etwas breiter als die Telefonbuchse des Modems.

Sie können die RJ-11-Modembuchse des Notebooks über ein spezielles Telefonkabel mit einer Telefondose verbinden und über ein Zugangsprogramm eine Internetverbindung aufbauen. Das Modem ist auch hilfreich, falls Sie in einem Hotel nur einen Telefonanschluss haben. Je nach Land benötigen Sie aber spezielle Telefonadapter, um den Anschluss an die Telefondose herzustellen. Erkundigen Sie sich ggf. im Fachhandel.

Besitzen Sie dagegen einen ISDN-Zugang des Telefonanbieters (z.B. der T-Com in Deutschland), benötigen Sie eine **ISDN-Karte** oder ein spezielles **ISDN-Modem**. Viele Notebooks besitzen an der Gehäuseseite einen so genannten **PC-Card**-Einschub, in den sich verschiedene PC-Card-Module einstecken lassen. Im Fachhandel werden PC-Cards angeboten, die sowohl einen analogen Modem-ausgang als auch eine ISDN-Schnittstelle bereitstellen. Hier sehen Sie ein solches PC-Card-Modul (links) sowie den PC-Card-Einschub (rechts) am Notebook.

Die andere Möglichkeit: Sie kaufen sich im Fachhandel ein **USB-ISDN-Modem** (z.B. FRITZ!Card USB). Dieses wird über ein USB-Kabel mit einer freien USB-Buchse des Notebooks verbunden. Ein spezielles ISDN-Kabel wird dann mit einer freien Buchse der ISDN-Telefondose verbunden.

Der **DSL-Netzwerkausgang** (RJ-45-Buchse) des Notebooks er-laubt Ihnen über ein spezielles Netzwerkkabel eine Verbindung mit einem anderen Computer, mit einem **Netzwerkverteiler** (Switch, Hub oder Router) oder mit einem so genannten **DSL-Modem** herzustellen. Das DSL-Modem stellt den schnellen Inter-netzugang bereit, während der Router den Anschluss mehrerer Computer über Netzwerkkabel erlaubt. Dann können die Compu-ter untereinander und mit dem Notebook Daten austauschen. Ein DSL-Modem wird meist vom Anbieter des DSL-Zugangs bereitge-stellt. Es gibt aber im Fachhandel auch Geräte (z.B. FRITZ!Box LAN), die sowohl ein DSL-Modem als auch eine so genannte Rou-terfunktion aufweisen.

Um mit einem Notebook mobil zu sein, wird häufig auf Funkübertragung gesetzt. Dann wird die Verbindung zwischen Notebook und dem Router (z.B. FRITZ!Box WLAN) über eine **WLAN-Funkverbindung** hergestellt. Weitere Hinweise zu diesem Thema finden Sie in den Kapiteln 5 und 6.

FACHWORT

Der Begriff **Modem** steht für Modulator/Demodulator, ein Verfahren, mit dem Rechnerdaten per Telefonleitung übertragen werden. **ISDN** steht für **Integrated Services Digital Network**. ISDN hat gegenüber der herkömmlichen Telefontechnik einige Vorteile, es stellt z.B. drei Rufnummern auf zwei Leitungen bereit. Ein ISDN-Anschluss bietet immer einen Datendurchsatz von 64 Kilobit pro Sekunde. Sie können mit ISDN also wesentlich schneller Daten zwischen dem Internet und Ihrem Computer austauschen als über ein Analogmodem. **DSL** steht für **Digital Subscriber Line**, eine Technik, mit der sich über Telefonleitungen Daten mit 1 500 Kilobit pro Sekunde und mehr übertragen lassen. **Switch**, **Hub** und **Router** sind Netzwerkverteilstationen, über die sich mehrere Computer mittels so genannter (CAT.5-)Netzwerkkabel miteinander verbinden lassen. **WLAN** ist die Abkürzung für Wireless Local Area Netzwork (also ein drahtloses, lokales Funknetzwerk).

Software und Pflege

In diesem Abschnitt möchte ich noch kurz skizzieren, welche Programme man ggf. zur Nutzung des Notebooks braucht und was es im Hinblick auf die Pflege des Geräts bzw. dessen Einsatz zu beachten gibt. Weiterhin finden Sie noch eine kurze Übersicht mit Hinweisen, was die Prospektangaben bei Notebooks bedeuten und auf was man beim Gerätekauf achten sollte.

Was ist Soft- und Hardware?

Bei Computern wird zwischen Hardware und Software unterschieden. Unter **Hardware** versteht man alle **sichtbaren** und **an-**

fassbaren Teile des Notebooks (TFT-Bildschirm, Festplatte, Tastatur, Maus etc.). Um überhaupt etwas mit dem Notebook tun zu können, benötigen Sie aber noch **Programme**, die auch mit dem **Sammelbegriff Software** bezeichnet werden. Diese Programme werden auf der Festplatte des Systems gespeichert und stellen die Funktionen zum Anzeigen von Bildern, zum Schreiben von Briefen, zum Ansehen von Videos etc. bereit.

Welche Programme brauche ich?

Da Programme ja auch Geld kosten, stellt sich die Frage, welche Sie wirklich benötigen und welche bloß teure Spielereien sind.

Das Notebook benötigt auf jeden Fall ein **Betriebsprogramm**, allgemein als **Betriebssystem** bezeichnet. Moderne Notebooks sind vom Hersteller bereits mit **Microsoft Windows XP** ausgestattet.

Zusätzlich brauchen Sie u.U. noch einige **Anwendungsprogramme** zum Schreiben von Briefen oder Texten, zum Bearbeiten von Fotos, zum Abspielen von Musik, zum Ansehen eines Videos etc. Welche Programme Sie einsetzen und benötigen, hängt von Ihren Wünschen ab. Ich gehe in späteren Kapiteln noch auf verschiedene solcher Programme ein.

Microsoft Windows bietet eine Reihe von **Funktionen**, um den Inhalt von Festplatten, CDs oder Wechseldatenträgern anzusehen oder zu bearbeiten. Selbst einfache Programme zum Schreiben von Texten, zum Surfen im Internet oder zum Austauschen elektronischer Post sind vorhanden. Von Windows gibt es verschiedene Versionen (z.B. Windows 98, Windows 2000 etc.), die sich aber in der Bedienung weitgehend gleichen. Da moderne Notebooks Ende 2006 ausschließlich mit Microsoft Windows XP ausgestattet sind, wird aus Platzgründen nur diese Version des Betriebssystems in diesem Buch behandelt. Auf alternative Betriebssysteme wie Linux kann ich leider auch nicht eingehen.

Falls Sie spezielle Anforderungen an den Computer haben, z.B. längere Texte verfassen oder ein Haushaltsbuch führen wollen, benötigen Sie speziell auf diese Aufgaben zugeschnittene Programme. Von Microsoft wird das Produkt **Microsoft Office** angeboten. Manchmal liefert der Hersteller des Notebooks eine einfache Version von Microsoft Office oder die funktional reduzierte **Microsoft Works Suite** für einen geringen Aufpreis gleich mit. Als Alternative zu Microsoft Office lassen sich das deutlich preiswertere Programm **StarOffice** oder die kostenlose Variante **Open-Office.org** verwenden.

Diese Office-Pakete bieten ein **Textverarbeitungsprogramm** (**Microsoft Word** oder OpenOffice.org **Writer**) zum Verfassen von Briefen, Einladungen, Broschüren etc. Ein **Tabellenkalkulationsprogramm** (**Microsoft Excel** oder OpenOffice.org **Calc**) erlaubt Berechnungen (Haushaltsbuch, Umsatzstatistiken, PKW-Kostenermittelung etc.) auszuführen. Weiterhin enthalten die Office-Pakete noch Programme, um Grafiken oder Präsentationen zu erstellen (**Microsoft PowerPoint**, OpenOffice.org **Draw** und **Impress**). Ein Datenbankprogramm (z.B. **Microsoft Access** oder OpenOffice.org **Base**) erlaubt große Datenmengen wie Adressbestände zu verwalten. Auf Textverarbeitung und Tabellenkalkulation komme ich in Kapitel 4 zurück.

Kleine Hilfe zum Notebook-Kauf

In den Anzeigen werben die Hersteller und Händler mit allerlei technischen Angaben für die angebotenen Notebooks. Nach der Lektüre der vorhergehenden Seiten kennen Sie bereits einige Fachbegriffe und können einiges an Computer-Chinesisch enträtseln. Hier gebe ich noch einige zusätzliche Hinweis, was beim Kauf eines Notebooks zu beachten ist und was verschiedene Fachbegriffe in Computeranzeigen bedeuten.

■ In jedem Computer muss ein **Prozessor** (der eigentliche Rechenchip, auch als Central Processing Unit oder kurz **CPU** bezeichnet) eingebaut sein. Notebooks enthalten Chips der Firmen Intel oder AMD mit Produktnamen wie Centrino, Turion, Athlon, Pentium etc. für die jeweilige CPU. Wichtig ist die Rechengeschwindigkeit (Taktrate) des Prozessors, die in Gigaherz (GHz) angegeben wird.

Taktraten von 1,5 bis 2,0 GHz sind für die meisten Aufgaben ausreichend – nur zur Videobearbeitung sollten Sie ein Notebook mit schnellerem Prozessor kaufen.

Wichtig ist die Ausstattung des Arbeitsspeichers mit RAM (steht für Random Access Memory). Ein modernes Notebook sollte mit mindestens 512 MB, besser **1 Gbyte** ausgestattet sein.

Zum Speichern von Windows, der genutzten Programme, oder Dokumente wie Briefe, Fotos, Videos, Musik etc. wird die eingebaute **Festplatte** des Notebooks benutzt. Ein modernes Notebook sollte mindestens **40,0 GB Festplatte** aufweisen. Um auch Videos und viele Fotos speichern zu können, empfehle ich aber auf **80,0 GB** zurückzugreifen.

Um CDs und DVDs lesen oder auch selbst herstellen (brennen) zu können, wird ein **DVD-Brenner** benötigt. Achten Sie beim Kauf darauf, dass der DVD-Brenner die gängigen Formate für CDs und DVDs lesen und schreiben kann (siehe Kapitel 3).

Das **TFT-Display** besitzt dann noch eine bestimmte **Bildschirmdiagonale** (14 oder 15 Zoll). Achten Sie beim Kauf darauf, dass diese Anzeige groß genug und gut lesbar ist. Ein Problem ist meist die Ablesbarkeit bei seitlicher Blickrichtung.

Wichtig ist in meinen Augen auch die vom Hersteller angegebene **Akkulaufzeit** in Stunden, falls Sie das Notebook mobil nutzen möchten. Zwei bis drei Stunden sollte eine Akkuladung schon ausreichen, sonst macht das Arbeiten wenig Spaß.

Eine im Prospekt angegebene **WLAN-Funktion** ist ein Hinweis, dass das Notebook in einem Funknetzwerk betrieben werden kann. Es kann dann zu einer so genannten WLAN-Station zu Hause oder zu einem in Bahnhöfen, Cafes, Flughäfen etc. betriebenen öffentlichen **Internetzugang (Hotspot)** Kontakt aufnehmen, um beispielsweise ins Internet zu gehen.

Ein Netzwerk/DSL-Ausgang ist hilfreich, wenn Sie das Notebook per Kabel mit einem anderen Computer, einem Netzwerkverteiler oder einem DSL-Modem verbinden möchten. Nützlich sind zudem noch **genügend** freie **USB-Buchsen** zum Anschluss externer

Geräte. Falls Sie eine digitale Videokamera verwenden, kann ein schneller **Firewire-Anschluss** zur Übertragung der Videos hilfreich sein.

Ob Sie (z. B. bei Discounter-Angeboten) unbedingt einen **DVB-T-Empfänger** für digitales terrestrisches Fernsehen benötigen, müssen Sie selbst entscheiden. Hilfreich ist ggf. ein Einschub für Speicherkarten von Digitalkameras, obwohl es externe Lesegeräte für 10 Euro im Handel gibt. Das Notebook sollte auf jeden Fall mit **Microsoft Windows XP** (Home Edition) oder dessen Nachfolgeversionen ausgestattet sein. Schauen Sie beim Kauf ggf. auch auf mitgelieferte Zusatzprogramme wie das **Officepaket** Microsoft Works Suite: Falls dies fehlt, greifen Sie auf das kostenlose Open-Office.org 2.0 zurück, welches die benötigten Funktionen bietet.

TIPP

Wenn Sie nicht alles verstehen, ist das auch kein Beinbruch. Viele Computer-Zeitschriften testen regelmäßig aktuell angebotene Systeme und bewerten diese. Kaufen Sie ggf. ein solches Heft (z.B. Computer-Bild oder Stiftung Warentest) und lesen Sie die Bewertungen nach. Studieren Sie die Preise in Anzeigen und vergleichen Sie die Ausstattung. Dann wird es mit dem Kauf des Notebooks schon klappen.

Tipps zum Umgang mit dem Notebook

Damit Sie lange Freude an ihrem Notebook haben, sollten Sie bestimmte Fehler vermeiden und das Gerät pfleglich behandeln. Machen Sie sich zum Beispiel Gedanken darüber, wie Sie das **Notebook aufbewahren** und **transportieren**. Im Fachhandel werden **Notebook-Taschen** und -Koffer angeboten. Diese verhindern, dass das Gehäuse nach kurzer Zeit bereits verschmutzt oder an den Kanten abgestoßen oder verkratzt ist. Achten Sie beim Kauf einer solchen Tasche darauf, dass sowohl das Notebook als auch die häufig benötigten Zusatzteile wie Netzteil, ggf. externe Maus etc. Platz haben. Schön sind auch zusätzliche Fächer, in die das Handbuch, CDs oder DVDs eingesteckt werden können. Lassen Sie sich ggf. im Fachhandel beraten, um die richtige Größe und auf ihre Ansprüche zugeschnittene, aus strapazierfähigem Material bestehende, Tasche herauszufinden. Eine Übersicht samt Preisangaben finden Sie auch im Internet, wenn Sie in einer Suchmaschine wie Google die Begriffe »Notebook Zubehör Preis« eintippen.

Im Betrieb sollten Sie die folgenden Fehler vermeiden, um die Lebensdauer nicht unnötig zu reduzieren oder sich teure Reparaturen zu ersparen.

- Achten Sie darauf, das **Notebook** immer **trocken** und **staubfrei** aufzubewahren und zu **betreiben**. **Feuchtigkeit** (z. B. umgekippte Tassen oder Gläser), **Krümel** von Essensresten, **Sand**, extremer Staub und **Schmutz** können die Tastatur, das DVD-Laufwerk und auch die Geräteanschlüsse in ihrer Funktion beeinträchtigen.

- Das Notebook darf (entsprechend den Herstellerangaben) nur bei **Temperaturen** zwischen 0 und ca. 50 Grad Celsius betrieben werden. Stellen Sie das Gerät daher **nie auf** die **Heizung** oder **in die** pralle **Sonne**, da dies zu Überhitzung führen kann. Achten Sie beim Betrieb auch darauf, dass die **Kühlungsschlitze** des Gehäuses **frei** sind **und** die **Luft zirkulieren kann**. Zu **tiefe Außentemperaturen** bekommen den Akkus und auch der Tastatur sowie dem Display nicht. Warten Sie mit dem Einschalten, bis das Gerät Raumtemperatur erreicht hat.

- Stellen Sie das **Gerät** zum Arbeiten oder zur Aufbewahrung **auf** eine ebene, feste und **standsichere Unterlage**. Ein Gartenstuhl, die Knie, Fensterbänke oder kleine Abstelltische sind als Ablage weniger geeignet. Die Festplatte, die TFT-Anzeige und auch das Gehäuse sind empfindlich und können beim Herunterfallen oder bei einem harten Stoß Schaden nehmen. Zum Transportieren sollten Sie das Gerät ausschalten, damit die Festplatte in Parkposition fährt.

- Es ist verlockend, Dritten beim Arbeiten mit dem Notebook etwas auf dem TFT-Bildschirm zu zeigen. Unterlassen Sie dies lieber, denn die Finger hinterlassen hässliche **Fingerabdrücke** auf der Schutzschicht des TFT-Displays. Diese fallen nach dem Abschalten des Geräts und manchmal auch beim Betrieb störend auf. Falls Ihnen dies doch einmal passiert ist, empfehle ich ein im Handel erhältliches feuchtes Brillenputztuch zu verwenden und die Displayoberfläche vorsichtig zu reinigen. Führen Sie diese Prozedur nicht zu oft durch, da dies die Oberfläche schädigen und zu sichtbaren Kratzern oder Streifen führen kann.

Achten Sie beim Arbeiten mit dem Gerät darauf, dass die Akkus richtig geladen und entladen werden (siehe auch vorhergehende Seiten). Ist das Gehäuse des Notebooks oder dessen Tastatur verschmutzt, reinigen Sie das betreffende Teil bei ausgeschaltetem Gerät mit einem leicht feuchten Lappen (möglichst kein Reinigungsmittel einsetzen). Schalten Sie das Notebook erst wieder ein, nachdem die Oberfläche trocken ist. **Kabel** sollten Sie beim Abziehen immer am Stecker anfassen und beim Einstöpseln gilt, dass die Stecker ohne Kraftaufwand in die Buchsen rutschen müssen. Andernfalls ist der Stecker vermutlich verdreht oder verkantet und Kraft beim Eindrücken führt oft zur Beschädigung der Anschlussstifte.

TIPP

Damit das Notebook nicht unverhofft »Beine« bekommt, sollten Sie es niemals unbeaufsichtigt in der Öffentlichkeit zurücklassen.

Notebooks besitzen meist die hier gezeigte Öffnung am Gehäuse, in die sich eine so genannte Kensington-Diebstahlsicherung einklinken lässt.

Eine entsprechende Diebstahlsicherung mit Zahlenschloss gibt es für wenig Geld im Fachhandel. Die Diebstahlsicherung besteht aus einem Stahlseil, welches sich um Tischbeine, Heizkörper oder anderen Teilen schlingen und im Notebook einstecken lässt.

Dann lässt sich das Gerät nicht so einfach durch Dritte mitnehmen (es erfordert schon Bolzenschneider oder ähnliches). Achten Sie auch darauf, den Zugriff auf die Funktionen des Notebooks durch Kennwörter abzusichern und keine vertraulichen Daten (z. B. für den Bankzugang) auf der Festplatte zu speichern (siehe auch folgende Kapitel).

Zusammenfassung

So, das war's. In diesem Kapitel haben Sie eine Menge an allgemeineren Informationen rund um das Notebook erhalten. Sie wissen, wie Sie ggf. Zusatzgeräte anschließen können und was es beim Betrieb des Geräts zu beachten gibt.

Lernkontrolle

Zur Überprüfung Ihres Wissens können Sie die folgenden Fragen beantworten. Die Antworten sind in Klammern angegeben.

■ **Was ist im Hinblick auf den Akkubetrieb zu beachten?**
(Setzen Sie den Akku niemals extrem hohen oder tiefen Temperaturen aus. Betreiben Sie das Notebook so lange, bis der Akku leer ist, bevor Sie diesen über das Netzteil erneut aufladen lassen. Achten Sie darauf, dass der Akku vollständig aufgeladen wird.)

■ **Was sollten Sie beim Betrieb des Notebooks beachten?**
(Möglichst nicht an den TFT-Monitor fassen, um Fingerabdrücke zu vermeiden, auf einen sicheren Stand des Geräts und gute Belüftung achten, das Gerät bei normaler Raumtemperatur betreiben.)

■ **Wofür ist die Fn-Taste an der Notebook-Tastatur?**
(Halten Sie diese Taste gedrückt, können Sie über andere, blau beschriftete Tasten Sonderfunktionen wie Bildschirm heller/dunkler, Lautstärkeregelung etc. abrufen.)

Windows – das erste Mal

Sobald Sie das Notebook einschalten, startet das Gerät und Sie können mit Windows arbeiten. Haben Sie keine oder nur wenig Erfahrung mit Windows? Stehen Sie mit der Maus bzw. dem Touchpad noch auf Kriegsfuß oder halten Sie »Klicken« für eine Übung beim Stepptanz? Dann ist es jetzt an der Zeit, sich mit den Grundlagen der Bedienung des Betriebssystems Windows vertraut zu machen. Auf den folgenden Seiten erfahren Sie, wie Sie sich an Windows anmelden und wie Sie das Betriebssystem

Das lernen Sie in diesem Kapitel

2

- Erste Schritte mit Windows
- Was ist ein Desktop?
- So arbeiten Sie mit der Maus
- Der Umgang mit Fenstern
- Programme starten und verwenden
- Windows beenden
- Arbeiten mit Dokumenten und Dateien

richtig beenden. Sie lernen Bedienfunktionen wie Zeigen, Klicken, Ziehen oder Doppelklicken kennen. Auch der Umgang mit Fenstern und Programmen (öffnen, schließen, Fenster verschieben, in der Größe verändern etc.) sowie das Arbeiten mit Dateien ist anschließend kein Problem mehr. Sie werden sehen, der Umgang mit Windows ist gar nicht so schwer.

Erste Schritte mit Windows

Computer benötigen ein Betriebsprogramm wie Microsoft Windows, damit sie überhaupt etwas Sinnvolles tun können. Auf modernen Notebooks ist meist das in diesem Buch verwendete Microsoft Windows XP Home Edition vorhanden. Sie brauchen also etwas Grundkenntnis, wie sich Windows benutzen lässt. Sofern Sie über eine andere Windows-Version auf Ihrem Computer verfügen, ist das aber nicht tragisch. Die nachfolgend gezeigte allgemeine Handhabung unterscheidet sich bei den verschiedenen Windows-Versionen kaum (es ist wie beim Autofahren – manchmal sind die Schalter für Blinker oder Scheibenwischer an einer etwas anderen Stelle, aber nach kurzer Zeit hat man sich an ein neues Fahrzeug gewöhnt und kann dieses wie den alten Wagen nutzen). Kann es losgehen?

Einschalten und Anmelden bei Windows XP

Sobald Sie das Notebook einschalten, wird das Windows-Betriebssystem geladen. Schon nach kurzer Zeit sollte sich auf dem Bildschirm etwas tun. Sie sehen vermutlich ein Logo mit dem Hinweis, dass Windows gestartet wird. Meistens ist Windows so eingerichtet, dass sich jeder Benutzer vor dem Arbeiten mit Name und Kennwort an einem so genannten Benutzerkonto anmelden muss.

Windows XP zeigt dann nach einiger Zeit diese Willkommen-Seite. Für jedes Benutzerkonto wird ein kleines Symbol auf der Anmeldeseite angezeigt.

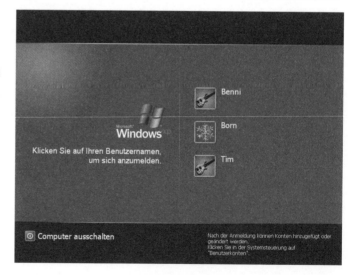

Für die Anmeldung brauchen Sie die Maus (oder Sie benutzen das Touchpad, siehe Kapitel 1). Falls Sie damit noch Probleme haben – auf den folgenden Seiten wird der Umgang mit der Maus detailliert erklärt.

1 Nehmen Sie die Maus in die Hand und bewegen Sie sie so lange, bis die stilisierte Hand auf das Symbol mit dem Anmeldenamen zeigt.

Verwenden Sie das Touchpad, streichen Sie mit dem Finger über die berührungssensitive Fläche, um den Mauszeiger bzw. die stilisierte Hand auf dem Symbol zu positionieren.

2 Drücken Sie kurz die linke Taste der Maus (oder am Touchpad) und lassen Sie sie wieder los.

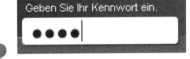

3 Falls Windows ein Kennwort möchte, tippen Sie es wie hier gezeigt im **Textfeld** ein und drücken dann die ⏎-Taste.

Bei der Kennworteingabe unterscheidet Windows XP Groß-/Kleinschreibung und stellt die eingetippten Zeichen des Kennworts aus Sicherheitsgründen als Punkte in der Anzeige dar. Falls das Kennwort falsch eingetippt wird, meldet Windows dies. Sie können dann das **Textfeld** erneut anwählen und die Eingabe wiederholen. Um zu verhindern, dass unbefugte Dritte mit Ihrem Notebook arbeiten oder gar an sensible Daten gelangen, sollten Sie Windows immer mit Kennwörtern absichern (siehe Kapitel 7).

TIPP

Falls es mit der **Kennworteingabe nicht klappen will**, ist manchmal eine umgestellte Tastatur am Notebook die Fehlerursache. Einige Notebooks signalisieren den Status der so genannten `CapsLock`- und `NumLock`-Tasten über kleine Leuchtanzeigen ▬▬ ▬ ▬. Bei einer auf Großschreibung umgestellten Tastatur müssen Sie die `CapsLock`-Taste an der Tastatur einmal drücken. Ist der nummerische Tastenblock aktiviert, müssen Sie dagegen die Tastenkombination `Fn`+`NumLock` einmal drücken. In beiden Fällen schaltet der Tastendruck die Leuchtanzeige aus.

FACHWORT

Fenster, in denen Windows etwas anzeigt oder eine Benutzereingabe erwartet (wie hier im Anmeldefenster), werden auch als **Dialoge** bezeichnet. Oft sind die Fenster kleiner als der Bildschirm und viereckig – dann spricht man von **Dialogfeldern**. Fenster, Anmeldedialoge und Dialogfelder enthalten oft so genannte **Schaltflächen**. Ähnlich wie bei den Knöpfen eines Kassettenrekorders kann man durch »Eindrücken« (das hier mit der Maus geschieht) eine Funktion einschalten. Im Anmeldebildschirm ist unten links eine Schaltfläche *Computer ausschalten* (⏻) zu sehen und auch bei Anwahl des Benutzersymbols erscheint eine Schaltfläche (➡). Manche Schaltflächen sind auch mit Texten wie *OK*, *Abbrechen*, *Ja*, *Nein* etc. beschriftet. Die weißen Rechtecke (••••) im Dialogfeld mit Bezeichnungen wie *Kennwort* etc. werden als **Eingabefelder** oder **Textfelder** bezeichnet. Hier können Sie etwas eintippen (z. B. den Benutzernamen, ein Kennwort etc.). Elemente wie Schaltflächen, Textfelder etc. fasst man auch unter dem Sammelbegriff **Steuerelemente** zusammen, da sie zur Steuerung von Funktionen dienen.

Was ist ein Desktop?

Spätestens nach der Anmeldung präsentiert sich Ihnen Windows ähnlich dem nachfolgend gezeigten Bild. Dies ist der Arbeitsbereich (oder die **Bedienoberfläche**) von Windows, der als **Desktop** bezeichnet wird (Desktop, sprich »Däsktopp«, ist das englische Wort für Schreibtisch). Genau wie bei einem normalen Schreibtisch finden Sie auch hier verschiedene Utensilien (Arbeitsplatz, Papierkorb etc.) vor, mit denen Sie häufig arbeiten.

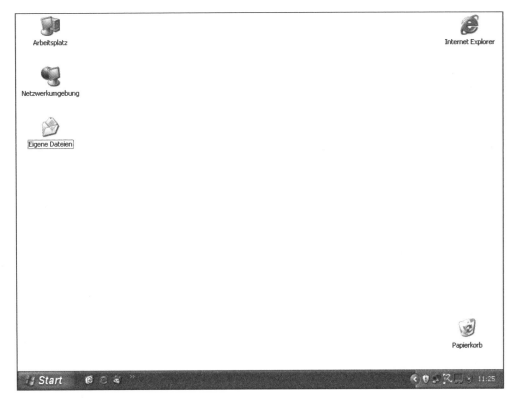

Verschaffen wir uns doch einmal einen Überblick über einige Elemente, die auf dem Desktop erscheinen können.

Arbeitsplatz

Das Symbol **Arbeitsplatz** enthält Funktionen, mit denen Sie sich einen Überblick über die am Notebook vorhandenen Laufwerke (CD/DVD, Festplatte) samt den auf den Laufwerken gespeicherten Dingen wie Briefen, Bildern und Programmen verschaffen und mit denen Sie darüber hinaus Windows anpassen können.

Netzwerkumgebung

Die **Netzwerkumgebung** ist nur vorhanden, wenn Ihr Notebook über ein Kabel oder ein Funknetzwerk mit anderen Rechnern zu einem Netzwerk verbunden ist. Dann können Sie mit diesem Symbol den Festplatteninhalt anderer Rechner abrufen.

Papierkorb

Wenn Sie etwas nicht mehr brauchen, können Sie es (z. B. eine Datei mit einem Brief oder einem Bild) aus einem Fenster in den **Papierkorb** ziehen und damit löschen. Das Symbol zeigt übrigens an, ob der Papierkorb leer ist oder etwas enthält (das Symbol des vollen Papierkorbs zeigt einige stilisierte Dokumente).

Eigene Dateien

Unter diesem Symbol verbirgt sich ein so genannter Ordner, in dem Sie Dokumente wie Briefe oder Bilder hinterlegen und sammeln können.

Unter Windows XP hat der Hersteller den Desktop so eingerichtet, dass er bis auf den Papierkorb leer ist. Auf den folgenden Seiten lernen Sie aber, wie Sie die hier aufgeführten Symbole auf dem Desktop einblenden können. Persönlich kann ich dies nur empfehlen, da dies das Arbeiten erleichtert. Weitere Symbole kommen ggf. hinzu, wenn Programme auf dem Notebook eingerichtet werden. Wie dies geht oder wie Sie ggf. ein Hintergrundbild auf dem Desktop ein- bzw. ausblenden, wird in Kapitel 7 behandelt.

Der blaue Balken am unteren Rand des Bildschirms wird als **Taskleiste** bezeichnet. In dieser Leiste gibt Ihnen Windows verschiedene Informationen.

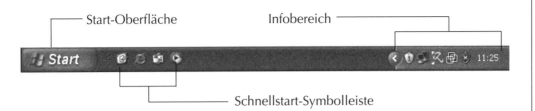

Start-Oberfläche   Infobereich

Schnellstart-Symbolleiste

Rechts in der Taskleiste erscheint die **Uhrzeit**. Manchmal zeigt Windows dort auch noch den Zustand verschiedener Geräte (z. B. den Batterie- oder den Netzbetrieb bei Notebooks) über Symbole an. Dieser Bereich wird auch als **Infobereich** bezeichnet. Die **Schaltfläche** *Start* in der linken Ecke der Taskleiste wird zum Beispiel verwendet, um Programme aufzurufen. Die kleinen Symbole der so genannten *Schnellstart*-Symbolleiste stellen ebenfalls Schaltflächen dar. Die linke Schaltfläche erlaubt den Inhalt des Desktop einzublenden, falls dieser durch Fenster verdeckt wird. Die restlichen Schaltflächen ermöglichen die Programme zur Anzeige von Internetseiten, zum Bearbeiten von E-Mails oder zum Abspielen von Musik schneller aufzurufen. Die Leiste kann bei Bedarf ein- oder ausgeblendet werden (siehe folgende Seiten).

So arbeiten Sie mit der Maus

Zur Bedienung von Windows oder zum Arbeiten mit Programmen ist die Maus vorgesehen. Nachfolgend möchte ich daher die wichtigsten Arbeitstechniken beim Umgang mit der Maus – oder mit dem an Notebooks vorhandenen Touchpad – erläutern.

Zeigen mit der Maus, was ist das?

Die Maus stellt in Windows das wohl wichtigste Bedienelement dar, Sie können sie über den Schreibtisch bewegen und können die Maustasten drücken. Das ist nicht allzu schwierig und mit den nachfolgend gezeigten Schritten lernen Sie das schnell.

1 Nehmen Sie die Computermaus so in die (rechte) Hand, dass der Zeigefinger auf der linken Taste und der Mittelfinger auf der rechten Taste liegt.

2 Heben Sie die Maus etwas an und stellen Sie sie auf der Mitte des Mauspad ab.

3 Behalten Sie die Maus wie hier gezeigt in der Hand und bewegen Sie sie auf der Unterlage – ohne eine Taste zu drücken.

Arbeiten Sie lieber mit dem Touchpad? Dann reicht es, mit dem Zeigefinger sanft über die berührungsempfindliche Fläche zu streichen.

Auf dem Desktop ist ein kleiner Pfeil ⍽ zu sehen. Sobald Sie die Maus auf der Unterlage verschieben oder mit dem Finger über das Touchpad streichen, bewegt sich der Pfeil auf dem Bildschirm mit. Dieser Pfeil wird auch als **Mauszeiger** bezeichnet.

Papierkorb

4 Verschieben Sie die Maus so lange, bis der Mauszeiger auf das Desktopsymbol *Papierkorb* zeigt.

Das Verschieben des Mauszeigers wird als **Zeigen** bezeichnet. Sie können mit der Maus auf alle Elemente des Desktop zeigen (z. B. den Papierkorb und die Taskleiste).

HINWEIS

Eigentlich ist die Anweisung **Zeigen Sie mit der Maus auf ...** sprachlich nicht ganz korrekt. Die Maus verbleibt ja auf dem Schreibtisch und Sie benutzen den Mauszeiger, um auf ein Bildschirmelement zu deuten. Zudem lässt sich auch der Touchpad verwenden. Aber dieser Begriff ist allgemein verbreitet und wird deshalb auch in diesem Buch benutzt – zumal es dann keine sprachliche Unterscheidung zwischen dem Arbeiten mit der Maus und dem Touchpad erfordert.

Klicken Sie zum Starten auf diese Schaltfläche.

Start

5 **Zeigen** Sie jetzt mit der **Maus** in der **Taskleiste** auf die Schaltfläche *Start*.

Beim Zeigen auf einige Elemente erscheint ein kleines Textfenster, das als **QuickInfo** bezeichnet wird. Windows gibt Ihnen im QuickInfo-Fenster zusätzliche Informationen.

Montag, 21. August 2006

6 Zeigen Sie jetzt mit der **Maus** auf die **Uhrzeit** in der rechten unteren Ecke des Bildschirms.

Windows öffnet erneut ein QuickInfo-Fenster und blendet den **Wochentag** und das **Datum** ein. Sobald die Maus nicht mehr auf das Element zeigt, schließt Windows automatisch das Quick-Info-Fenster.

Jetzt lernen Sie Klicken!

Mit den ersten Schritten haben Sie so ganz nebenbei die Technik des **Zeigens** mit der Maus (oder dem Touchpad) gelernt. Neben dem Zeigen mit der Maus gibt es noch eine weitere Funktion, die als **Klicken** bezeichnet wird. Auch das geht ganz einfach:

Enthält Dateien und Ordner die Sie gelöscht haben.

11:30

1 Zeigen Sie mit der Maus auf das Symbol *Papierkorb*.

2 Drücken Sie jetzt die linke Maustaste (bzw. die Taste am Touchpad) und lassen Sie sie anschließend wieder los.

Das kurze Drücken der Taste bezeichnet man als **Klicken** (**mit der Maus**). Sie können auf beliebige Elemente des Desktop oder in Fenstern klicken.

HINWEIS

Falls Sie Linkshänder sind, werden Sie die Maus in der linken Hand führen wollen. In Kapitel 7 finden Sie Hinweise zum Umstellen der Maus auf den Betrieb für Linkshänder. Dann müssen Sie die Tasten-angaben in diesem Buch natürlich vertauschen. Wenn hier also vom Klicken mit der linken Maustaste die Rede ist, verwenden Linkshänder die rechte Maustaste der entsprechend umgestellten Maus.

Das Symbol, das Sie gerade angeklickt haben, wird farbig hervorgehoben. Wenn Sie ein Element mit einem Mausklick hervorheben, nennt man das auch **Markieren**.

3 Klicken Sie mit der Maus auf eine freie Stelle auf dem Desktop.

Windows hebt jetzt die farbige Markierung des Symbols auf, und im aktuellen Beispiel wird der Papierkorb wieder normal darge-stellt.

Windows-Symbole auf den Desktop bringen

Haben Sie ein neues Notebook, auf dessen Desktop nur ein Papierkorb zu sehen ist? Möchten Sie die bereits erwähnten Symbole wie *Arbeitsplatz, Eigene Dateien* etc. auch auf dem Desktop sehen (wie dies bei älteren Windows-Versionen der Fall ist)?

1 Klicken Sie mit der Maus in der Taskleiste auf die Schaltfläche *Start*.

Jetzt erscheint das so genannte Windows-**Startmenü** mit verschiedenen Symbolen zum Aufruf von Programmfunktionen (siehe unten).

2 Klicken Sie mit der - - - - - - ▶ rechten Maustaste auf das Symbol *Arbeitsplatz*.

3 Klicken Sie im Kontextmenü mit der linken Maustaste auf den Befehl *Auf dem Desktop anzeigen*.

Das Kontextmenü und das Startmenü verschwinden und das Symbol *Arbeitsplatz* sollte auf dem Desktop angezeigt werden. Auf die gleiche Weise können Sie die Symbole *Netzwerkumgebung* und *Eigene Dateien* auf dem Desktop einblenden.

TIPP

Das Häkchen vor einem Befehl zeigt übrigens an, ob die zugehörige Option ein- oder ausgeschaltet ist. Wählen Sie den Befehl erneut an, wird der Status der Option umgekehrt (hier wird das betreffende Desktop-Symbol wieder ausgeblendet).

Schnellstart-Symbolleiste einblenden

Möchten Sie die *Schnellstart*-Symbolleiste in der Taskleiste einblenden?

1 Klicken Sie mit der rechten Maustaste auf eine freie Stelle in der Taskleiste.

2 Anschließend zeigen Sie per Maus auf den Kontextmenübefehl *Symbolleisten*, warten, bis sich das Untermenü öffnet, und klicken dann mit der linken Maustaste auf den Befehl *Schnellstart*.

Jetzt erscheint das so genannte Windows-Startmenü mit verschiedenen Einträgen. Ein Häkchen vor dem Befehl signalisiert, dass die *Schnellstart*-Symbolleiste in der Taskleiste sichtbar ist.

Ein **Menü** wird beim Anklicken eines Elements geöffnet und enthält Befehle zum Aufrufen von Funktionen. Menüs werden z. B. durch Klicken mit der linken Maustaste auf die *Start*-Schaltfläche (oder auf Einträge der Menüleiste von Programmfenstern) geöffnet. Ein **Klicken mit der rechten Maustaste** öffnet dagegen ein **Kontextmenü**. Dieses stellt nur die Befehle bereit, die sich im aktuellen Kontext anwenden lassen. Dies ist in vielen Situationen beim Arbeiten mit Windows und Programmen hilfreich.

Ziehen – wie geht das?

Neben dem Zeigen und Klicken können Sie mit der Maus (oder dem Touchpad) auch (etwas) **ziehen**:

Papierkorb

1 Zeigen Sie mit dem Mauszeiger auf das Symbol des Papierkorbs. - - - ▶ **2** Drücken Sie die linke Maustaste, halten Sie diese weiterhin gedrückt und bewegen Sie die Maus auf der Unterlage.

Falls Sie mit dem Touchpad arbeiten, halten Sie in Schritt 2 die linke Taste gedrückt und streichen mit dem Finger über die Sensorfläche. Der Mauszeiger wandert über den Desktop.

Unter dem Mauszeiger wird gleichzeitig ein zweites Symbol des Papierkorbs angezeigt, welches mit dem Mauszeiger mitwandert.

Papierkorb

Papierkorb

3 Sobald Sie das Symbol des Papierkorbs in die rechte untere Ecke des Desktop gezogen haben, lassen Sie die linke Maustaste (oder die Taste des Touchpad) wieder los.

Windows verschiebt jetzt das Symbol des Papierkorbs an die Stelle, an der Sie die linke Maustaste losgelassen haben. Dieser Vorgang wird als **Ziehen** mit der Maus bezeichnet.

Nach dem **Ziehen** eines Symbols oder Fensters **mit der linken Maustaste** ist dieses noch markiert. Um die Markierung des Symbols nach dem Ziehen aufzuheben, klicken Sie mit der Maus auf eine freie Stelle auf dem Desktop. Neben dem Ziehen mit der linken Maustaste gibt es auch ein **Ziehen mit der rechten Maustaste** – bei dem sich nach dem Loslassen der Maustaste noch ein Kontextmenü zur Auswahl eines Befehls öffnet.

Sie können ja jetzt etwas üben und den Windows-Desktop aufräumen. Ordnen Sie die Symbole so an, wie sie Ihnen am besten passen.

HINWEIS

Springen bei Ihnen die Symbole nach dem Ziehen sofort an die letzte Position zurück? **Klicken** Sie mit der **rechten** Maustaste auf eine freie Stelle des Desktop.

Sobald Windows das Kontextmenü öffnet, **zeigen** Sie auf den Befehl *Symbole anordnen*. In dem sich dann öffnenden Untermenü **klicken** Sie mit der **linken** Maustaste **auf** den Befehl *Automatisch anordnen*.

Das Menü wird geschlossen. Anschließend lassen sich die Symbole auf dem Desktop anordnen. Wählen Sie den Kontextmenübefehl erneut an, ordnet Windows die Symbole wieder automatisch (z. B. in alphabetischer Folge) an.

Doppelklicken – das gibt's auch noch!

Die letzte wichtige Funktion, die Sie mit der Maus ausführen können, bezeichnet man als **Doppelklicken**. Mit einem Doppelklick lassen sich Fenster öffnen oder Programme starten.

1 Zeigen Sie auf das Desktop-Symbol *Arbeitsplatz*.

Sofern das Symbol nicht auf dem Desktop zu sehen ist, müssen Sie es mit den weiter oben, im Abschnitt »Windows-Symbole auf den Desktop bringen«, gezeigten Schritten per Kontextmenü einblenden.

2 Drücken Sie kurz hintereinander zweimal die linke Maustaste.

Wichtig ist, dass dieses zweimalige Drücken der Maustaste ganz schnell aufeinander folgt. Benutzen Sie den Touchpad statt der Maus, ist dessen linke Taste zweimal kurz zu drücken. Oder Sie tippen zweimal kurz mit dem Zeigefinger auf die Sensorfläche. Wenn alles geklappt hat, öffnet Windows jetzt dieses Fenster mit dem Namen *Arbeitsplatz*.

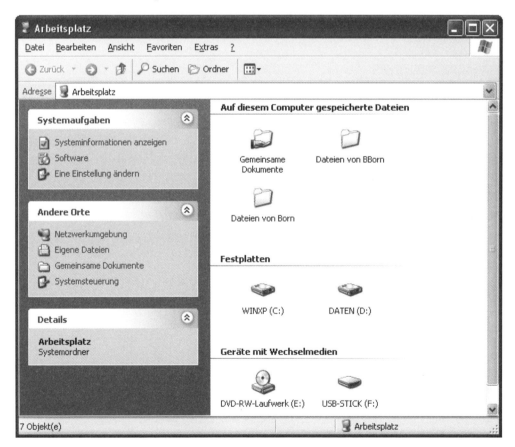

Klappt der Doppelklick bei Ihnen nicht, weil die linke Maustaste nicht schnell genug betätigt wird oder die Maus beim Drücken verrutscht? Falls es partout mit dem Doppelklick nicht klappen will, markieren Sie das Symbol per Mausklick. Wenn Sie dann die ⏎-Taste drücken, wirkt dies wie ein Doppelklick. In Kapitel 7 wird auch gezeigt, wie sich die Doppelklickgeschwindigkeit anpassen lässt.

Der Inhalt des Fensters hängt dabei vom jeweiligen mit dem Doppelklick gewählten Symbol ab. Lassen Sie sich nicht stören, wenn bei Ihnen die Symbole kleiner angezeigt werden oder wenn die Schaltflächen der Symbolleisten (s.u.) einen Text enthalten. Dies lässt sich alles unter Windows einstellen.

Der Umgang mit Fenstern

Sie haben gerade ein Fenster unter Windows mit einem Doppelklick geöffnet. Fenster haben in Windows eine besonders wichtige Funktion, da alle Programme ihre Ergebnisse in Fenstern ausgeben. Um mit Windows zu arbeiten, sollten Sie die wichtigsten Fensterelemente kennen. Da der Aufbau der Fenster unter Windows weitgehend identisch ist, möchte ich an dieser Stelle exemplarisch das Fenster *Arbeitsplatz* vorstellen.

■ Am oberen Fensterrand finden Sie die so genannte **Titelleiste**, in der Windows den Namen des Fensters anzeigt. Das in der **linken** oberen **Ecke** des Fensters befindliche Symbol des so genannten **Systemmenüs** und die Schaltflächen in der rechten oberen Fensterecke dienen zum Abrufen bestimmter Fensterfunktionen (z. B. Schließen).

■ Unterhalb der Titelleiste ist bei vielen Fenstern eine **Menüleiste** mit Namen wie *Datei, Bearbeiten, Ansicht* etc. zu sehen. Über die Menüs lassen sich Funktionen aufrufen.

Titelleiste   Schaltflächen

Menü-
leiste

Symbol-
leiste

Fenster-
inhalt

Aufgaben-
bereich

Status-
leiste

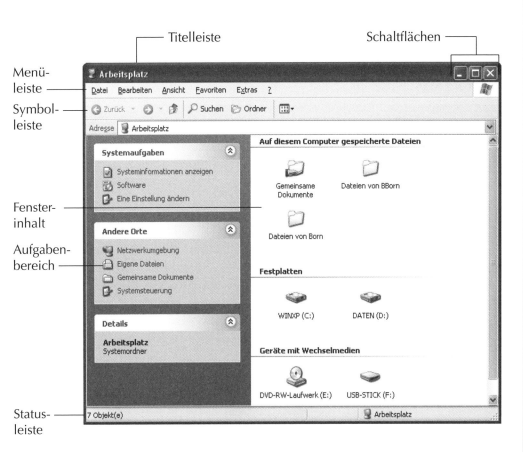

Manche Fenster besitzen zusätzlich eine (oder mehrere) **Symbol-leiste(n)**, über deren Schaltflächen Sie häufig benutzte Funktionen direkt aufrufen können, ohne den mühsamen Weg über die Menüs gehen zu müssen. Die Funktionen der Schaltflächen werden durch kleine Symbole (auch als Icons bezeichnet) angezeigt.

Am unteren Rand besitzen viele Fenster noch eine **Statusleiste**, in der zusätzliche Informationen angezeigt werden.

Innen im Fenster wird dessen Inhalt (z. B. die Laufwerke beim Ordnerfenster, ein Brieftext bei einem Schreibprogramm und eine Grafik bei einem Zeichenprogramm) dargestellt. Das Ordnerfenster *Arbeitsplatz* zeigt die am Notebook vorhandenen Laufwerke (Festplatte, CD-/DVD-Laufwerk, Memory-Sticks, Wechseldatenträger etc.) an – aber dies hängt vom verwendeten Notebook ab.

63

Dialogfelder sind eine spezielle Variante von Fenstern, die weder die hier beschriebenen Menü- und Symbolleisten aufweisen noch die nachfolgend gezeigte Möglichkeit zum Anpassen der Fenstergröße unterstützen.

Die Fenstergröße verändern ...

Zunächst sehen wir uns die drei kleinen Schaltflächen rechts oben in der Titelleiste an. Über diese drei Schaltflächen lässt sich ein **Fenster schließen oder in** der **Größe verändern**. Die meisten Fenster weisen zumindest eine oder zwei dieser Schaltflächen auf.

1 Klicken Sie auf die mittlere mit **Maximieren** bezeichnete Schaltfläche.

Windows vergrößert das Fenster, bis es den gesamten Bildschirm einnimmt. Man sagt, das Fenster ist **maximiert** und wird als **Vollbild dargestellt**. Beachten Sie, dass sich das Symbol für die mittlere Schaltfläche verändert hat. Die Vollbilddarstellung bietet sich an, falls Sie in einem Programmfenster arbeiten möchten und viel Platz benötigten (dabei wird allerdings das Fenster den kompletten Inhalt des Windows-Desktop verdecken).

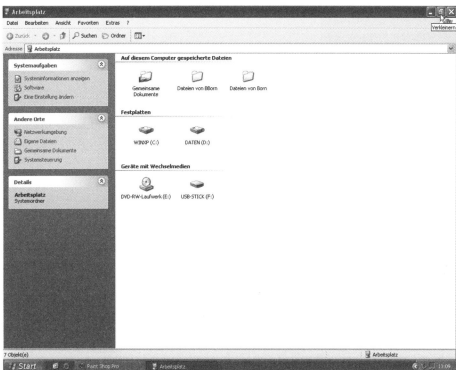

2 Um das Fenster auf die vorherige Größe zurückzusetzen, klicken Sie erneut auf die mittlere Schaltfläche, die jetzt **Verkleinern** heißt.

Anschließend erkennen Sie wieder Teile des Desktop oder die Fenster anderer Programme (siehe unten).

... oder zum Symbol verkleinern

Bei Bedarf lässt sich ein Fenster auch zu einem Symbol verkleinern.

1 Klicken Sie in der rechten oberen Ecke des Fensters auf die linke Schaltfläche **Minimieren**.

65

Das Fenster verschwindet vom Desktop. Wenn Sie aber genau hinsehen, erkennen Sie, dass es lediglich zum Symbol verkleinert wurde. Sie finden das Symbol als Schaltfläche in der Taskleiste.

2 Um das Fenster erneut zu öffnen, klicken Sie in der Taskleiste auf die Schaltfläche *Arbeitsplatz*.

HINWEIS

Windows zeigt in der **Taskleiste** die **Symbole der** meisten **geöffneten Fenster** und **Programme** als Schaltflächen an. Klicken Sie auf eine solche Schaltfläche, holt Windows das zugehörige Fenster auf dem Desktop in den Vordergrund. Sie können also über diese **Schaltflächen zwischen** geöffneten **Fenstern** (und deren Funktionen) **umschalten**. Ist das Fenster bereits im Vordergrund zu sehen, verkleinert ein Mausklick auf die Schaltfläche in der Taskleiste das Fenster erneut zum Symbol.

Windows XP fasst die Symbole gleichartiger geöffneter Fenster unter einer Schaltfläche in der Taskleiste zusammen. Um in diesem Fall ein Fenster erneut zu öffnen, klicken Sie erst auf die Schaltfläche in der Taskleiste und dann im Menü auf den Namen des Fensters (z. B. *Arbeitsplatz*).

Ein Fenster schließen

Bleibt nur noch die Aufgabe, ein geöffnetes **Fenster** endgültig zu **schließen**.

1 Klicken Sie in der rechten oberen Ecke des Fensters auf die Schaltfläche **Schließen**.

Das Fenster verschwindet, und das zugehörige Programm wird beendet. Das erkennen Sie daran, dass das Symbol aus der Taskleiste verschwindet.

TIPP

Die meisten Fenster (und auch Dialogfelder) weisen die Schaltfläche ⊠ auf. Möchten Sie ein Programm beenden oder ein Fenster bzw. einen Dialog schließen, reicht ein Mausklick auf die Schaltfläche.

Die Fenstergröße stufenlos verändern

Häufig will man ein Fenster gar nicht maximieren oder zum Symbol verkleinern. Wenn Sie mehr Platz auf dem Desktop brauchen, können Sie das Fenster stufenlos auf eine bestimmte Größe einstellen.

1 Öffnen Sie erneut das Fenster *Arbeitsplatz* durch einen Doppelklick auf das gleichnamige Desktop-Symbol.

2 Zeigen Sie mit der Maus auf den Rand oder eine Ecke des betreffenden Fensters.

Sobald Sie auf die richtige Stelle am Fensterrand zeigen, nimmt der Mauszeiger die Form eines Doppelpfeils an. Notfalls müssen Sie die Maus etwas verschieben, bis dieser Doppelpfeil erscheint.

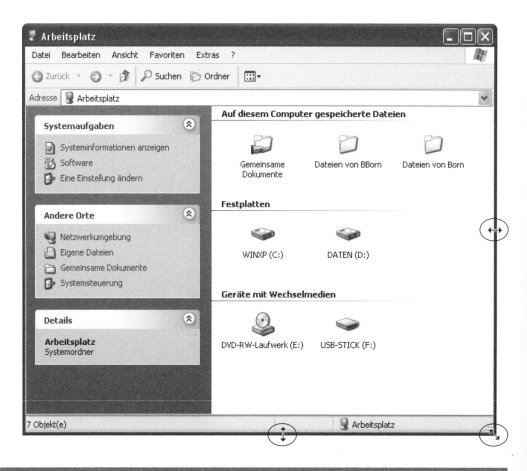

TIPP

Der Doppelpfeil zeigt die Richtung an, in der sich das Fenster in der Größe verändern lässt. Sie können den linken und den rechten Fensterrand zum Verändern der Fensterbreite verwenden; der untere und der obere Fensterrand ändert die Höhe und mit den Ecken lässt sich die Fenstergröße proportional einstellen.

3 Erscheint der Doppelpfeil, ziehen Sie den Fensterrand bei gedrückter linker Maustaste in die entsprechende Richtung. - - - - - - - - - →

4 Erreicht das Fenster die gewünschte Größe, lassen Sie die linke Maustaste los.

Windows passt jetzt die Größe des Fensters an. Sie können auf diese Weise die Größe (der meisten) Fenster verändern. Ziehen Sie den Rahmen per Maus nach außen, wird das Fenster größer. »Schieben« Sie den Rahmen in das Fenster hinein, verkleinert Windows dasselbe.

Fenster verschieben

Eine der Stärken von Windows liegt darin, dass Sie **gleichzeitig** mit mehreren Programmen oder Fenstern **arbeiten** können.

Arbeitsplatz

1 Ist das *Arbeitsplatz-* Fenster nicht mehr geöffnet, doppelklicken Sie auf das Symbol *Arbeitsplatz*.

Papierkorb

2 Doppelklicken Sie auf das Symbol *Papierkorb*.

Falls Sie diese Schritte richtig durchgeführt haben, sehen Sie jetzt zwei sich überlappende Fenster auf dem Desktop.

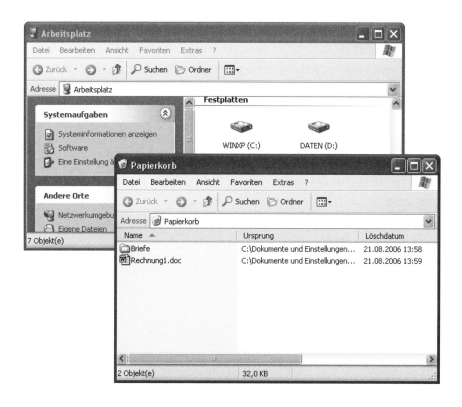

Sie könnten die Fenster zwar abwechselnd durch Anklicken per Maus (oder über deren Schaltflächen in der Taskleiste) in den Vordergrund holen (siehe folgende Seiten). Praktischer ist es aber meistens, die Fenster nebeneinander anzuordnen, so dass Sie deren Inhalt gleichzeitig sehen.

1 **Zeigen** Sie mit der Maus auf die **Titelleiste** des **Fensters**.

2 **Ziehen** Sie anschließend die Titelleiste des **Fensters** mit der Maus zur gewünschten Position.

Je nach Einstellung verschiebt Windows das Fenster gleich oder zeigt beim Ziehen die neue Fensterposition durch eine gestrichelte Linie an.

3 Sobald sich das Fenster an der gewünschten Position befindet, lassen Sie die linke Maustaste los.

Windows verschiebt das Fenster an die neue Position. Bei entsprechend gewählter Fenstergröße können Sie nun beide Fenster samt deren Inhalt auf dem Desktop sehen. Wie Sie ein Fenster in der Größe anpassen, haben Sie ja bereits auf den vorhergehenden Seiten gelernt.

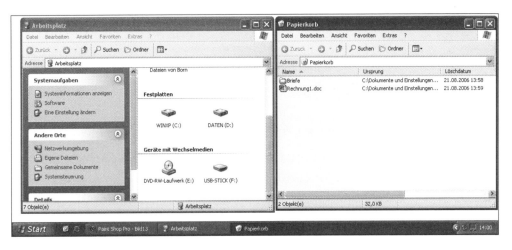

Sie sehen, in Windows ist es recht einfach, mit mehreren Fenstern zu arbeiten und zwischen diesen Fenstern zu wechseln (wie das genau funktioniert, lernen Sie weiter unten). So könnten Sie beispielsweise in einem (Programm-)Fenster einen Brief schreiben und sich in einem zweiten Fenster den Inhalt der Festplatte oder empfangene E-Mails ansehen.

71

Manchmal ist ein Fenster zu klein, um den gesamten Inhalt anzuzeigen. Dann sehen Sie am rechten oder manchmal auch am unteren Rand des Fensters eine so genannte **Bildlaufleiste**. Mittels dieser Bildlaufleiste können Sie im Fenster »blättern« (auch »scrollen« genannt). Die rechteckige Fläche wird als **Bildlauffeld** bezeichnet und lässt sich per Maus in die gewünschte Richtung ziehen. Windows zeigt dann andere Ausschnitte des Fensterinhalts an.

Klicken Sie an den Enden der Bildlaufleiste auf die beiden Schaltflächen und , um schrittweise den Inhalt des Dokuments zu verschieben. Besitzt die Maus ein Rädchen, können Sie dieses per Zeigefinger drehen und im Fenster nach oben bzw. unten blättern. Beim Touchpad lässt sich zudem die Vier-Wege-Taste benutzen, um den Fensterinhalt horizontal oder vertikal zu scrollen.

Programme starten und verwenden

Wenn Sie unter Windows etwas tun, zum Beispiel einen Brief schreiben, das Fenster *Arbeitsplatz* öffnen oder im Internet surfen, stecken Programme dahinter. Diese Programme müssen zur Benutzung erst gestartet werden. Wie das funktioniert, wissen Sie im Prinzip schon.

Viele Programme besitzen ein Symbol auf dem Desktop. Dann reicht ein Doppelklick auf das betreffende Symbol, um das Fenster und damit das Programm zu starten. Das haben Sie beim Symbol *Arbeitsplatz* bereits mehrfach gemacht.

Manchmal genügt es auch, das Symbol eines Dokuments (Brief, Foto, Musikstück, Video etc.) per Doppelklick anzuwählen, um dieses im zugehörigen Programm zu laden.

Aber es gibt noch weitere Programme unter Windows und viele dieser Programme lassen sich über das **Startmenü** aufrufen. Das Startmenü ist so etwas wie die Zentralstelle zum Aufrufen von Programmen; häufig benutzte Programme besitzen einen Eintrag in diesem Startmenü.

Die Abläufe beim Starten über das Startmenü entsprechen sich bei den verschiedenen Programmen. Deshalb genügt es, an dieser Stelle das Starten eines Programms exemplarisch zu zeigen.

1 **Start**

Klicken Sie in der linken unteren Ecke des Desktop auf die Schaltfläche *Start*.

73

Windows öffnet das Fenster des **Startmenüs**. Hier sehen Sie das Startmenü aus Windows XP. In der linken Spalte stellt Windows XP die Symbole häufiger benutzter Programme bereit. Einträge wie *Ausführen, Suchen, Hilfe und Support* etc. stehen für Windows-Befehle, die Sie anklicken können.

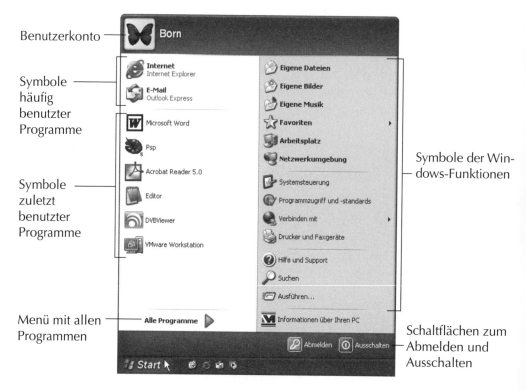

Benutzerkonto

Symbole häufig benutzter Programme

Symbole zuletzt benutzter Programme

Menü mit allen Programmen

Symbole der Windows-Funktionen

Schaltflächen zum Abmelden und Ausschalten

2 Zeigen Sie im Startmenü auf den Eintrag *Alle Programme.*

Windows öffnet ein weiteres **Untermenü**, in dem Sie die Symbole für Programmgruppen und Programme sehen.

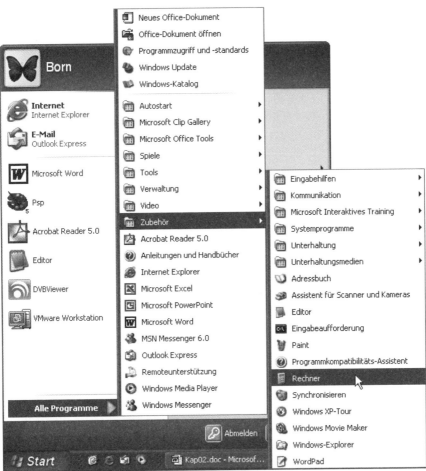

3 Klicken Sie per Maus im Startmenü auf das Symbol einer Programmgruppe (z. B. *Zubehör*), um das zugehörige Untermenü zu öffnen, und wählen Sie das Symbol des gewünschten Programms per Mausklick an.

Windows öffnet beim Anklicken einer Programmgruppe das zugehörige Untermenü. Bei Anwahl eines Programmeintrags wird das betreffende Programm gestartet und das Startmenü geschlossen. Zudem können Sie das Startmenü schließen, indem Sie neben das Menü klicken oder die [Esc]-Taste drücken.

Auf manchen Computern sind sehr viele Programme eingerichtet (man sagt dazu auch, die Programme sind installiert). Um die Liste der Programmeinträge im Untermenü *Alle Programme* nicht zu unübersichtlich werden zu lassen, werden die Programmeinträge im Startmenü strukturiert.

- Über den Befehl *Alle Programme* gelangen Sie zur Hauptebene des Zweiges mit den Programmeinträgen. Nur die wichtigsten Programme sind direkt im Untermenü *Alle Programme* hinterlegt.

- Einträge, die mit dem Symbol 📖 versehen sind, stehen für die genannten **Programmgruppen** (z. B. *Autostart*, *Zubehör*). Programmgruppen fassen mehrere Programme und deren Symbole (oder weitere Gruppen) zu einem **Untermenü** zusammen. Erkennen lässt sich eine Programmgruppe auch an einem kleinen Dreieck, welches am rechten Rand eingeblendet wird.

- Zeigen Sie auf das Symbol einer Programmgruppe, öffnet sich ein weiteres **Untermenü**, in dem Sie Symbole bzw. Befehle für weitere Programmgruppen oder Programme finden.

In der Programmgruppe *Zubehör* sind zum Beispiel weitere Untergruppen wie *Eingabehilfen* oder *Systemprogramme* enthalten. Welche Menüs und Untermenüs im Startmenü Ihres Computers zu sehen sind, hängt von den installierten Programmen ab.

Den Windows-Rechner aufrufen

Windows besitzt einen kleinen Rechner, der optisch einem Taschenrechner nachempfunden ist. Führen Sie jetzt zur Übung folgende Schritte aus, um ihn aufzurufen.

1 Öffnen Sie das Startmenü durch einen Klick auf die Schaltfläche *Start*, zeigen Sie anschließend auf den Menüeintrag *Alle Programme* und dann im zugehörigen Untermenü auf den Eintrag *Zubehör*.

2 Im Untermenü *Zubehör* klicken Sie jetzt auf den Eintrag *Rechner*.

Das Programm meldet sich mit dem hier gezeigten Fenster. Die meisten Elemente dieses Fensters kennen Sie bereits vom Fenster *Arbeitsplatz*. Lediglich der Dokumentbereich sieht etwas anders aus, dort finden sich die Eingabetasten des Rechners.

Sie können auf diese Weise alle Programme starten, die als Symbol im Startmenü eingetragen sind. Beispiele finden Sie auf den folgenden Seiten.

HINWEIS

So nutzen Sie den Rechner

Der Windows-Rechner kann für kurze Berechnungen ganz nützlich sein, und seine Bedienung ist auch nicht schwer. Sie müssen lediglich wie bei einem richtigen Taschenrechner die gewünschten Tasten anklicken oder einfach die Rechenvorschrift eintippen. Um beispielsweise die Zahlen 12 und 14 zu addieren, klicken Sie mit der Maus auf die entsprechenden Tasten oder tippen 12 + 14 = auf der Tastatur ein. Dann sollte das Ergebnis in der Anzeige des Rechners erscheinen. Mit der Schaltfläche *C* lässt sich das Ergebnis wieder löschen. Der Rechner kann aber noch mehr.

Klicken Sie in der Menüleiste des Rechners auf den Eintrag *Ansicht*, öffnet sich ein Menü, in dem die verfügbaren Befehle aufgeführt sind. Der Punkt vor dem Menü zeigt, dass die Option aktiv ist. Klicken Sie im Menü auf den Befehl *Wissenschaftlich*.

Der Rechner schließt das Menü und schaltet zur wissenschaftlichen Darstellung um. Sie verfügen damit über einen Funktionsumfang, der weit über den eines gängigen Taschenrechners hinausreicht.

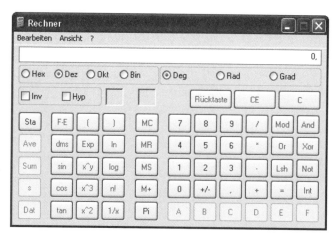

Klicken Sie mit der rechten Maustaste auf eine Schaltfläche, erscheint das Menü *Direkthilfe* in der Anzeige. Ein Mausklick mit der linken Maustaste auf das Menü öffnet eine QuickInfo mit Informationen zur betreffenden Taste. Weitere Hinweise zum Rechner finden Sie in der Programmhilfe, die Sie über das Menü *?* aufrufen können (siehe auch Kapitel 7).

... und so beenden Sie ein Programm

Wenn Sie ein Programm (z. B. den Rechner) nicht mehr benötigen, müssen Sie es beenden. Wie die meisten anderen Programmfenster besitzt auch der Rechner die Schaltfläche *Schließen* ☒ in der rechten Ecke der Titelleiste – das Beenden eines Programms funktioniert also wie das Schließen eines Fensters.

1 Klicken Sie in der Titelleiste des Rechners auf die Schaltfläche *Schließen*.

Windows schließt das Fenster des Rechners und beendet gleichzeitig das Programm. Dies kennen Sie schon von den vorhergehenden Seiten, als die Schaltfläche zum Schließen eines Fensters benutzt wurde.

Mehrere Programme gleichzeitig verwenden

Manchmal ist es praktischer oder nötig, mehrere Fenster zu öffnen und abwechselnd mit den Programmen zu arbeiten. Sie könnten beispielsweise den Rechner starten, das Fenster *Arbeitsplatz* öffnen und vielleicht noch ein weiteres (Programm-)Fenster mit einem Brieftext auf den Desktop holen. Wie Sie die Programme starten bzw. die Fenster öffnen, wissen Sie bereits. Jetzt möchte ich Ihnen zeigen, wie Sie zwischen den Programmfenstern umschalten können.

1 Starten Sie wie auf den vorherigen Seiten gezeigt den Windows-Rechner über *Alle Programme/Zubehör/Rechner*.

2 Wiederholen Sie die letzten Schritte, wählen Sie im Startmenü aber den Eintrag *Eigene Dateien* (oder irgendein anderes Programmsymbol des Startmenüs).

Jetzt werden die Fenster der betreffenden Programme auf dem Desktop angezeigt. Anschließend lässt sich abwechselnd mit den beiden Programmfenstern arbeiten.

Sind beide Fenster zu sehen, klicken Sie einfach auf die Titelleiste des Fensters, mit dem Sie gerade arbeiten möchten. Verdeckt ein Fenster den Desktop-Hintergrund bzw. das zweite Fenster, benutzen Sie die Schaltflächen in der Taskleiste, um zum gewünschten Programm umzuschalten.

79

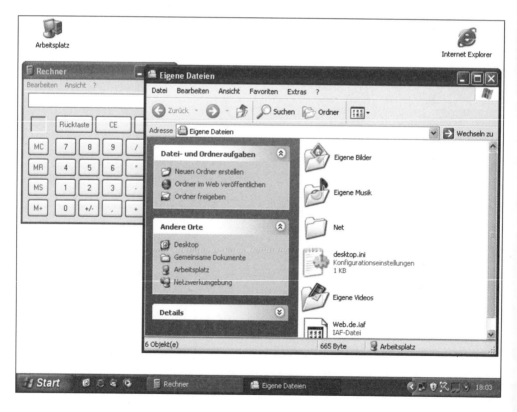

3 Um beispielsweise mit dem Rechner zu arbeiten, klicken Sie in der Taskleiste auf dessen Symbol.

Das Fenster, dessen Titelleiste oder Schaltfläche in der Taskleiste angeklickt wurde, gelangt in den Vordergrund, und Sie können mit dem Programm arbeiten. Man sagt auch, das Fenster wird aktiv. Das **aktive Fenster** erkennen Sie übrigens an der farbig (meist blau) hervorgehobenen Titelleiste, während **inaktive Fenster** eine hellere Titelleiste aufweisen. Außerdem wird die Schaltfläche des aktiven Fensters in der Taskleiste als »eingedrückt« dargestellt.

TIPP

Sie können auch sehr schnell per Tastatur zwischen den Programm-
fenstern umschalten. Halten Sie die Alt -Taste gedrückt und tippen
Sie die Esc -Taste an, werden die geöffneten Fenster nacheinander
in den Vordergrund geschaltet. Tippen Sie dagegen die ⇥ -Taste bei
gedrückter Alt -Taste an, erscheint der Dialog der Taskliste mit den
Symbolen aller geladenen Programme. Durch weiteres Drücken der
⇥ -Taste lässt sich ein Symbol auswählen, und beim Loslassen der
Tasten wird das zugehörige Fenster in den Vordergrund geholt.

Windows beenden

Bevor Sie sich mit den nächsten Aufgaben befassen, muss noch
eine wichtige Frage geklärt werden: Wie wird Windows eigentlich
beendet? Nachdem Sie alle geladenen Programme beendet und die
geöffneten Fenster geschlossen haben, können Sie den Ein-/Aus-
schalter am Notebook drücken. Dieses wird aber nicht sofort ausgeschaltet, sondern Windows muss das Notebook »herunterfahren«. Sie können dieses Herunterfahren daher auch direkt in Windows XP einleiten.

1 Klicken Sie in der Taskleiste
auf die Schaltfläche *Start* und dann
im Startmenü auf die Schaltfläche
Ausschalten.

TIPP

Die Schaltfläche *Abmelden* im Startmenü ist ganz hilfreich, wenn Sie
die Arbeit lediglich kurz unterbrechen möchten. Wählen Sie im Folgedialog erneut die Schaltfläche *Abmelden*, werden alle laufenden
Programme beendet und Sie gelangen zum Windows Anmeldedialog.

Klicken Sie im Folgedialog dagegen auf die Schaltfläche *Benutzer wechseln*, gelangen Sie zwar auch zum Windows Anmeldedialog. Die momentan laufenden Programme bleiben aber erhalten. Sie können sich unter einem anderen Benutzerkonto anmelden, etwas tun, erneut abmelden und am alten Konto anmelden. Da noch alle geöffneten Fenster vorhanden sind, lässt sich sofort weiter arbeiten.

2 Im dann angezeigten Dialogfeld *Computer ausschalten* müssen Sie auf die Schaltfläche *Ausschalten* klicken.

Windows muss beim Herunterfahren etwas »aufräumen«. Dabei werden Daten auf die Festplatte gespeichert, möglicherweise noch laufende Programme beendet und die Einstellungen für den nächsten Windows-Start gesichert. Erst dann wird Windows beendet und das Notebook ausgeschaltet.

HINWEIS

Wenn Sie Programme oder Gerätetreiber installieren, **muss Windows** beendet und dann **neu gestartet werden**. Erscheint bei der Installation ein Dialogfeld mit einer entsprechenden Aufforderung, gehen Sie wie beim Beenden vor, klicken im Dialogfeld *Computer ausschalten* aber auf die Schaltfläche *Neu starten*. Dann fährt Windows das Notebook zwar herunter, leitet aber sofort danach einen Neustart ein. Nach einiger Zeit gelangen Sie dann in den Willkommen-Bildschirm mit der Anmeldung.

Das Beenden und spätere Starten von Windows XP ist zu aufwändig, wenn Sie ihre **Arbeit** nur **kurz unterbrechen** möchten. Im Dialogfeld *Computer ausschalten* finden Sie daher noch die Schaltfläche *Standby*. Wählen Sie diese Schaltfläche, sichert Windows XP den aktuellen Desktop-Zustand im Arbeitsspeicher (RAM) und versetzt das Notebook nach wenigen Sekunden in einen **Stromsparmodus**. Der Bildschirm wird dunkel, das Notebook ist aber weiter in Betrieb. Bei manchen Notebooks können Sie diesen Sleep-Modus auch durch Drücken der Tastenkombination [Fn]+[F4] einleiten. Sobald Sie den Einschalter erneut betätigen (oder eine angeschlossene Maus bewegen), erscheint nach zwei bis drei Sekunden die Windows-Anmeldeseite auf dem Bildschirm. Nach der erneuten Anmeldung können Sie mit den zuletzt benutzten Programmen weiter arbeiten.

Problem beim Stromsparmodus ist, dass das Notebook weiterhin Energie benötigt. Bei leerem Akku und abgezogenem Netzteil geht der gespeicherte Desktop-Zustand verloren, Sie können Windows nur noch normal starten. Um diesen Fall zu verhindern, kennt Windows XP noch einen **Ruhezustand**. Rufen Sie das Dialogfeld *Computer ausschalten* über den Startmenüeintrag *Ausschalten* auf und halten Sie dann die [⇧]-Taste an der Tastatur gedrückt. Dann können Sie die im Dialogfeld sichtbare Schaltfläche *Ruhezustand* anklicken. Windows XP sichert den aktuellen Desktop-Zustand auf der Festplatte und schaltet das Notebook ab. Beim nächsten Start kann Windows nach der erneuten Anmeldung den gesicherten Desktop-Zustand laden und Sie können ebenfalls mit den zuletzt genutzten Programmen weiter arbeiten.

Arbeiten mit Dokumenten und Dateien

Ihr Notebook ist mit einer Festplatte ausgestattet, auf der auch Dokumente und Programme als Dateien gespeichert werden. Auch CDs, DVDs oder Wechselmedien wie Speicherkarten und USB-Memory-Sticks können Dateien aufnehmen. Nachfolgend wird erläutert, was Dateien und Ordnern sind und wie Sie damit umgehen.

Was sind Ordner und Dateien?

Dokumente wie ein Brief, ein Foto, Musik, ein Video oder Programme lassen sich auf Speichermedien wie Festplatte oder USB-Memory-Stick speichern. Windows hinterlegt die Daten des Dokuments in so genannten Dateien, die einen eindeutigen Namen besitzen. Sie können sich also Dateien als eine Art Container vorstellen, in dem die Daten hinterlegt sind. **Dateinamen** müssen in Windows bestimmten Regeln genügen. Sie dürfen die Buchstaben A bis Z und a bis z (Groß- und Kleinschreibung wird nicht unterschieden), die Ziffern 0 bis 9, das Leerzeichen und verschiedene andere Zeichen verwenden. Nicht zulässig sind jedenfalls die Zeichen " / \ | < > : ? * im Dateinamen – diese besitzen für den Computer eine besondere Bedeutung. Ein gültiger Name wäre also *Brief an Müller*. Der Name darf bis zu 250 Zeichen lang sein – zur Vermeidung unnötiger Tipparbeit empfiehlt sich aber eine Begrenzung auf ca. 20 Zeichen. Jede Datei gehört dabei zu einem bestimmten **Dateityp**, der beim Erstellen der Datei automatisch festgelegt wird und Windows signalisiert, was in der Datei hinterlegt ist. Abhängig vom Dateityp wird die Datei im Ordnerfenster mit einem bestimmten Symbol dargestellt.

HINWEIS

Der **Dateityp** einer Datei wird über die **Dateinamenerweiterung** festgelegt. Diese Erweiterung des Dateinamens besteht aus einem Punkt, gefolgt von meist drei Buchstaben (z. B. .txt, .bmp, .exe, .bat, .doc). Wenn Sie einen Brief speichern, sorgt das betreffende Programm fast immer selbst dafür, dass die richtige Dateinamenerweiterung an den Namen angehängt wird.

TIPP

Windows zeigt die Dateinamenerweiterung standardmäßig nicht an. Öffnen Sie das Fenster *Arbeitsplatz* und wählen Sie den Befehl *Ordneroptionen* im Menü *Extras*. Im angezeigten Eigenschaftenfenster klicken Sie dann auf den Registerreiter *Ansicht*: ⌈Ansicht⌉. Auf der Registerkarte *Ansicht* ist die Markierung des Kontrollkästchens *Erweiterungen bei bekannten Dateitypen ausblenden* durch Anklicken zu löschen. Schließen Sie die Registerkarte über die *OK*-Schaltfläche, zeigt Windows die Dateinamenerweiterungen an.

FACHWORT

Eigenschaftenfenster sind spezielle Dialogfelder in Windows, die Eigenschaften und Einstelloptionen über Registerkarten darstellen. **Registerkarten** werden in Eigenschaftenfenstern wie Karteikarten benutzt, um sehr viele unterschiedliche Optionen darzustellen. Durch Anklicken eines Registerreiters lässt sich die zugehörige Registerkarte in den Vordergrund holen. Neben Schaltflächen weisen Registerkarten häufig auch Steuerelemente wie Kontrollkästchen und Optionsfelder auf. **Kontrollkästchen** ☑ Ansichtoptionen werden in Dialogen benutzt, um eine Option auszuwählen oder abzuschalten. Ein Mausklick auf das Kästchen setzt die Option (angedeutet durch ein Häkchen) und ein weiterer Mausklick löscht die Markierung wieder. Um eine Auswahl aus mehreren Optionen zu treffen, kommen dagegen **Optionsfelder** ◉ Alle Dateien in Dialogen zum Einsatz. Die markierte Option wird durch einen Punkt im Kreis gekennzeichnet. Klickt der Benutzer auf ein anderes Optionsfeld, wird die Markierung auf dieses umgesetzt. Der Benutzer kann also nur eine von mehreren Optionen setzen.

Dateitypen sind ganz praktisch, da Sie sowohl am Symbol als auch an der Dateinamenerweiterung erkennen, ob eine Datei einen Text, eine Grafik, ein Programm oder etwas anderes enthält. Das Symbol eines stilisierten Schreibblocks und die Erweiterung *.txt* stehen für Dateien, die einfache Texte enthalten. Solche Dateien können Sie zum Beispiel mit dem Windows-Programm *Editor* erstellen. Dateien mit der Erweiterung *.doc* enthalten ebenfalls Texte, die aber zusätzlich Bilder oder speziell formatierte Wörter bzw. Buchstaben (fett, kursiv etc.) enthalten können. Solche Dateien werden mit Microsoft Word erstellt. Eine Grafikdatei mit der Dateinamenerweiterung *.bmp* wird meist mit einem stilisierten Pinsel dargestellt, während eine Datei mit der Erweiterung *.jpg* zur Aufnahme von Fotos (z. B. von Digitalkameras) vorgesehen ist. Dateien mit der Erweiterung *.xls* enthalten z. B. Kalkulationstabellen und lassen sich durch das Programm *Microsoft Excel* bearbeiten. Die Dateinamenerweiterung *.htm* oder *.html* steht für gespeicherte Internetseiten.

Hier sehen Sie einige Beispiele für Dateien mit unterschiedlichen Symbolen (wobei die Dateinamenerweiterungen im Dateinamen mit eingeblendet sind).

 Anzeige.txt   Dreiecke.bmp   Kap01.doc

 Google.htm   Gehalt.xls   Explorer.exe

Die Erweiterung *.exe* (z. B. in Explorer.exe) steht für Programmdateien. Bei älteren Programmen für MS-DOS wird nur das Symbol eines stilisierten Fensters gezeigt, während Windows-Programme eigene Symbole (Computer, Taschenrechner etc.) besitzen. Es gibt noch viele andere Symbole für Dateien, die allerdings von den Dateierweiterungen und den unter Windows installierten Programmen abhängen. Wenn Sie demnächst mit Ordnerfenstern arbeiten, werden Ihnen sicherlich diese Symbole begegnen.

Der zweite Begriff, der Ihnen im Zusammenhang mit Dateien unterkommt, lautet **Ordner**. Es ist beim Computer ähnlich wie in einem Büro: **Ordner dienen** zur **Aufnahme** unterschiedlicher **Dokumente** (sprich Dateien), **die zusammengehören**. Ordner werden nach den gleichen Regeln wie Dateien benannt, lediglich die Dateinamenerweiterung entfällt zumeist. Sie erkennen Ordner unter Windows am Symbol (einer stilisierten Hängemappe, siehe auch folgendes Bild). Der Ordner *Eigene Dateien*, der mit einem eigenen Symbol im Startmenü bzw. auf dem Desktop angezeigt wird, ist ein Beispiel dafür.

Ein Ordner kann aber nicht nur Dateien, sondern auch weitere Unterordner enthalten. Sie könnten also einen Ordner *Briefe* anlegen, der seinerseits wieder die Unterordner *Privat, Geschäftlich, Rechnungen* etc. enthält. Dateien, die thematisch zusammengehören, legen Sie dann in den betreffenden **Ordnern** bzw. Unterordnern ab.

ACHTUNG

Dateien und Ordner müssen mit einem eindeutigen Namen versehen werden. Sie können in einem Ordner keine zwei Unterordner oder Dateien mit identischem Namen ablegen. Eine Datei darf jedoch unter ihrem (gleichen) Namen in unterschiedlichen Ordnern gespeichert werden.

FACHWORT

Die genaue Lage einer Datei innerhalb eines Unterordners wird üblicherweise durch Aneinanderreihung der Ordnernamen angegeben, wobei die Namen durch den Schrägstrich \ (auch als Backslash bezeichnet, sprich: »Bäcksläsch«) zu trennen sind. Die Angabe *Eigene Dateien\Briefe\Privat* legt eindeutig fest, welcher Ordner in der Hierarchie gemeint ist. Hierfür wird auch der Begriff **Pfad** benutzt.

So finden Sie Laufwerke, Ordner und Dateien

Festplatten, CDs und DVDs etc. stellen Speichermedien dar, die Dateien und Ordner enthalten können. Welche Laufwerke das Notebook enthält und was darauf gespeichert ist, lässt sich alles über Ordnerfenster abrufen.

Arbeitsplatz

Wählen Sie das Symbol *Arbeitsplatz* (auf dem Desktop oder im Startmenü) per Doppelklick an.

Eigene Dateien

Wählen Sie das Symbol *Eigene Dateien* (auf dem Desktop oder im Startmenü) per Doppelklick an.

In beiden Fällen öffnet Windows ein Ordnerfenster, in dem der dem Symbol zugeordnete Inhalt angezeigt wird. Das Ordnerfenster *Arbeitsplatz* zeigt Ihnen die Symbole aller Laufwerke Ihres Notebooks sowie mehrere Spezialordner an.

Unterschiedliche Symbole liefern Ihnen zusätzlich einen Hinweis auf die Laufwerkstypen. Sie erkennen hier zwei Festplatten, ein DVD-Laufwerk sowie einen USB-Speicherstift (Memory-Stick). Zeigen Sie auf das Symbol einer Festplatte, blendet Windows eine QuickInfo mit der Speicherkapazität und dem freien Speicher ein.

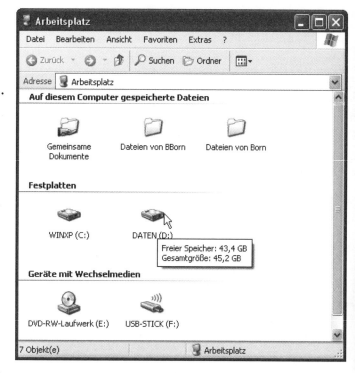

Unter jedem Symbol finden Sie einen Symboltitel mit der **Laufwerksbezeichnung** (z. B. *Daten*). Diese Laufwerksbezeichnungen beinhalten auch noch einen in Klammern gestellten Großbuchstaben samt Doppelpunkt wie C:, D: etc. **Windows nummeriert** beim Start **die** gefundenen **Laufwerke**

mit Buchstaben, gefolgt von einem **Doppelpunkt**. Die Buchstaben *A:* und *B:* sind für Diskettenlaufwerke reserviert, die erste
gefundene Festplatte wird mit *C:* benannt. Werden weitere Festplatten gefunden, sind diese mit Buchstaben wie D, E etc. zu versehen. Sobald alle Festplatten nummeriert sind, werden die Wechseldatenträger (CD-/DVD-Laufwerk oder -Brenner, Speicherkartenleser, USB-Speicherstift etc.) mit den nächsten freien Buchstaben
belegt. Über diese Nummerierung können Sie immer sehr genau
angeben, welches Laufwerk gemeint ist – und diese Laufwerks-
buchstaben werden Ihnen auch in der Symbolleiste *Adresse* des
Ordnerfensters begegnen.

TIPP

Das Ordnerfenster *Arbeitsplatz* enthält neben den Laufwerken noch
einige Ordnersymbole, die eine spezielle Bedeutung besitzen. Arbeiten
mehrere Personen mit einem Notebook, sollten diese eigene Benutzerkonten besitzen, über die sie sich zum Arbeiten anmelden (siehe Kapitel 7). Ordnersymbole wie *Dateien von Born* etc. stehen dann für den
Ordner *Eigene Dateien* des jeweiligen Benutzers (hier *Born*). Diese sind
normalerweise vor dem Zugriff anderer Benutzer geschützt. Um Dokumente gemeinsam für mehrere Benutzer des Notebooks zu speichern,
verwenden Sie den Ordner *Gemeinsame Dokumente*.

Sollte das Ordnerfenster bei Ihnen etwas anders aussehen, ist das kein
Grund zur Sorge. Die einzelnen Windows-Versionen besitzen eine
leicht unterschiedliche Darstellung der Ordnerfenster und einige Optionen lassen sich ein- oder ausblenden. Sie finden im Menü *Ansicht*
beispielsweise den Befehl *Statusleiste*, um das betreffende Element ein-
oder auszublenden. Der Befehl *Symbolleisten/Adressleiste* erlaubt die
betreffende Leiste anzuzeigen oder zu verstecken. Sind die Symbole
bei Ihnen kleiner, hängt das von der Einstellung ab (ich komme gleich
darauf zurück). Auch die Zahl der Laufwerkssymbole hängt vom System ab – bei Ihnen dürften maximal ein oder zwei Festplattensymbole
zu sehen sein.

Zum Speichern von Dokumenten (Briefen, Fotos, Videos, Musik etc.) hält Windows einen speziellen Ordner mit dem Namen *Eigene Dateien* bereit. Dessen Inhalt wird bei Anwahl des (Desktop-)Symbols *Eigene Dateien* in einem Ordnerfenster angezeigt.

Hier sehen Sie den Inhalt, wie sich dieser auf dem System des Autors darstellt. In diesem Ordner sind bereits weitere Unterordner enthalten.

Den Inhalt eines Laufwerks oder Ordners ansehen

Schauen wir uns nun an, wie Sie den Inhalt eines Laufwerks oder eines Ordners abrufen können.

1 Um Laufwerksinhalte anzusehen, öffnen Sie das Ordnerfenster *Arbeitsplatz* durch einen Doppelklick auf das betreffende Desktop-Symbol.

2 Bei Wechseldatenträgerlaufwerken legen Sie nun die Speicherkarte, die CD oder DVD ein.

3 Wählen Sie anschließend das gewünschte Laufwerkssymbol per Doppelklick an.

Windows zeigt Ihnen anschließend den Inhalt des betreffenden Laufwerks in einem Ordnerfenster an. Möchten Sie dagegen den Ordner *Eigene Dateien* inspizieren, wählen Sie an Stelle des Symbols *Arbeitsplatz* das (Desktop-)Symbol *Eigene Dateien* per Doppelklick an.

4 Wählen Sie das Symbol eines Unterordners per Doppelklick an, um dessen Inhalt im Ordnerfenster abzurufen.

Auf diese Weise können Sie schrittweise den Inhalt von *Arbeitsplatz* bzw. des Ordners *Eigene Dateien*, den Inhalt eines Laufwerks und den Inhalt der enthaltenen Unterordner abrufen. Enthält ein Ordner (bzw. ein Laufwerk) Dateien, werden diese ebenfalls im Ordnerfenster angezeigt. Vielleicht probieren Sie dies einmal auf Ihrem System aus, indem Sie entweder das Symbol *Arbeitsplatz* oder *Eigene Dateien* verwenden.

Nachdem Sie die Hierarchie, bestehend aus Laufwerken, Ordnern und Unterordnern per Doppelklick im Ordnerfenster abgerufen haben, sehen Sie den Inhalt des zuletzt angewählten Unterordners. Dann stellt sich Ihnen sicherlich die Frage, wie Sie zur übergeordneten Ebene zurückkommen. Denkbar wäre es natürlich, das aktuelle Ordnerfenster zu schließen und erneut vom Desktop mit dem Symbol *Arbeitsplatz* oder *Eigene Dateien* zu beginnen. Es geht aber wesentlich einfacher.

Klicken Sie im Ordnerfenster in der Symbolleiste auf die Schaltfläche *Aufwärts* oder drücken Sie auf der Tastatur die ⟨ ← ⟩-Taste.

Dann geht es schrittweise zu den jeweils übergeordneten Ordnern, dann zum Arbeitsplatz mit den Laufwerken und zum Schluss zum Ordner *Desktop* zurück.

HINWEIS

Die ebenfalls in der Symbolleiste befindlichen Schaltflächen *Vorwärts* und *Zurück* der Symbolleiste ermöglichen Ihnen, zwischen bereits besuchten »Seiten« mit Ordnerinhalten zu blättern. Sie können über das Listenfeld *Adresse* Adresse 🗐 Eigene Dateien ▾ bzw. über die Schaltfläche *Ordner* ▾ Ordner der Symbolleiste auch eine Übersicht über die Hierarchie der Laufwerke und Unterordner abrufen. Über diese Hierarchie lässt sich sehr leicht zwischen Laufwerken und Ordnern wechseln.

FACHWORT

Ein **Listenfeld** Dokumente ▾ ist ein Steuerelement, welches die Auswahl einer Option aus einer Liste erlaubt. Klicken Sie auf die Schaltfläche rechts neben dem Listenfeld, öffnet sich die Liste und Sie können eine der angebotenen Optionen auswählen.

Haben Sie die ersten Beispiele der obigen Seiten nachvollzogen? Bei Bedarf können Sie ja noch etwas mit der Maus und mit Ordnerfenstern üben. Nach kurzer Zeit kennen Sie sich sicherlich mit Laufwerken, Ordnern und Dateien bestens aus. Dann klappt alles wie von selbst. Wenn es noch Schwierigkeiten gibt, ist das auch kein Problem. Vieles wiederholt sich unter Windows und lernt sich quasi nebenbei. Lesen Sie notfalls nochmals die obigen Erläuterungen, wenn etwas unklar geblieben ist. Dann wird es schon klappen.

Die Symbolgröße im Ordnerfenster anpassen

Vielleicht ist Ihnen aufgefallen, dass die Symbolgröße je nach Ordnerfenster variieren kann. Dies lässt sich jederzeit einstellen.

1 Öffnen Sie das Menü *Ansicht*, indem Sie im Ordnerfenster auf den betreffenden Menübefehl klicken.

Windows öffnet ein Menü mit Befehlen wie *Filmstreifen, Miniaturansicht, Kacheln, Liste* und *Details*. Der gerade aktive Modus wird durch einen Punkt vor dem Befehl markiert. Hier ist der Menüeintrag *Details* aktiv. Die Befehle *Miniaturansicht* und *Filmstreifen* erlauben die Darstellung des Dateiinhalts in einer Vorschau. Dies ist vor allem bei Fotos hilfreich, um eine schnelle Übersicht zu bekommen.

2 Klicken Sie auf einen der Befehle, um den Darstellungsmodus zu wählen.

Windows schaltet dann die Darstellung für die Symbole im Ordnerfenster entsprechend um. Sie können auf diese Weise große Symbole oder kleine Symbole in Form einer einspaltigen oder mehrspaltigen Liste abrufen.

HINWEIS

In der Symbolleiste des Ordnerfensters finden Sie zudem die Schaltfläche *Ansichten*, über dessen Menü Sie die Darstellungsmodi ebenfalls
abrufen können. Zusätzlich bietet Windows die Möglichkeit, über die
Befehle im Untermenü *Symbole anordnen nach* des Menüs *Ansicht*
den Inhalt des Ordnerfensters nach verschiedenen Kriterien zu sortie-
ren (Name, Typ etc.).

Neue Ordner anlegen

Sie können neue Ordner direkt unter Windows auf einem Laufwerk (Festplatte, USB-Memory-Stick oder Speicherkarte; CDs und
DVDs sind dagegen nicht beschreibbar) oder in einem bestehenden Ordner anlegen. Hierzu gehen Sie in folgenden Schritten vor:

1 Öffnen Sie
das Ordnerfens-
ter mit dem
Laufwerks- oder
Ordnerinhalt
(hier *Eigene
Dateien*).

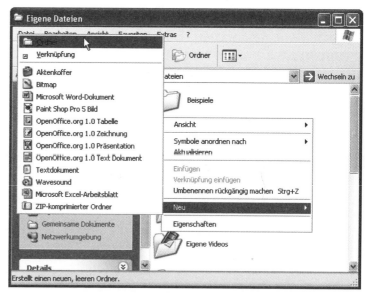

2 Klicken Sie
mit der **rechten**
Maustaste auf
eine freie Stelle
im Fenster.

3 Zeigen Sie im **Kontextmenü** auf den Befehl *Neu*
und klicken Sie dann im Untermenü auf *Ordner*.

Windows legt einen neuen Ordner mit dem Namen *Neuer Ordner* im Fenster an. Der Name des neuen Ordners ist anschließend farbig markiert, d.h., Sie können ihn jetzt ändern.

4 Tippen Sie den neuen Namen für den Ordner (hier *Beispiele*) per Tastatur ein. - - - - - ▶

5 Klicken Sie anschließend auf eine freie Stelle im Fenster.

Windows hebt die Markierung auf und weist dem neuen Ordner den eingegebenen Namen zu.

TIPP

Neuere Windows-Versionen unterstützen so genannte »komprimierte Ordner«. Sie werden im Kontextmenü über die Befehle *Neu/Komprimierter Ordner* angelegt und besitzen dieses Symbol.

Neu ZIP-komprimierter Ordner.zip

Speichern Sie Textdateien oder Bilder (im BMP-Format) in einem solchen Ordner, benötigen die Dateien wesentlich weniger Speicherplatz auf dem Datenträger als bei der Verwendung normaler

Ordner. Diese komprimierten Ordner (eigentlich sind es so genannte ZIP-Dateien) lassen sich genauso handhaben wie normale Ordner.

Wenn Sie sich das Kontextmenü *Neu* ansehen, stellen Sie fest, dass Windows auch Befehle zum Anlegen neuer Dokumentdateien bietet. Sie können daher mit den obigen Schritten unter Verwendung eines dieser Befehle neue, noch leere Dokumentdateien anlegen. Wählen Sie anschließend eine Dokumentdatei im Ordnerfenster per Doppelklick an, öffnet Windows sie automatisch im zugehörigen Programm.

HINWEIS

Spezielle Ordnersymbole verwenden

Windows XP erlaubt Ihnen, Ordnersymbole individuell anzupassen. Klicken Sie das Ordnersymbol im Ordnerfenster mit der rechten Maustaste an und wählen Sie den Kontextmenübefehl *Eigenschaften*. Im Eigenschaftenfenster wählen Sie die Registerkarte *Anpassen*.

Dann können Sie den Ordnertyp über das Listenfeld *Diesen Ordnertyp als Vorlage verwenden* einstellen. Bei Fotoalben zeigt Windows z. B. Miniaturabbildungen der enthaltenen Fotos im Ordnersymbol an. Über die Schaltflächen

der Gruppe *Ordnerbilder* kann aber eine beliebige Symboldatei oder ein Foto von der Festplatte als Ordnersymbol angegeben werden.

Die Schaltfläche *Anderes Symbol* öffnet ein Dialogfeld zur Auswahl eines vorgegebenen Ordnersymbols. Sobald Sie die Registerkarte über die *OK*-Schaltfläche schließen oder die *Übernehmen*-Schaltfläche anklicken, wird das gewählte Symbol verwendet.

Ordner und Dateien umbenennen

Die Namen von Dateien oder Ordnern lassen sich auch nachträglich leicht ändern:

1 Klicken Sie mit der **rechten** - - - - - - - ┐
Maustaste auf das Symbol des
Ordners oder der Datei, die Sie
umbenennen wollen.

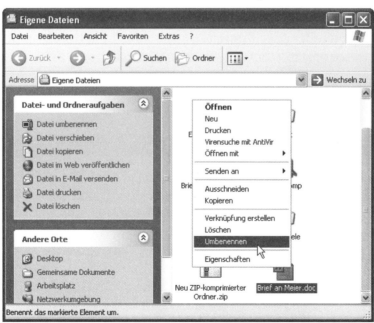

2 Wählen Sie im Kontextmenü den Befehl *Umbenennen*. - - - →

97

Brief an|Müller.doc

3 Tippen Sie anschließend `- - - ▸` **4** Klicken Sie mit der
den neuen Namen ein. linken Maustaste auf eine
freie Stelle im geöffneten
Ordnerfenster.

Windows ändert anschließend den Namen der Datei (bzw. des
Ordners).

5 Klicken Sie jetzt ein zweites Mal
auf eine freie Stelle im Fenster, um
die Markierung aufzuheben.

Der Befehl *Umbenennen* markiert automatisch den kompletten
Dateinamen. **Markierte Textstellen werden** beim Drücken der
ersten Taste durch den Buchstaben **ersetzt**. Achten Sie beim Umbenennen von Dateien darauf, dass die eventuell angezeigte Dateinamenerweiterung nicht verändert wird, da sich sonst die Datei
mit dem zugehörigen Programm nicht mehr öffnen lässt (Windows zeigt dann eine entsprechende Warnung).

HINWEIS

Durch Anklicken einer Textstelle oder durch Drücken der Cursortasten
[◄] und [►] lässt sich die **Markierung** des Dateinamens **aufheben**
und die Einfügemarke (ein senkrecht blinkender Strich) im Namen
bewegen. Zeichen rechts von der Einfügemarke lassen sich durch
Drücken der [Entf]-Taste löschen. Zeichen links von der Einfügemarke
entfernen Sie mit der [←]-Taste.

Kopieren und verschieben

Unterordner oder Dateien lassen sich zwischen Festplatten, zwischen Ordnern oder zwischen CDs/DVDs und Festplatten oder

Wechseldatenlaufwerken kopieren bzw. verschieben. Beim Kopieren liegen anschließend zwei Exemplare der Datei bzw. des Ordners vor, beim Verschieben wird die Datei oder der Ordner samt Inhalt an die neue Position verschoben. Von den verschiedenen Möglichkeiten, die Windows bietet, möchte ich Ihnen hier eine Variante zeigen, die zudem den Vorteil der Auswahl zwischen Kopieren und Verschieben bietet.

1 Öffnen Sie das Ordnerfenster (z. B. *Eigene Dateien*), in dem die zu kopierenden Elemente bereits gespeichert sind (das ist der **Quellordner**).

2 Öffnen Sie ein zweites Ordnerfenster (z. B. *Eigene Dateien/Beispiele* durch einen weiteren Doppelklick auf das Desktop-Symbol). In diesen **Zielordner** sollen die Elemente hineinkopiert werden.

3 Positionieren Sie die beiden geöffneten Ordnerfenster nebeneinander.

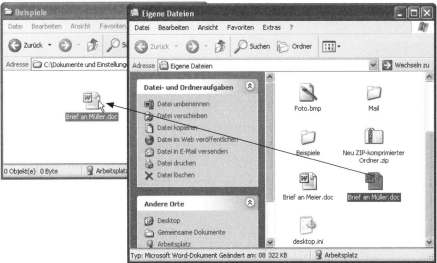

4 Ziehen Sie das Objekt (Datei oder Ordner) bei gleichzeitig gedrückter rechter Maustaste aus dem Ursprungsfenster in das zweite Ordnerfenster (hier *Beispiele*).

5 Lassen Sie die rechte Maustaste los, sobald sich das Objektsymbol über dem Zielfenster befindet.

Windows öffnet ein Kontextmenü mit verschiedenen Befehlen.

6 Wählen Sie im Kontextmenü den Befehl *Hierher kopieren* bzw. *Hierher verschieben*.

Je nach gewähltem Befehl kopiert oder verschiebt Windows anschließend das Element in das angegebene Fenster. Beim Verschieben verschwindet das Element aus dem Ordner *Eigene Dateien* und wandert in den Unterordner *Beispiele*. Beim Kopieren finden Sie das Element anschließend in beiden Ordnerfenstern vor.

HINWEIS

Bei sehr großen Dateien oder umfangreichen Ordnern informiert Windows Sie während des Kopiervorgangs durch ein kleines Fenster über den Fortschritt.

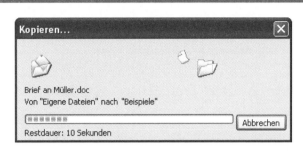

Wenn es eine Datei oder einen Ordner am Zielort bereits unter demselben Namen gibt, erhalten Sie beim Kopieren oder Verschieben eine Warnung. Sie können dann durch Anklicken mit der Schaltfläche *Ja* oder *Nein* entscheiden, ob die Dateien bzw. Ordner trotzdem kopiert bzw. verschoben werden sollen oder nicht.

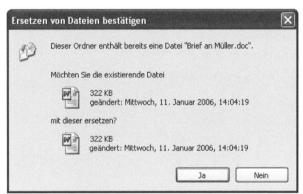

TIPP

Haben Sie eine Datei oder einen Ordner irrtümlich verschoben oder kopiert? Fast alle Dateioperationen (Kopieren, Umbenennen, Löschen) lassen sich sofort nach der Ausführung rückgängig machen.

Klicken Sie mit der rechten Maustaste auf eines der Ordnerfenster und wählen Sie im Kontextmenü den Befehl *xxx rückgängig machen*, wobei *xxx* für den Befehl steht (z. B. Kopieren). Oder drücken Sie die Tastenkombination [Strg]+[Z]. Windows nimmt dann den letzten Befehl zurück.

> Nach einem Kopiervorgang werden die wiederherstellten Elemente im Zielordner gelöscht, beim Verschieben einfach zurückgeschoben.

Ordner und Dateien löschen

Benötigen Sie einen Ordner oder eine Datei nicht mehr? Dann können Sie diese auf einfache Weise löschen.

1 Öffnen Sie das Fenster des Ordners, das die Datei oder den Ordner enthält. ‑ ‑ ‑ ‑ ‑→ **2** Markieren Sie die zu löschende(n) Datei(en) oder den Ordner.

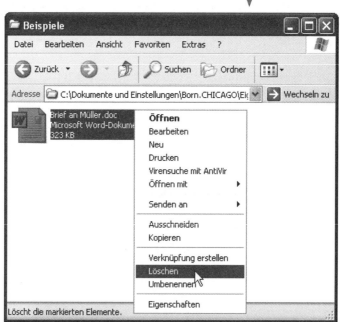

3 Klicken Sie in der Symbolleiste auf die Schaltfläche *Löschen*.

Windows fragt sicher-
heitshalber noch ein-
mal nach, ob die Ele-
mente wirklich ge-
löscht werden sollen.

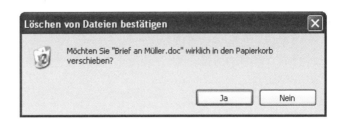

4 Klicken Sie auf
die Schaltfläche *Ja*.

Windows verschiebt jetzt die markierte(n) Datei(en) bzw. den/die
markierte(n) Ordner in den Papierkorb.

TIPP

Falls der Desktop zu sehen ist, können Sie Dateien und Ordner auch
löschen, indem Sie diese aus dem Ordnerfenster zum Symbol des Papierkorbs ziehen. Lassen Sie die linke Maustaste über dem Papierkorb
los, werden die Elemente in den Papierkorb geschoben.

Gelöschtes aus dem Papierkorb zurückholen

Haben Sie irrtümlich eine Datei oder einen Ordner gelöscht? Solange sich diese Datei bzw. die Dateien des Ordners im Papierkorb
befinden, können Sie sie zurückholen. Zum Wiederherstellen einer
gelöschten Datei gibt es zwei Möglichkeiten.

Bemerken Sie bereits beim Löschen den Fehler, wählen Sie den
Befehl *Löschen rückgängig* im Menü *Bearbeiten*. Alternativ klicken
Sie mit der rechten Maustaste auf eine freie Stelle im Ordnerfenster
und wählen den Befehl *Löschen rückgängig* im Kontextmenü. Dann
macht Windows (ähnlich wie beim Kopieren oder Verschieben)
den letzten Befehl rückgängig und die Elemente werden aus dem
Papierkorb in den Ordner zurückgeholt. Wenn Sie den Fehler erst
später bemerken, gehen Sie folgendermaßen vor:

103

1 Doppelklicken Sie
auf das Symbol des
Papierkorbs.

2 Klicken Sie im Fenster des Papierkorbs die gelöschte(n) Datei(en) bzw.
Ordner mit der rechten Maustaste an.

3 Wählen Sie im Kontextmenü den Befehl *Wiederherstellen*
mit der linken Maustaste an.

Windows verschiebt anschließend die markierte(n) Datei(en) in
den ursprünglichen Ordner zurück.

HINWEIS

Gelöschte Elemente erscheinen nicht mehr, wenn der Papierkorb zwischenzeitlich geleert wurde. Auch wenn ein Papierkorb voll ist, werden die ältesten Inhalte automatisch daraus entfernt.

Den **Papierkorb leeren** Sie, indem Sie dessen Desktop-Symbol mit der rechten Maustaste anklicken und dann im Papierkorb den Befehl *Papierkorb leeren* wählen. Dann sind die Dateien endgültig weg. Am Symbol des Papierkorbs können Sie übrigens erkennen, ob dieser leer oder gefüllt ist.

An dieser Stelle möchte ich den Abschnitt zum Arbeiten mit Laufwerken, Ordnern und Dateien beenden. Windows bietet weitere Funktionen zum Arbeiten mit diesen Elementen. Weitergehende Hinweise finden Sie in der Hilfe.

Zusammenfassung

In diesem Kapitel haben Sie bereits einige wichtige Dinge im Umgang mit Windows gelernt. Sie kennen die Elemente des Windows-Desktop, können mit der Maus arbeiten und wissen, wie man mit Fenstern arbeitet. Außerdem haben Sie gelernt, wie ein Fenster in der Größe verändert wird, wie sich in Fenstern blättern lässt und wie Sie zwischen Fenstern wechseln. Weiterhin können Sie mit Laufwerken, Ordnern und Dateien umgehen. Beim Arbeiten mit Windows wiederholen sich die Schritte immer wieder, so dass Sie das alles bald wie im Schlaf beherrschen werden. Außerdem können Sie ja bei Bedarf in diesem Kapitel nachlesen, wenn Ihnen mal etwas entfallen ist.

Lernkontrolle

Zur Überprüfung Ihres Wissens können Sie die folgenden Fragen beantworten. Die Antworten sind in Klammern angegeben.

■ **Wie wird ein minimiertes Fenster wiederhergestellt?**
(Mit der Maus auf die entsprechende Schaltfläche in der Taskleiste klicken.)

■ **Wie lässt sich ein Fenster verschieben?**
(Indem Sie die Titelleiste des Fensters per Maus zur gewünschten Position ziehen.)

■ **Wie lässt sich ein Programm starten und beenden?**
(Zum Starten wählen Sie den betreffenden Eintrag im Startmenü an oder doppelklicken Sie auf das zugehörige Desktop-Symbol. Zum Schließen klicken Sie in der rechten oberen Fensterecke auf die Schaltfläche *Schließen*.)

■ **Wozu braucht man Ordner?**
(Um Dateien nach bestimmten Gesichtspunkten geordnet auf einem Datenträger ablegen zu können.)

■ **Wie lassen sich Dateien kopieren?**
(Indem Sie die markierten Dateien bei gedrückter rechter Maustaste von einem Ordnerfenster in ein zweites Ordnerfenster ziehen, die Maustaste loslassen und im Kontextmenü den Befehl *Kopieren* wählen.)

■ **Wie lässt sich eine Datei oder ein Ordner löschen?**
(Indem Sie das Element markieren und dann zum Papierkorb ziehen oder im Ordnerfenster den Kontextmenübefehl *Löschen* wählen.)

Brennen, Spiele, Fotos, Musik und Video

Nachdem Sie die Grundlagen zur Bedienung von Windows kennen, ist es an der Zeit, das Notebook für eigene Zwecke zu nutzen. Wie wäre es mit einem kleinen Kartenspiel zur Entspannung? So ganz nebenbei lässt sich dann der Umgang mit der Maus üben. Haben Sie eine Digitalkamera? Dann verwenden Sie das Notebook zum Speichern und Verwalten der Fotos. Oder was halten Sie davon, den Computer zum Abspielen von Musik-CDs und DVDs zu nutzen? Mit einem Brenner lassen sich zudem CDs und DVDs erstellen.

Das lernen Sie in diesem Kapitel

3

- Spiel und Spaß mit Windows
- Fotos anzeigen und verwalten
- Musik hören per Notebook
- Videos am Notebook ansehen
- CDs und DVDs brennen

Spiel und Spaß mit Windows

Damit die »Computerei« nicht ganz so »bierernst« wird, wie wäre es, wenn wir mit einigen kleinen Spielen anfangen? Windows selbst wird in allen Versionen mit verschiedenen Spielen ausgestattet. Und bei Computerkursen mit Senioren, die ich ehrenamtlich gebe, konnte ich Folgendes feststellen: Der Umgang mit Spielen wie Solitär macht riesigen Spaß – und so ganz nebenbei lernten die Teilnehmer den Umgang mit der Maus (Klicken, Ziehen, Doppelklicken). Also, was hindert Sie daran, Ihr Wissen über das Notebook auf diese Weise zu vertiefen? Nachfolgend möchte ich Ihnen zwei dieser Windows-Spiele, quasi als Appetitanreger, vorstellen.

Entspannung mit Solitär

Solitär ist ein Kartenspiel (eine Patience), das in Windows abrufbar ist. Bei Solitär müssen Sie abgedeckte Karten aufdecken und in einer ganz bestimmten Reihenfolge auf Stapeln ablegen. Aber alles der Reihe nach. Zuerst wollen wir das Programm starten und ein neues Spiel beginnen.

1 Klicken Sie im Startmenü auf *Alle Programme/ Spiele* und anschließend auf den Eintrag *Solitär*.

Fehlt der Eintrag für Solitär, müssen Sie diese optionale Windows-Komponente nachträglich installieren (siehe Kapitel 7). Sobald Solitär gestartet wurde, öffnet sich das hier gezeigte Fenster. Das Programm gibt automatisch die Karten und deckt einige in den so genannten Reihenstößen auf.

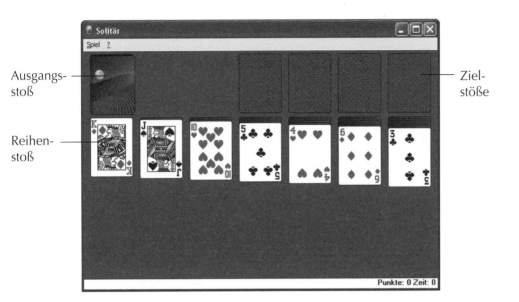

Ausgangs-
stoß

Ziel-
stöße

Reihen-
stoß

Wenn Sie Solitär bereits kennen, können Sie sofort loslegen. Für alle, die sich zunächst über die Spielregeln informieren möchten, hier eine kleine Anleitung. Das Ziel von Solitär ist es, die Spielkarten in einer bestimmten Reihenfolge auf den vier freien **Zielstößen** in der rechten oberen Ecke des Spielfelds abzulegen. Auf einem **Zielstoß** dürfen Karten der gleichen Spielfarbe (z. B. Herz) nur in der **Reihenfolge Ass, 2, 3, ... , 10, Bube, Dame, König** abgelegt werden, d.h., die unterste Karte auf einem **Zielstoß** muss immer ein Ass sein.

Bei einem neuen Spiel legt das Programm automatisch sieben so genannte **Reihenstöße** an und deckt die jeweils obersten Karten auf. Diese Stöße dienen zum »Zwischenspeichern« aufgedeckter Karten.

Sie dürfen nun die zuoberst aufgedeckt liegenden Karten des Ausgangsstoßes und der Reihenstöße jeweils auf eine passende Position eines anderen Reihenstoßes oder eines Zielstoßes umlegen. Beim **Reihenstoß** gilt die Regel, dass die Karten mit absteigenden Werten **König, Dame, Bube, 10, 9, ..., 2** anzulegen sind. Gleichzeitig muss noch die **Farbe** der Karte **abwechselnd** Rot oder

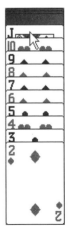

109

Schwarz sein (d.h., auf eine Pik 10 passt dann entweder eine Herz 9 oder eine Karo 9, gefolgt von einer Pik 8 oder Kreuz 8 und so weiter). Enthält ein Stapel also eine aufgedeckte Karo 3 und ein anderer Reihenstapel eine Pik 4, ließe sich Karo 3 an Pik 4 anlegen.

Wie funktioniert das Ganze nun praktisch? Ganz einfach. Das Spiel lässt sich komplett mit der Maus ausführen. Solitär vergibt nicht nur automatisch die Karten, sondern passt auch auf, dass nur gültige Züge ausgeführt werden – mogeln ist also nicht.

1 Um eine abgedeckte Karte ------▸ im Reihenstoß aufzudecken, klicken Sie mit der linken Maustaste auf deren Rückseite.

2 Klicken Sie auf den **Ausgangsstapel**, deckt Solitär – je nach Einstellung – eine (bzw. drei) Karte(n) auf und legt diese rechts neben dem Stoß ab.

3 Aufgedeckte Karten können Sie von einem bestehenden Stoß abheben und per Maus zu einem jeweils passenden ---▸ Stoß (**Reihenstapel** oder **Zielstapel**) ziehen und dort anlegen.

4 Ein aufgedecktes **Ass** oben auf dem Kartenstapel ziehen Sie auf einen der freien Zielstöße.

5 Ein König lässt sich zur ◂--┘ freien (bereits abgeräumten) Position eines Reihenstoßes ziehen, um eine neue Reihe zu bilden.

> **TIPP**
>
> Sie können vom Reihenstoß oder im Ausgangsstoß eine **aufgedeckte passende Karte per Doppelklick zum richtigen Zielstoß** befördern.

Führen Sie die gültigen Spielzüge aus und legen Sie die Karten sortiert auf den Stößen ab.

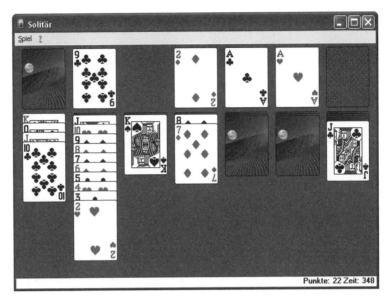

Das Spiel ist beendet, wenn Sie entweder alle Karten in der richtigen Reihenfolge in vier Zielstößen angeordnet haben oder wenn es keine gültigen Spielzüge mehr gibt.

6 Um ein neues Spiel zu beginnen, klicken Sie auf das Menü *Spiel* und dann auf den Befehl *Karten geben*.

HINWEIS

Über den Befehl *Optionen* des Menüs *Spiel* lässt sich das Dialogfeld *Optionen* öffnen. Dort können Sie über Optionsfelder festlegen, ob jeweils eine oder drei Karten beim Ziehen aufgedeckt werden. Weitere Informationen zum Spielablauf finden Sie in der Programmhilfe, die Sie über das *?*-Menü aufrufen können.

Noch ein Spiel: Spider Solitär

Unter Windows XP können Sie eine alternative Solitär-Variante unter dem Namen »Spider Solitär« über die Gruppe *Spiele* im Startmenü aufrufen. Das Programm öffnet ein Fenster und fragt in einem Dialogfeld den Schwierigkeitsgrad ab. Klicken Sie auf eine Option und bestätigen Sie dann die *OK*-Schaltfläche. Im Fenster sind am oberen Rand 11 Kartenstöße mit aufgedeckter oberster Karte angeordnet. Die rechte untere Ecke enthält weitere Karten, die vergeben werden können.

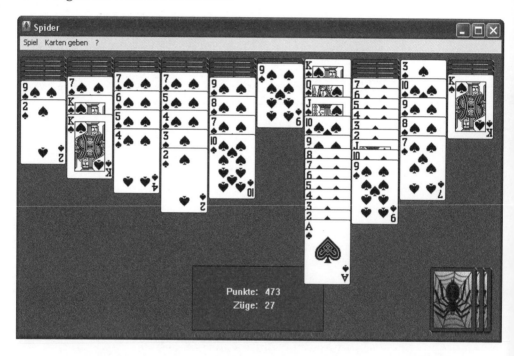

Ziel dieses Spiels ist es, alle Karten aufzudecken und mit absteigenden Wertigkeiten (König, Dame, Bube, 10 bis 2 und Ass) anzulegen. Sie können einzelne Karten oder ganze Stöße in absteigender Wertigkeit an andere Stöße anlegen (z. B. an eine aufgedeckte 10 kann eine 9 oder ein Stoß mit den Wertigkeiten 9, 8, 7 etc. angelegt werden). Ist eine Reihe (König bis Ass) komplett (siehe 7ter Stapel in obigem Bild), wird diese abgeräumt und als fertiger Stapel in der linken unteren Ecke angeordnet.

Versuchen Sie durch geschicktes Verschieben der Karten die Stöße am oberen Rand aufzudecken. Haben Sie durch Umsortieren und Aufdecken freie Positionen in der oberen Reihe geschaffen, können Sie zu diesen jeweils eine aufgedeckte Karte oder einen Teilstapel mit gültiger Wertigkeit verschieben.

Sind keine Züge mehr möglich, fordern Sie einen neuen Satz Karten an (auf eine abgedeckte Karte in der unteren rechten Ecke klicken oder den Menübefehl *Karten geben* wählen). Dies geht jedoch nur, wenn keine freien Positionen in der oberen Reihe vorliegen. Das Spiel ist beendet, sobald keine Züge mehr möglich sind. Über das Menü *Spiel* können Sie ein neues Spiel starten (Befehl *Neues Spiel*) oder prüfen, ob noch Spielzüge möglich sind (Befehl *Möglichen Zug anzeigen*).

HINWEIS

Windows wird mit weiteren Spielen ausgeliefert, die Sie ausprobieren können. »Pinball« ist eine elektronische Version der Flipper-Spielautomaten. Windows XP kennt auch internetfähige Spiele (Backgammon, Dame etc.), bei denen Sie über das Internet gegen andere Spieler antreten können. Da vielen Leuten das Spielen über das Internet zu teuer ist, gehe ich auf diese Spiele nicht weiter ein. Darüber hinaus können Sie sich eigene Spiele beschaffen und auf dem PC installieren. Gerade die Karten- und Strategiespiele stellen eine ideale Möglichkeit zur Unterhaltung und Entspannung dar. Solche Spiele bekommen Sie im Handel, bei Versandfirmen oder im Internet (z. B. *www.freeware-archiv.de*). Sie können natürlich auch über eine Suchmaschine wie *www.google.de* gehen und Begriffe wie »Brettspiele + Freeware« eingeben. Achten Sie aber dann darauf, dass Ihnen keine Zugangssoftware (Dialer) oder Online-Spiele, die horrende Telefonkosten verursachen, auf den Rechner geschmuggelt werden.

Welche Programme gibt's noch?

Es gibt eine Unmenge an Programmen für Windows, mit denen Ihnen die unmöglichsten Funktionen zur Verfügung stehen.

- Möchten Sie vielleicht eine Sprache lernen oder auffrischen. Neben Übersetzungsprogrammen wie Power Translator und Wörterbüchern gibt es zwischenzeitlich sogar interaktive Sprachtrainer mit Sprachlabor für den Computer.

- Nachschlagewerke wie Lexika, Duden oder Fremdwörterbücher sind ebenfalls als Programme für Windows zu haben. Das auf vielen Rechnern vorinstallierte **Microsoft Encarta** ist ein typischer Vertreter eines solchen multimedialen Nachschlagewerks, welches beim Nachschlagen nach Begriffen sogar Musik, Filme und Karten vorhält. Zudem gibt es spezielle Routenplaner (z. B. Microsoft Autoroute), mit denen sich Detailkarten bis auf die Straßenzüge des Zielgebiets abrufen lassen.

- Wer ein Hobby hat, kann sich ggf. durch entsprechende Programme unterstützen lassen. Software zur Ahnenforschung, Verwaltungsprogramme für Sammelobjekte (Briefmarken, Münzen, Schallplatten) etc. werden im einschlägigen Handel angeboten. Auch Planprogramme (Gartenplaner, Finanzplaner) etc. lassen sich auf dem Computer nutzen.

Die vielfältigen Möglichkeiten der Software kann hier nicht einmal ansatzweise wiedergegeben werden. Ein Besuch im Handel informiert Sie über das verfügbare Angebot. Auch im Internet wird häufig Software zum Herunterladen angeboten. Dabei stoßen Sie ggf. auch auf die Begriffe **Shareware** und **Freeware**. Unter **Freeware** eingeordnete Programme dürfen frei kopiert und benutzt werden. Bei **Shareware** erlaubt Ihnen der Autor des Programms, dieses für eine bestimmte Zeit zu testen, erwartet aber bei einer weiteren Nutzung einen kleinen Obolus als Vergütung sowie eine Registrierung. Shareware ermöglicht Ihnen also das Programm zu testen.

HINWEIS

Achten Sie beim Kauf eines Programms darauf, dass dessen Anforderungen von Ihrem Computer erfüllt werden. Auf den Programmverpackungen steht meist, welche Windows-Version Sie benötigen und welche Computerleistung das Programm braucht. Andernfalls kann es passieren, dass ein solches Programm nicht auf dem Computer läuft. Achtung, ein gekauftes **Programm** XY vom Nachbarn **leihen** und auf Ihrem Computer überspielen, **ist** in der Regel **nicht legal**. Software unterliegt einem Copyright. Die Programmdokumentation regelt die Nutzung und schließt solche Kopien meist aus. Aber es gibt Wege, preiswerter an Software zu kommen, beispielsweise indem Sie beim Kauf eines neuen Computers oder eines Geräts auf so genannte Bundling-Angebote mit beigepackter Software achten. Gelegentlich bekommt man auch ältere Versionen eines Programms preisgünstiger und Sie können bei Bedarf für ein paar Euro auf die neueste Version aktualisieren. Anbieter wie Pearl Agency (*www.pearl.de*, Tel. 07631-360-0) bieten Kataloge mit Zubehör (Software, Geräte, CDs und mehr). Die Kataloge informieren nicht nur über Angebot und Preise, sondern Sie erhalten auch weitere interessante Informationen. Überspielen Sie Programme aus dem Internet, besteht generell die Gefahr, dass Sie sich auch **Viren**, **Trojaner** oder **Adware** einschleppen. Diese Schädlinge zerstören entweder Dateien auf dem Computer oder übertragen vertrauliche Daten wie angesurfte Seiten, Kennworteingaben etc. über das Internet. Abhilfe schaffen die bereits erwähnten und im Handel erhältlichen Virenschutzprogramme, die den Computer auf solche Schädlinge überwachen. Die Programme lösen Alarm aus, sobald eine befallene Datei erkannt wird und können Viren, Trojaner oder Adware teilweise sogar entfernen.

Fotos anzeigen und verwalten

Sie können Fotos oder Bilder aus dem Internet laden und auf der Festplatte des Notebooks speichern. Besitzen Sie einen Scanner und/oder eine Digitalkamera, lassen sich Fotos als Bilddateien auf die Festplatte übertragen. Selbst bei der Filmentwicklung lässt sich angeben, dass die Fotos auch auf einer Foto-CD bereitgestellt werden sollen. Sie können diese Fotodateien mit Windows betrachten und mit geeigneten Programmen bearbeiten.

Wo und wie werden Fotos gespeichert?

Möchten Sie die **Fotos aus** einer **Digitalkamera** auf die Festplatte des Notebooks **übertragen**? Verzichten Sie auf die USB-Anbindung der Kamera an das Notebook und verwenden Sie ein Speicherkartenlesegerät (siehe Kapitel 1). Gehen Sie folgendermaßen vor.

1 Entnehmen Sie die Speicherkarte der Kamera und schieben Sie diese in den entsprechenden Schlitz des Lesegeräts.

2 Sobald Windows XP dieses Dialogfeld öffnet, wählen Sie die Option *Ordner öffnen ...* und klicken dann auf die OK-Schaltfläche.

Passiert nach dem Einlegen des Mediums nichts, öffnen Sie das Ordnerfenster Arbeitsplatz und wählen dann das Laufwerkssymbol des Datenträgers mit einem Doppelklick an.

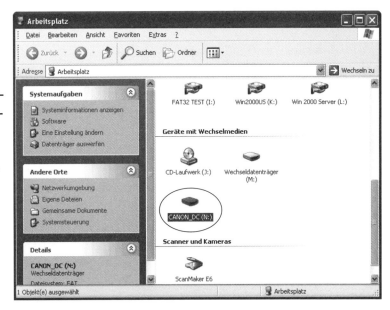

3 Im Ordnerfenster mit dem Laufwerksinhalt suchen Sie den Ordner mit den Fotos.

Hier ist der Ordner mit den Fotos zu sehen. Die Darstellung des Ordnerinhalts hängt etwas von der verwendeten Windows-Version ab.

Eigene Bilder

4 **Zum Kopieren** ziehen Sie die Dateien einfach per Maus vom Ordner-fenster des Wechseldatenträgers zum Ordnerfenster (z. B. *Eigene Dateien/ Eigene Bilder*), in dem die Fotos abzu-legen sind (siehe Kapitel 2).

Löschen lassen sich die Fotodateien, indem Sie diese aus dem Ordnerfenster des Wechseldatenträgers zum **Papierkorb** auf dem Windows-Desktop ziehen. Allerdings lassen sich so gelöschte Dateien bei Wechseldatenträgern nicht mehr aus dem Papierkorb zurückholen!

ACHTUNG

Während der Bildübertragung informiert Windows Sie in einem Dialogfeld über den Ablauf. Zur Vermeidung von Datenverlusten dürfen Sie dann die Speicherkarte nicht aus dem Lesegerät herausziehen. Erst wenn die Zugriffsanzeige am Lesegerät signalisiert, dass nicht mehr auf die Speicherkarte zugegriffen wird, sollten Sie das Ordnerfenster mit der Anzeige des Speicherkarteninhalts in Windows schließen und dann die Karte entnehmen.

TECHTALK

Die Digitalkameras speichern die Fotos auf der Speicherkarte nach dem **DCF-Standard** (DCF steht für *Digital Camera Format*).

Im Ordner *DCIM* finden Sie die hersteller-spezifisch benannten Unterordner mit den Fotos – hier 165CANON und *166_FUJI*, da die Speicherkarte in zwei Kameras genutzt wurde.

In der obigen Ordnerdarstellung wurde es bereits angedeutet: Um den Inhalt einer Fotodatei bereits auf der Speicherkarte oder im Zielordner schnell beurteilen zu können, können Sie die Miniaturansicht verwenden. Die Miniaturansicht oder den Filmstreifen stellen Sie über die Befehle der Schaltfläche *Ansichten* oder des Menüs *Ansicht* ein. Im Darstellungsmodus *Miniaturansicht* blendet Windows XP bei Fotoordnern, wie nachfolgend gezeigt, Miniaturabbildungen der gefundenen Fotos im Ordnersymbol ein. Falls Sie sehr viele Fotos haben, wird die Ablage im Ordner *Eigene Bilder* schnell unübersichtlich.

Um den Überblick zu behalten, lassen sich die Fotos auf Unterordner im Ordner *Eigene Bilder* aufteilen. Sie können das hier gezeigte Archivierungsschema verwenden, bei dem die Unterordner nach Themen benannt wurden.

Alternativ besteht die Möglichkeit, die Unterordner mit Jahresnamen zu versehen und weitere Unterordner mit den Monaten und ggf. mit den jeweiligen Tagen zu hinterlegen. Dann lassen sich die Fotos chronologisch einsortieren und schneller auffinden. Es ist auch eine Kombination dieser Ordnerschemata denkbar (z. B. Urlaub_Lago Maggiore 2006, Geburtstag_Klaus 2005). Zusätzlich empfiehlt es sich, die von der Kamera mit Buchstaben und Zahlen nummerierten Bilddateien (z. B. *IMG_001.jpg*, *DSCF0176.jpg* etc.) umzubenennen (z. B. *Rose1.jpg*). Bei einem umfangreicheren Foto-

bestand werden Sie aber nicht um die Verwendung eines Album-
programms wie Adobe Photoshop Elements herumkommen.

Bildvorschau, so geht's

Fotodateien lassen sich in der Miniaturansicht der Ordnerfenster
begutachten und in Grafikprogrammen laden, anzeigen, bearbeiten, speichern und auch drucken. Zum Öffnen der Fotodatei reicht
ein Doppelklick auf die betreffende Datei. Zur schnellen Beurtei-
lung der Bilder verwende ich in Windows XP aber die Bild- und
Faxanzeige.

1 Öffnen Sie das Ordnerfenster mit den Fotos
– wegen der schnelleren Ladezeiten sollte dies
möglichst ein Ordner auf der Festplatte sein.

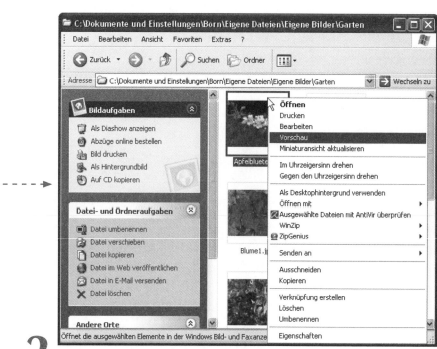

2 Klicken Sie das erste Foto mit der rechten Maustaste an
und wählen Sie den Kontextmenübefehl *Vorschau*.

HINWEIS

Ein Doppelklick auf die Fotodatei ist bei einem neuen Windows XP möglich, hat aber meist den Nachteil, dass das Foto in dem auf dem Computer installierten Grafikprogramm zur Bearbeitung geladen wird.

Windows **öffnet** die **Bild- und Faxanzeige**. Über die Schaltflächen am unteren Rand des Bildfensters können Sie dann verschiedene Funktionen abrufen. Zeigen Sie per Maus auf die betreffende Schaltfläche,

blendet Windows eine QuickInfo-Anzeige mit dem Funktionsnamen ein.

Die Schaltflächen erlauben es beispielsweise, die Darstellungsgröße zu verändern (🔍🔍), zwischen den Fotodateien zu blättern (◄ ►), die Diashow aufzurufen (🖵) oder eine Datei zu löschen, zu drucken, zu speichern oder in einem Grafikprogramm zu öffnen (✕ 🖨 💾 🖼).

ACHTUNG

Im Anzeigemodus Filmstreifen sowie in der Windows-Bild- und Faxanzeige finden Sie Schaltflächen (und Kontextmenübefehle) zum Drehen der Grafik.

Verzichten Sie auf deren Verwendung beim Original eines Fotos, da es die Bildqualität von .jpeg-Fotodateien verringern kann. Mein Tipp: Legen Sie eine Kopie der Fotodatei unter neuem Namen an und führen das Drehen auf dieser Kopie aus. Dann steht das Original bei Bedarf unmodifiziert zur Verfügung.

Fotos als Diashow am Computer ansehen

Windows XP erlaubt Ihnen die Fotos eines Ordners auch als Diashow am Bildschirm zu präsentieren.

1 Öffnen Sie den Ordner mit den Fotos und rufen Sie die Windows Bild- und Faxanzeige auf (siehe oben).

2 Klicken Sie im Fenster der Windows Bild- und Faxanzeige die Schaltfläche *Diashow* oder drücken Sie die Funktionstaste F11 .

Windows öffnet die Diashow, in der die im aktuellen Ordner vorliegenden Bilddateien in festen Zeitabständen und in der vorliegenden (Datei-) Reihenfolge auf dem Bildschirm angezeigt werden.

Zeigen Sie mit der Maus in die obere rechte Ecke des Bildschirms, erscheinen Schaltflächen zur manuellen Steuerung der Diashow. Wenn Sie den Mauszeiger über einer Schaltfläche positionieren, wird eine QuickInfo mit der Bezeichnung der Funktion angezeigt. Durch Drücken der $\boxed{\text{Esc}}$-Taste sowie über die Schaltfläche *Fenster schließen* wird die Diashow beendet.

Fotos in Windows XP drucken

Besitzen Sie einen Fotodrucker, können Sie mit wenigen Mausklicks Papierabzüge von den im Bildordner (z. B. *Eigene Dateien/ Eigene Bilder*) hinterlegten Fotodateien anfertigen.

1 Öffnen Sie den Ordner, der Ihre Fotodateien enthält.

2 Klicken Sie in der Aufgabenleiste des Ordnerfensters auf den Befehl *Bilder drucken*.

Windows XP startet den Fotodruck-Assistenten, der Sie zur Druckausgabe führt.

3 Den Startdialog des Assistenten bestätigen Sie durch einen Klick auf die Schaltfläche *Weiter*. - - - - - ➤

123

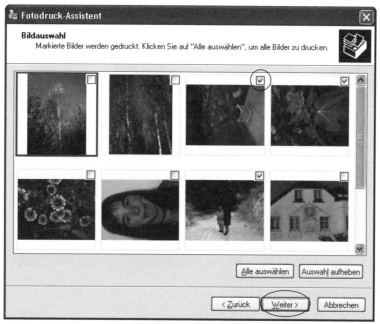

4 Markieren Sie im Dialogfeld *Bildauswahl* die auszu-
druckenden Bilder (einfach die Markierung der Kontrollkästchen in der rechten oberen Bildecke durch Anklicken
setzen oder löschen) und klicken Sie dann auf die Schaltfläche *Weiter*.

5 Im nächsten Dialogfeld wählen Sie den
Drucker (falls mehrere Geräte vorhanden
sind) und stellen ggf. die Druckoptionen
(z. B. Papiersorte) ein, dann klicken Sie auf
die Schaltfläche *Weiter*.

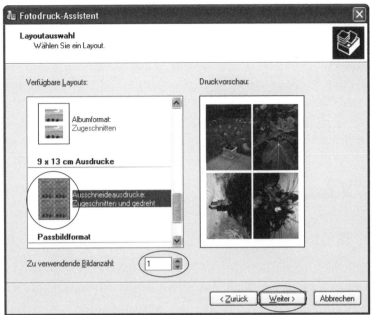

6 Wählen Sie im Dialogfeld *Layoutauswahl* das Layout, das Ihren Wünschen entspricht, stellen Sie ggf. die Zahl der Abzüge ein und klicken Sie auf die Schaltfläche *Weiter*.

Der Assistent bereitet jetzt die Druckausgabe vor und zeigt Ihnen das in einem Dialogfeld. Ist der Druckauftrag fertig gestellt, schließen Sie den Abschlussdialog mit der Fertigmeldung durch Anklicken der *Fertig stellen*-Schaltfläche. Sobald der Bogen gedruckt und getrocknet ist, können Sie ihn entnehmen und die einzelnen Fotos mit der Schere ausschneiden.

HINWEIS

Die preisgünstigere Alternative besteht darin, sich Papierabzüge an den in vielen Drogerien und Warenhäusern angebotenen Fotodruckstationen anfertigen zu lassen oder die Fotos per Internet zum Ausdruck an Fotolabors zu senden. In der Rubrik »Fotos« meiner Webseite *www. borncity.de* sind einige Fotolabors und Dienstleister aufgeführt. Windows XP stellt Ihnen zudem Assistenten bereit, um Vorlagen direkt aus einem Scanner oder einer Digitalkamera zu übernehmen.

Zur Bearbeitung von Fotos benötigen Sie spezielle Grafikprogramme, die nicht mit Windows XP mitgeliefert werden. Am Markt wird hierzu eine große Anzahl an Lösungen angeboten, wobei sich Adobe Photoshop Elements als Standard etabliert hat. Es führt an dieser Stelle zu weit, auf die Fotobearbeitung mit Photoshop Elements einzugehen. Mehr Details rund um die gesamte Thematik samt Fotoschule liefert der Markt+Technik-Titel »Digitale Fotografie – leichter Einstieg für Senioren«.

Musik hören per Notebook

Moderne Notebooks besitzen sowohl ein DVD-Laufwerk als auch Lautsprecher oder sogar Audioausgänge. Damit kann das Notebook zur Wiedergabe von Musik-CDs oder Musikdateien genutzt werden.

Der Computer als Musikbox

Mit einem DVD-Laufwerk können Sie auch Musik-CDs abspielen (es sei denn, die Audio-CD wurde vom Hersteller mit einem Abspielschutz für Computer versehen). Das Abhören von Musik-CDs per Notebook ist eigentlich ein Kinderspiel, Windows bietet eine entsprechende Funktion:

1 Legen Sie die Musik-CD (mit der spiegelnden Seite nach unten) in die Schublade des Laufwerks (siehe auch Kapitel 1).

2 Drücken Sie die Auswurftaste am Laufwerk ein zweites Mal, um die CD einzufahren.

Direkt nach dem Einfahren der Schublade beginnt die Laufwerks-anzeige zu blinken – Windows versucht von der CD zu lesen. Nach einigen Sekunden startet der Windows Media Player und beginnt mit dem Abspielen der Musikstücke. Mehr brauchen Sie eigentlich nicht zu wissen, da nun alles automatisch läuft. Um das Abspielen zu beenden, drücken Sie einfach auf die Auswurftaste des Lauf-werks und warten, bis die Schublade ausgefahren wird, und ent-nehmen die CD, schließen die Schublade und beenden das Wie-dergabeprogramm. Das war's!

Kurzanleitung zum Windows Media Player

Mit dem Windows Media Player steht Ihnen ein Universalgerät zum Abspielen von Musik-CDs und Audiodateien sowie zum Anse-hen von Videos zur Verfügung. Falls die automatische Wiedergabe von Audio-CDs auf Ihrem Notebook nicht klappt (z. B. weil je-mand diese deaktiviert hat), können Sie das betreffende Programm im Startmenü unter *Alle Programme/Zubehör/Unterhaltungsmedien* aufrufen. Weiterhin enthält die *Schnellstart*-Symbolleiste eine Schaltfläche zum Aufruf dieses Programms.

Sobald der Player aufgerufen wird, erscheint dessen Fenster auf dem Desktop. Die Darstellung hängt dabei etwas von der Version des Player ab. Nachfolgend sehen Sie den Media Player 10 (Hinter-grund) und den Media Player 9 (Vordergrund). Zur Bedienung des Programms müssen Sie nur sehr wenig wissen. Die Schaltflächen am linken (bzw. oberen) Fensterrand erlauben Ihnen verschiedene Funktionen (CD-Infos anzeigen, Internetradio hören etc.) abzuru-fen. Klicken Sie z. B. auf die Schaltfläche *Wiedergabe* am linken (bzw. oberen) Fensterrand, zeigt der Media Player Details zur abge-spielten Musik-CD (z. B. Titel, Interpret, Albumcover etc.). Am unteren Rand des Programmfensters finden Sie dann weitere Schaltflächen (wie am CD-Player der Stereoanlage), mit denen die Wiedergabe gesteuert wird. Die Funktionen dieser Schaltflächen können Sie in der Abbildung sehen.

Schnellzugriffsbereich

Anwendungsmenü

Wiedergabe-
optionen

Feature-
taskleiste

Vollbild-
modus

Titelliste

Wiedergabe-
liste abrufen

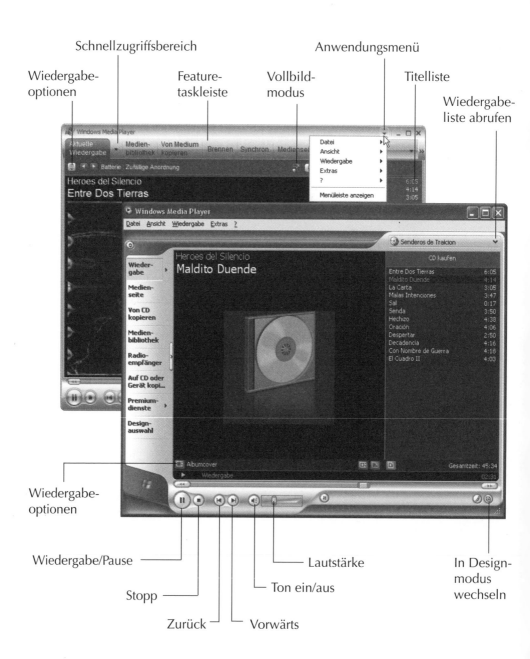

Wiedergabe-
optionen

Wiedergabe/Pause

Stopp

Zurück

Vorwärts

Ton ein/aus

Lautstärke

In Design-
modus
wechseln

Die Wiedergabe lässt sich über die Schaltfläche *Wiedergabe/Pause* starten und unterbrechen. *Stopp* beendet die Wiedergabe.

Im Block mit den Schaltflächen für die Wiedergabesteuerung wechseln Sie bei jedem Mausklick einen Titel vor oder zurück.

Die Lautstärke der Wiedergabe können Sie über den im Fenster gezeigten Schieberegler verändern. Ziehen Sie den Schieberegler einfach per Maus nach links oder rechts. Klicken Sie auf das kleine Lautsprechersymbol, wird der Ton abgeschaltet und wieder eingeschaltet.

Zeigen Sie per Maus auf eine solche Schaltfläche, blendet der Player zusätzlich eine QuickInfo mit dem Namen der Funktion ein.

HINWEIS

Die Darstellung des Programmfensters ist übrigens veränderbar. So lässt sich über das Menü *Ansicht*, über die Schaltfläche in der rechten unteren Fensterecke oder über die Tastenkombinationen ⌷Strg⌷+⌷1⌷ bzw. ⌷Strg⌷+⌷2⌷ zwischen Vollmodus und Kompaktmodus (das Fenster wird ohne die Schaltflächen gezeigt) umschalten. Die beim Abspielen von Tonkonserven im Media Player angezeigten Muster können Sie über die Befehle des Menüs *Ansicht/Visualisierungen* verändern.

Möchten Sie **gezielt Titel einer Musik-CD abspielen**?

1 Legen Sie die CD in das Laufwerk ein und starten Sie ggf. den Media Player. Stellen Sie sicher, dass die Kategorie *Wiedergabe* über die betreffende Schaltfläche angewählt ist.

2 Klicken Sie ggf. am unteren Fensterrand auf die Schaltfläche *Wiedergabe*, um die Wiedergabe mit dem ersten Musiktitel zu starten.

Wenn Sie am linken Fensterrand die mit *Wiedergabe* (bzw. *CD-Audio* bei alten Programmversionen) beschriftete Schaltfläche wählen, blendet das Programm die Wiedergabeliste im Medienbereich ein.

3 Um einen bestimmten Titel einer CD wiederzugeben, wählen Sie diesen in der Wiedergabeliste per Doppelklick an.

Hier sehen Sie das Fenster des Media Player mit Albumtitel, Interpret, CD-Cover, der Wiedergabeliste (rechte Spalte) mit den Musiktiteln und das geöffnete Menü *Wiedergabeoptionen auswählen*.

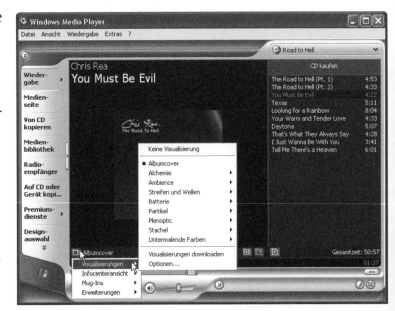

HINWEIS

Fehlt die Wiedergabeliste, können Sie im Menü *Ansicht* den Befehl *Wiedergabeoptionen* wählen und anschließend über dessen Untermenü die einzelne Informationen wie Titel, Interpret etc. ein- oder ausblenden. Bei aktiver Option enthält der Menübefehl ein Häkchen. Über das Menü der Schaltfläche *Wiedergabeoptionen auswählen* am unteren Rand des Darstellungsbereichs können Sie die Befehle *Visualisierungen/Albumcover* wählen und ein Bild des Albums (sofern vorhanden) einblenden.

Diese Wiedergabeliste enthält standardmäßig die Einträge »Titel 1«, »Titel 2« etc. Sie können aber die Musiktitel von einer Musik-CD in der Wiedergabeliste eintragen.

1 Markieren Sie den Musiktitel durch einen Klick mit der linken Maustaste in der Wiedergabeliste.

2 Dann klicken Sie mit der rechten Maustaste auf den markierten Titel und wählen Sie im Kontextmenü den Befehl *Bearbeiten*.

Mein Tirol, Ich Vermisse Dich	3:02
Rock & Roll Im Zillertal	3:07
Alles Braucht Im Leben Seine Zeit	4:35

3 Tippen Sie den Titeltext des Musikstücks in der Spalte *Name* ein und drücken Sie die ⏎ -Taste.

Der Titel wird dann in der Wiedergabeliste eingetragen. Spielen Sie diese CD später erneut ab, erscheinen die einmal eingetragenen Titel automatisch in der Anzeige.

HINWEIS

Sofern Sie kurzzeitig mit dem Computer eine Internetverbindung herstellen, kann der Media Player bei den meisten Musik-CDs automatisch den Interpreten, das Albumcover etc. ermitteln und intern speichern. Sofern eine Musik-CD nicht kopiergeschützt ist, können Sie die Schaltfläche *Von CD kopieren* (bzw. *Von Medium kopieren*) anwählen, die Kontrollkästchen der Titel markieren und dann mittels der Schaltfläche *Musik kopieren* die Musikstücke auf die Festplatte (als *.wma*-Dateien) übertragen lassen. Der Media Player 10 erlaubt dabei auf der Registerkarte *Musik kopieren* (Menü *Extras/Optionen*) den Zielordner sowie das

Zielformat (.*mp3* oder .*wma*) einzustellen. Der Windows Media Player besitzt eine Reihe weiterer Funktionen. Die Schaltfläche *Medienbibliothek* am linken Rand zeigt die gespeicherten Medien in einer Liste an. Dann können Sie diese Musik ohne CD von der Festplatte spielen. Weitere Details finden Sie in der Programmhilfe.

MP3 und andere Musikdateien anhören

Musikstücke können von der CD oder aus dem Internet auf die Festplatte des Computers (z. B. in *Eigene Dateien/Eigene Musik*) kopiert werden. Diese Musikdateien lassen sich ebenfalls mit dem Windows Media Player wiedergeben.

HINWEIS

Musik lässt sich mit verschiedenen Dateitypen speichern. Der Inhalt von Musik-CDs liegt im so genannten WAV-Format vor. Diese Musikdateien werden aber sehr groß (10 Megabyte pro Minute). Instrumentalstücke werden gelegentlich als Folge von Noten in sehr kompakten MIDI-Dateien hinterlegt. Um beliebige Musikstücke in möglichst kompakten Dateien zu speichern, wurde das MP3-Format entwickelt. Ähnliches gilt für das von Microsoft, wegen der Kopierschutzunterstützung (digitale Rechteverwaltung, englisch Digital Rights Management), propagierte .*wma*-Format.

Verfügen Sie über .*wav-*, .*midi-*, .*wma-* oder .*mp3*-Dateien auf Ihrer Festplatte?

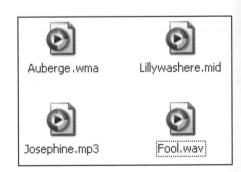

Auberge.wma   Lillywashere.mid

Josephine.mp3   Fool.wav

1 Öffnen Sie das Ordnerfenster *Eigene Musik* und suchen Sie ggf. den Unterordner mit den gespeicherten Musikdateien.

2 Wählen Sie die gewünschte
Datei im Ordnerfenster per
Doppelklick an.

Windows erkennt anhand des Dateityps, welches Programm zur
Wiedergabe benötigt wird. Standardmäßig wird dies der Windows
Media Player sein und Sie können die Wiedergabe über die zum
Abspielen von Musik-CDs benutzten Schaltflächen steuern.

HINWEIS

Der Vollständigkeit halber sollte erwähnt werden, dass der Windows
Media Player nicht alle Musik- und Videodateitypen wiedergeben kann.
Es gibt z. B. den Real-Player (*de.real.com*) oder den Apple QuickTime
Player (*www.apple.de*), mit denen sich weitere Audio- und Videofor-
mate abspielen lassen.

Videos am Notebook ansehen

Sie können auf modernen Notebooks auch Videos mit Bild und
Ton abspielen. Über ein DVD-Laufwerk können sogar DVD-Spiel-
filme angesehen werden. Nachfolgend werden die verschiedenen
Möglichkeiten kurz skizziert.

Videodateien wiedergeben

Haben Sie eine Digitalkamera, die auch Videos aufzeichnen kann?
Diese Videodateien können Sie wie Fotos über einen Speicherkar-
tenleser in Ordner der Festplatte (z. B. *Eigene Dateien/Eigene Videos*)
kopieren. Weiterhin lassen sich Videos aus dem Internet auf die
Festplatte herunterladen und es gibt auch CDs, auf denen einzelne
Videodateien hinterlegt sind. Videodateien werden häufig mit
Dateinamenerweiterungen wie *.avi*, *.wmv*, *.mpg* oder *.mpeg* gespei-
chert. Haben Sie solche Videodateien, die Sie ansehen möchten?

133

1 Öffnen Sie ein Ord-
nerfenster und suchen Sie
den Ordner, in dem die
Videodatei gespeichert ist.

2 Wählen Sie die ge-
wünschte Datei im Ordner-
fenster per Doppelklick an.

Windows erkennt die Videodatei an den Dateinamenerweiterungen wie *.avi*, *.mpg* oder *.mpeg* und startet den Player (meist den
Windows Media Player) zur Wiedergabe. Der Ton kommt über
die Lautsprecher, das Bild erscheint auf dem Monitor.

Über die Schaltflächen am unteren Fensterrand steuern Sie die Wiedergabe (genau wie bei der Wiedergabe von Musik-CDs). Bei Videos lässt sich die Bildgröße über den Kontextmenübefehl *Videogröße* variieren. Eine Vollbilddarstellung erreichen Sie über den Kontextmenübefehl *Vollbild*.

HINWEIS

Gelegentlich kann der Windows Media Player eine Videodatei nicht abspielen, weil ein Codec fehlt. Dies ist ein Softwarebaustein, der aus dem Internet nachgeladen werden kann. Zudem gibt es bestimmte Videodateien, die den von der Firma Apple kostenlos angebotenen QuickTime-Viewer benötigen. Mit dem bereits erwähnten Real-Player kann man ebenfalls Videofilme in verschiedenen Formaten wiedergeben.

DVDs abspielen

Da heutige Notebooks mit DVD-Laufwerken ausgestattet sind, können Sie auch Video-DVDs auf den Geräten wiedergeben. Zum Abspielen wird aber eine spezielle als MPEG 2-Decoder bezeichnete Funktion benötigt. Diese fehlt in Windows, ist aber in einer entsprechenden DVD-Player-Software (z. B. CyberLink PowerDVD) enthalten. Um eine DVD wiederzugeben, gehen Sie in folgenden Schritten vor:

1 Legen Sie die DVD in das entsprechende DVD-Laufwerk ein und starten Sie das DVD-Wiedergabeprogramm (meist ist das Programm im Startmenü eingetragen).

2 Wählen Sie die Schaltfläche, um die Wiedergabe der DVD zu starten.

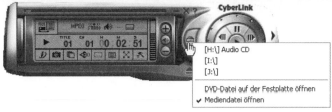

Meist blendet das Programm zur DVD-Wiedergabe eine entsprechende QuickInfo mit den Funktionsnamen der Schaltflächen ein. Anschließend wird das Fenster zur Wiedergabe der Videobilder eingeblendet. Die Bedienung erfolgt über die Menüs auf der Startseite, über die Schaltflächen des DVD-Players sowie über ein Kontextmenü (mit der rechten Maustaste auf das Videobild klicken). Details zu den entsprechenden Programmfunktionen liefert die Hilfe des Programms.

HINWEIS

Video-DVDs werden mit einem so genannten **Regionalcode** versehen (**1** = USA, Kanada; **2** = Japan, **Europa**, Naher Osten, Südafrika, Ägypten; **3** = Südostasien; **4** = Australien, Mittel- und Südamerika, Neuseeland; **5** = Nordwestasien (einschl. GUS-Staaten und Indien, ohne China), Afrika (ohne Südafrika und Ägypten); **6** = China). Ein DVD-Laufwerk sowie die DVD-Player-Software besitzen ebenfalls einen Regionalcode und können nur Video-DVDs mit dem gleichen Code abspielen. Als Konsequenz lassen sich in den USA gekaufte Video-DVDs (Regionalcode 1) nicht auf einem europäischen DVD-Player (Code 2) wiedergeben.

Ist das Notebook mit einem **DVB-T-Empfänger** für terrestrischen digitalen Fernsehempfang ausgestattet? Entsprechende Erweiterungen gibt es teilweise als USB-Aufsteckmodul im Fachhandel. Mit einer dem Empfänger beiliegenden Software lässt sich dann am Notebook auch fernsehen. Die Programme besitzen dabei meist auch eine Videorecorderfunktion, mit der sich Fernsehsendungen als MPEG 2-Videodateien auf der Festplatte aufzeichnen lassen. Zur Wiedergabe können Sie meist das Empfangsprogramm oder die DVD-Player-Software benutzen. Das im Brennprogramm Nero enthaltende Programm Nero (Vision) Express erlaubt solche Videodateien zu beschneiden und auf DVD zu brennen. Haben Sie eine Videokamera oder eine Digitalkamera, die .*avi*- oder .*wmv*-Dateien erzeugt? Windows XP besitzt mit dem Windows Movie Maker ein Programm, mit dem Sie Videodateien von einer digitalen Videokamera oder von der Festplatte einlesen und beschneiden können. Die Behandlung dieser Fragen führt aber weit über den Ansatz dieses Buches hinaus. Ausgiebiger gehe ich in meinem Markt+Technik-Titel »Easy – Heimkino« auf Fragen zu Videoaufnahmen und -schnitt ein.

CDs und DVDs brennen

Aktuelle Notebooks werden vom Hersteller bereits mit einem DVD-Brenner ausgestattet. Sie brauchen dann noch ein geeignetes **Brennprogramm**, um Dateien, Fotos, Musik oder sogar Videos auf CD- und DVD-Rohlinge zu brennen. Das populärste Brennprogramm, welches häufig als eingeschränkte Version Notebooks und Brennern beiliegt, ist **Nero**. Es handelt sich um eine Programmsammlung, die Funktionen zum Brennen, zum Bearbeiten von Videos und mehr bietet. Nero liegt in verschiedenen Versionen vor, wobei in nachfolgenden Abbildungen die neue Version 7 benutzt wird.

Wissenswertes über Brenner und Medien

Ein DVD-Brenner erlaubt Ihnen **CDs** oder **DVDs** mit Fotos, Videos, Programmen, Dokumenten etc. **selbst** herzustellen (zu **brennen**). Hierzu werden so genannte CD- oder DVD-Rohlinge benötigt, die sich mit einem Brenner beschreiben lassen.

Bei den CD-Rohlingen wird dabei noch zwischen einmal beschreibbaren (**CD-R**) und den mehrfach lösch- und dann wiederbeschreibbaren (**CD-RW**) unterschieden. CD-Rohlinge können 650, 700 Mbyte und als Spezialanfertigung bis zu 800 Mbyte an Daten speichern. Für DVDs gibt es noch mehr Standards. Dort wird zwischen einmal beschreibbaren **DVD+R**- und **DVD-R**-Rohlingen sowie mehrfach beschreibbaren **DVD+RW**- und **DVD-RW**-Rohlingen mit 4,7 Gbyte Kapazität unterschieden. Weiterhin gibt es noch einmal beschreibbare **Rohlinge doppelter Kapazität** (8,4 Gbyte), die als **DVD+R DL**- bzw. **DVD-R DL**-Rohlinge angeboten werden.

Welche dieser Rohlinge der DVD-Brenner Ihres Notebooks verarbeiten kann, müssen Sie dem Handbuch entnehmen. Moderne Geräte unterstützen allerdings alle Formate. Achten Sie aber darauf, dass die zulässige Brenngeschwindigkeit der Rohlinge auf den Brenner abgestimmt ist.

So brennen Sie CDs und DVDs

Möchten Sie Fotos, Dokumente oder Dateien auf eine CD oder
eine DVD brennen, ist es am einfachsten, das in Nero 6.x/7.x
enthaltene Zusatzprogramm **Nero Express** zu verwenden. Dann
führt ein Assistent Sie durch die einzelnen Schritte.

1 Starten Sie Nero Express über
den betreffenden Startmenüeintrag oder über das Programm
Nero StartSmart.

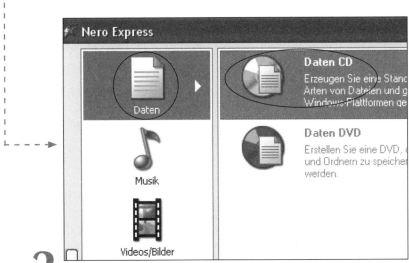

2 Wählen Sie im Nero Express-Startdialog einen der
Einträge *Daten*, *Musik* oder *Videos/Bilder* (bzw. *DVD-
Video Dateien*).

139

3 Anschließend klicken Sie dann in Nero 6.x im Untermenü bzw. bei Nero 7.x in der rechten Spalte den Befehl für den gewünschten Brenn-modus (z. B. *Daten-Disk*, *Daten CD*, *Daten (DVD)* etc.) an.

4 Warten Sie, bis der Folgedialog *Inhalt der Disk* (oder ähnlich) zur Dateiauswahl erscheint. Danach klicken Sie auf die Schalt-fläche *Hinzufügen* des Dialogfelds.

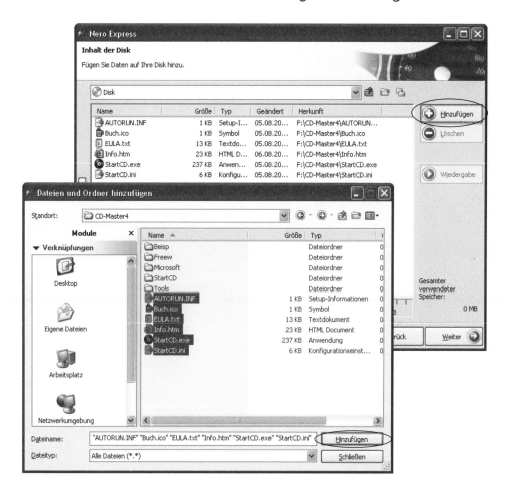

5 Anschließend wählen Sie im Folgedialog den Quellordner mit den zu brennenden Dateien aus, markieren die Ordner und Dateien und klicken auf die Schaltfläche *Hinzufügen*. Ist alles übernommen, schließen Sie das Dialogfeld über die mit *Fertig* oder *Schließen* bezeichnete Schaltfläche.

6 Das Dialogfeld *Inhalt der Disk* zeigt jetzt alle zu brennenden Dateien sowie die auf dem Medium belegte Kapazität an. Markieren Sie ggf. unerwünschte Dateien und entfernen Sie diese über die Schaltfläche *Löschen*. Klicken Sie anschließend auf die Schaltfläche *Weiter*.

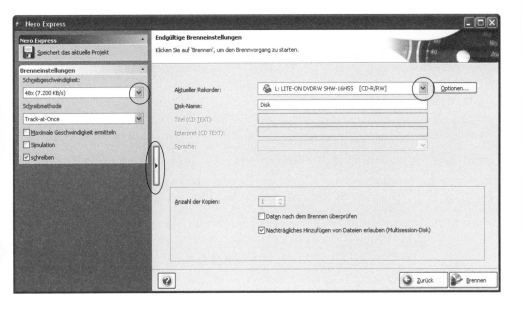

7 Wählen Sie im letzten Dialog ggf. den Brenner (Listenfeld *Aktueller Rekorder*) und korrigieren Sie den Namen (mit bis zu 11 Buchstaben) für die CD/DVD. Setzen Sie bei Bedarf die endgültigen Brenneinstellungen (Schreibgeschwindigkeit etc.). Bei Nero Express 7 müssen Sie hierzu das Dialogfeld über eine eigene Schaltfläche am linken Rand expandieren. - - - - - ►

8 Klicken Sie abschließend auf die Schaltfläche *Brennen* und befolgen Sie die Aufforderung des Assistenten, der Sie ggf. zum Einlegen eines CD- bzw. DVD-Rohlings auffordert. Bei diesem Schritt brauchen Sie keine Dialogfelder per Mausklick zu schließen, da der Assistent dies selbsttätig erledigt.

Während des Brennvorgangs wird der Status in einem Dialogfeld dargestellt. Sie sollten während dieser Zeit das Notebook nicht nutzen.

9 Schließen Sie das Dialogfeld, das beim (erfolgreichen) Abschluss des Brennvorgangs erscheint, über die *OK*-Schaltfläche.

10 Klicken Sie im Dialogfeld des Assistenten auf die Schaltfläche *Weiter* und im Abschlussdialog auf die Schaltfläche *Verlassen* (Nero 6.x) bzw. verwenden Sie in Nero 7.x die *Schließen*-Schaltfläche. Den Zusatzdialog mit der Frage, ob die Zusammenstellung zu speichern ist, schließen Sie über die *Nein*-Schaltfläche.

Anschließend können Sie die CD/DVD dem Brenner entnehmen und archivieren oder weiter nutzen.

Eine Diashow auf CDs oder DVDs erstellen

Haben Sie Fotos auf der Festplatte des Notebooks gespeichert, die Sie als Diashow auf CD/DVD brennen möchten? Um Video-CDs oder -DVDs, die auf einem DVD-Player laufen, zu brennen, sollten Sie aber auf NeroVision Express 3.x bzw. Nero Vision 4.x zurückgreifen.

1 Starten Sie Nero Vision über das Startmenü und wählen Sie im Startdialog die Option *Diashow erstellen* sowie das gewünschte Zielmedium (DVD-Video, Video-CD etc.).

2 Klicken Sie im Folgedialog auf die Schaltfläche *Nach Medien suchen* und wählen Sie den eingeblendeten Menübefehl *Durchsuchen*. Anschließend gehen Sie im Dialogfeld *Öffnen* zum Ordner mit den Fotodateien, markieren die zu ladenden Fotos und bestätigen dies mittels der *Öffnen*-Schaltfläche. - - - - - - - - - - ➤

3 Ziehen Sie die als Liste eingeblendeten Fotos in der gewünschten Reihenfolge der Diashow in das **Storyboard** (Bereich am unteren Rand). Klicken Sie Fotos im Storyboard mit der rechten Maustaste an, um über den Kontextmenübefehl *Eigenschaften* einen Zusatzdialog aufzurufen und die Standzeit für das Bild festzulegen.

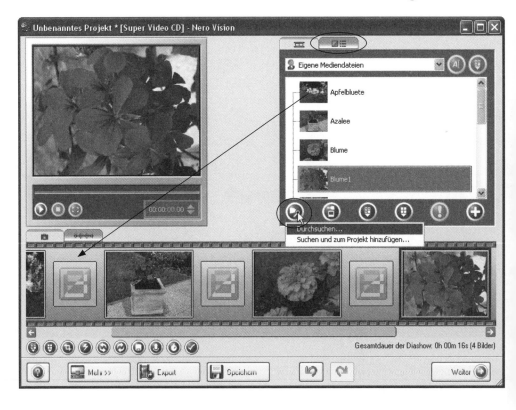

4 Klicken Sie mit der rechten Maustaste auf ein Feld zwischen den Bildern des Storyboard und wählen Sie den Kontextmenübefehl *‚Zufällige Übergänge' verwenden für*.

Alternativ können Sie oberhalb der rechten oberen Liste den Registerreiter *Übergänge anzeigen* wählen und dann Übergangseffekte in die Zwischenräume des Storyboard ziehen. Diese Übergangseffekte bestimmen, was beim Bildwechsel passiert.

5 Sobald die Fotos im Storyboard angeordnet sind, klicken Sie auf die am unteren rechten Dialogfeldrand sichtbare *Weiter*-Schaltfläche.

6 Im Folgedialog *Inhalt* können Sie ggf. den Titel der Diashow durch Anklicken des Textfelds anpassen und dann erneut auf die *Weiter*-Schaltfläche klicken.

7 Übergehen Sie die Dialogfelder *Menü* und *Vorschau* durch zweimaliges Anklicken der *Weiter*-Schaltfläche.

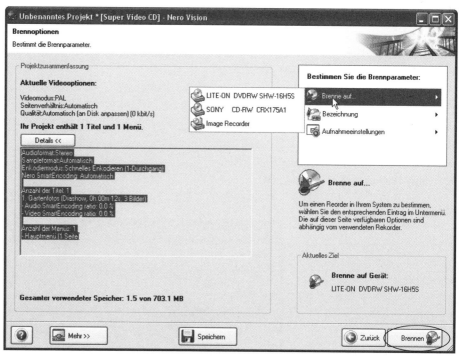

8 Wählen Sie im Dialogfeld *Brennoptionen* über *Brenne auf* ggf. den Brenner und stellen Sie die Brennoptionen ein.

Sobald Sie die Schaltfläche *Brennen* anklicken, startet ein Brenn-assistent, der Sie durch die Schritte zum Einlegen des Rohlings und zum Brennen führt. Nach dem Brennen sind der Rohling aus dem Laufwerk zu entnehmen und der Nero Vision-Dialog zu schließen.

HINWEIS

Wenn Sie statt der Fotos Videodateien importieren und ins Storyboad ziehen, lassen sich diese zu einem Video kombinieren und auf CD brennen. Nero Vision stellt auch Optionen zum Filmschnitt bereit. Eine Erläuterung der Details sprengt aber den Umfang dieses Buches. Die von mir verfassten Markt+Technik Titel »Easy Computer« und »Easy Heimkino« gehen auf solche Fragen ein.

Bei einer CD können Sie die Diashow (oder die Videos) als Video-CD (VCD) oder als Super Video-CD (S-VCD) brennen. Eine VCD lässt sich im Windows Media Player sowie in DVD-Playern wiedergeben, die Qualität ist aber nicht so toll. Eine S-VCD hat zwar eine bessere Bildqualität. Dadurch passt aber weniger Material auf die CD und S-VCDs lassen sich nicht auf allen DVD-Playern abspielen. Sofern Sie einen DVD-Brenner haben, sollten Sie Diashows (und ggf. Videos) auf DVD-Rohlinge brennen, da diese auf den üblichen DVD-Playern laufen.

Zusammenfassung

In diesem Kapitel haben Sie erfahren, wie Sie Musik-CDs und DVDs abspielen können. Weiterhin können Sie mit Windows mitgelieferte Spiele wie Solitär zur Entspannung nutzen, Fotos ansehen, verwalten und bearbeiten sowie CDs bzw. DVDs brennen. In den nächsten Kapiteln zeige ich Ihnen weitere Anwendungsmöglichkeiten sowie Funktionen, um ins Internet zu gehen.

Lernkontrolle

Zur Überprüfung Ihres Wissens können Sie die folgenden Fragen beantworten. Die Antworten sind in Klammern angegeben.

Wie lassen sich Windows-Spiele aufrufen?

(Im Startmenü auf *Alle Programme/ Spiele* klicken, dann den Eintrag für das gewünschte Spiel wählen.)

Wie lässt sich eine Musik-CD abspielen?

(Legen Sie die CD in das Laufwerk ein. Falls das Wiedergabeprogramm nicht startet, wählen Sie es im Startmenü aus und aktivieren die CD-Wiedergabe.)

Wie lässt sich eine Videodatei wiedergeben?

(Die Videodatei im Ordnerfenster per Doppelklick anwählen. Dann wird das Wiedergabeprogramm gestartet.)

- **Wie lässt sich der Inhalt eines Fotos schnell ansehen?**
  (Indem Sie das Ordnerfenster auf die Darstellungsoption *Miniatur-ansicht* stellen oder über den Kontextmenübefehl *Vorschau* die Windows Bild- und Faxanzeige abrufen.)

- **Wie lassen sich Fotos als Diashow anzeigen?**
  (Entweder, indem Sie aus der Windows Bild- und Faxanzeige die Diashow-Funktion aufrufen. Oder Sie brennen die Fotos über ein Programm wie Nero Vision auf CD bzw. DVD.)

Das Notebook als Bürohelfer

Mit einem Notebook und den richtigen Programmen lassen sich der Schriftverkehr oder sonstige Büroarbeiten erledigen. In diesem Kapitel lernen Sie beispielsweise das Erstellen von Texten mit Schreibprogrammen kennen. Weiterhin erfahren Sie, wie sich Texte formatieren und besonders schön gestalten lassen. Mit

Das lernen Sie in diesem Kapitel

4

- Texte schnell erstellt
- Textdokumente formatieren
- Textverarbeitung für Könner

diesem Wissen lässt sich der Computer für Büroaufgaben im privaten Bereich, im Verein oder beruflich nutzen.

Texte schnell erstellt

Die alte Schreibmaschine hat ausgedient, denn ein Notebook lässt sich hervorragend zum Schreiben von Briefen, Einladungen oder anderen Dokumenten verwenden. Alles, was Sie brauchen, ist ein Schreibprogramm wie **Microsoft Word**. Dieses ist im Büropaket **Microsoft Office** oder in der auf vielen Computern ausgelieferten **Microsoft Works Suite** enthalten. Falls Sie kein Word besitzen, tut es auch das Programm **Writer**, welches in dem kostenlosen **OpenOffice.org** oder in **StarOffice** enthalten ist.

Word und Writer im Überblick

Zur Erfassung, Bearbeitung und Speicherung von Texten können Sie Microsoft Word oder den Writer verwenden.

Sind die Programme installiert, können Sie diese über einen Eintrag im Startmenü aufrufen. Nach dem Start melden sich die Programme mit einem Fenster.

Die hier gezeigte Übersicht zeigt, dass die Bedienelemente der Programmfenster von Microsoft Word (oben) und dem Writer (unten) weitgehend gleich sind.

verborgene Zeichen ein/aus ——

Menüleiste ——

Symbol-
leiste
Standard

Symbol-
leiste
Format

Lineal ——

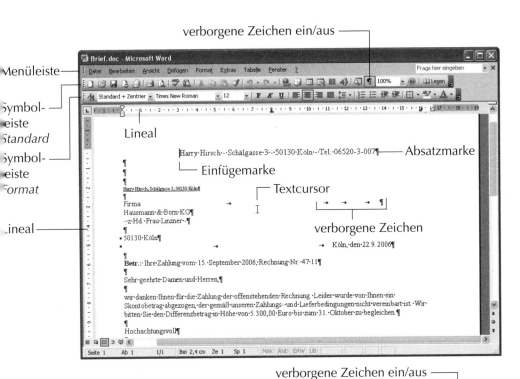

Lineal

Einfügemarke

Absatzmarke

Textcursor

verborgene Zeichen

verborgene Zeichen ein/aus ——

Menüleiste ——

Symbol-
leiste
Standard

Symbol-
leiste
Format

Lineal ——

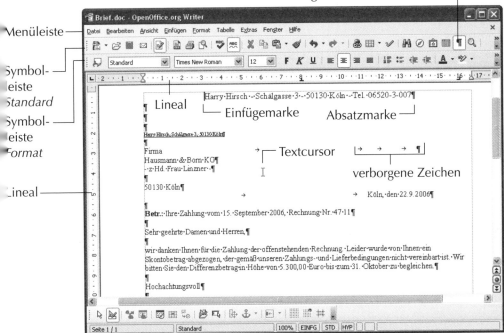

Lineal

Einfügemarke

Absatzmarke

Textcursor

verborgene Zeichen

- Über die **Menüleiste** können Sie die vom Programm bereitgestellten Befehle abrufen, um das Textdokument zu bearbeiten, zu gestalten, zu speichern und zu drucken. Um schneller auf häufig benötigte Funktionen zugreifen zu können, bieten Word und der Writer jedoch Symbolleisten mit Schaltflächen.

- Die oberste *Standard*-Symbolleiste enthält Schaltflächen und Elemente, um ein neues leeres Dokument zu holen, eine Dokumentdatei zu laden, den eingegebenen Text zu speichern, zu drucken oder zu bearbeiten. Dort finden Sie auch Schaltflächen, um die Rechtschreibprüfung aufzurufen oder Tabellen im Dokument einzufügen.

- Die zusätzliche *Format*-Symbolleiste weist Schaltflächen und Elemente auf, um den Text mit Auszeichnungen (d.h. Formatierungen wie Schriftarten und -größen oder Fettdruck) zu versehen.

- Im **Dokumentbereich** signalisiert die **Einfügemarke** (ein senkrechter blinkender schwarzer Strich), wo das nächste eingegebene Zeichen auf dem Bildschirm eingefügt wird. Einfügemarken werden in Windows überall verwendet, wo Texte einzugeben sind. Sie brauchen lediglich auf eine Stelle im Text zu klicken, um die Einfügemarke an der betreffenden Stelle zu positionieren.

- Sobald Sie mit der Maus auf den Dokumentbereich zeigen, nimmt der Mauszeiger zudem die Form des **Textcursors** an. Dieser lässt sich genauso wie der Mauszeiger handhaben. Sie können mit dem Textcursor auf ein Wort zeigen, etwas markieren oder klicken.

- Das horizontale **Lineal** zeigt die Abstände vom linken Rand an und legt auch den linken und rechten Zeilenrand fest. Über das vertikale Lineal lässt sich der Abstand einzelner Zeilen zum oberen Rand ablesen. Die **Statusleiste** dient zur Anzeige verschiedener Informationen wie Zeilenzahl, Überschreibmodus etc.

Fehlen bei Ihnen Symbolleisten, die Statusleiste oder das Lineal? Die fehlenden Elemente lassen sich in der Regel über die Befehle des Menüs *Ansicht* einblenden. Ein Häkchen vor dem Befehl signalisiert, dass das Element angezeigt wird. Werden bestimmte Befehle beim Öffnen von Menüs nicht eingeblendet? Dann verwendet

Word personalisierte Menüs, bei denen selten benutzte Befehle ausgeblendet werden. Klicken Sie in diesem Fall auf das am unteren Menürand sichtbare Symbol ⎯⎯⎯. Word blendet dann alle Menübefehle ein.

Microsoft Word und Writer können zudem **verborgene** (Steuer-) **Zeichen** (Absatzmarken, Leerzeichen zwischen Wörtern, Tabulatorzeichen etc.) **anzeigen**. Die zur Anzeige dieser Zeichen benutzte Schaltfläche findet sich in der *Standard*-Symbolleiste. Bei der Texteingabe sollten Sie die Anzeige dieser Steuerzeichen eingeschaltet lassen. Sie sehen dann besser, wo ein Absatz endet und wie viele Leerzeichen zwischen Wörtern eingetippt wurden. Beim Drucken eines Textdokuments werden diese Steuerzeichen nicht mit ausgegeben.

HINWEIS

Die Bedienung ist für die einzelnen Versionen von Microsoft Word bzw. StarOffice und OpenOffice.org weitgehend gleich oder zumindest sehr ähnlich. Sie können daher die Ausführungen in diesem Kapitel sowohl für Microsoft Word (97 bis 2003) als auch für den Writer (ab OpenOffice.org-Version 1.0 bzw. StarOffice 6.0) verwenden. Die kostenlose Version von OpenOffice.org finden Sie auf vielen Begleit-CDs von Computerzeitschriften. Sie können sich die neueste deutsche Version von OpenOffice.org auch kostenlos aus dem Internet (*de.open-office.org*) herunterladen und dann unter Windows auf dem Notebook installieren.

Die Programme von Microsoft Office und OpenOffice. org/StarOffice greifen Ihnen beim Arbeiten mit dem so genannten Assistenten unter die Arme. Ein **Assistent** ist eine Programmfunktion, die Ihnen Hilfestellung bei irgendeiner durchzuführenden Aufgabe gibt.

Falls der Assistent stört, klicken Sie einfach mit der rechten Maustaste auf das Symbol des Assistenten und wählen im Kontextmenü den Befehl *Ausblenden*. Den Befehl *Office-Asssistenten anzeigen* im Menü *?* des Word-Fensters holt den Assistenten wieder hervor. Bei StarOffice und OpenOffice.org wählen Sie im Menü *Extras* den Befehl *Optionen*. Anschließend löschen Sie im Zweig *OpenOffice.org/Allgemein* des Optionendialogs die Markierung des Kontrollkästchens *Office-Assistent löschen*.

Ein neues Dokument wird erstellt

Beim Start des Textverarbeitungsprogramms stellt dieses automatisch ein neues (leeres) Dokument im Anwendungsfenster bereit. Sie können aber jederzeit ein neues Dokument öffnen.

- Klicken Sie auf die mit *Neu*, *Neues leeres Dokument* oder ähnlich bezeichnete Schaltfläche der *Standard*-Symbolleiste.

- Beim Writer können Sie etwas länger mit der Maus auf die Schaltfläche *Neu* klicken. Dann öffnet sich ein Menü, in dem Sie den Befehl *Textdokument* wählen können.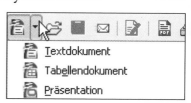

Anschließend erscheint das neue, leere Dokument im Programmfenster und Sie können mit der Texteingabe beginnen.

Text eingeben, so geht's

Jetzt ist es an der Zeit, den ersten Text einzugeben. Dabei lernen Sie die wichtigsten Techniken zum Umgang mit der Tastatur. Nehmen wir an, Sie möchten einen ganz normalen Brief schreiben.

1 Tippen Sie einfach den gewünschten Text per Tastatur ein.

Falls Sie mit der Tastatur noch auf »Kriegsfuß« stehen, einige kleine Tipps. Der **Zwischenraum** zwischen den Wörtern wird durch die ⟨Leer⟩-Taste am unteren Rand der Tastatur eingefügt. **Großbuchstaben** erhalten Sie, wenn Sie gleichzeitig mit der Taste die

⟨⇧⟩-Taste drücken. Auf diese Weise können Sie auch **Sonderzeichen** wie § oder % über die oberste Tastenreihe abrufen. Wenn Sie eine Taste länger festhalten, schaltet die Tastatur in den Wiederholmodus. Dann wird das Zeichen automatisch bei der Eingabe wiederholt.

TIPP

Liefern plötzlich alle Tasten Großbuchstaben und beim Drücken der ⟨⇧⟩-Taste erscheinen Kleinbuchstaben? Dann haben Sie versehentlich die ⟨⇩⟩-Taste gedrückt und die Tastatur auf Großschreibung umgestellt. Um den Modus aufzuheben, tippen Sie kurz die ⟨⇧⟩-Taste an. Ein irrtümlich eingegebenes Zeichen lässt sich durch Drücken der ⟨←⟩-Taste sofort löschen.

Manche Tasten sind mit drei Symbolen versehen. Drücken Sie nur die Taste, erscheint das erste Zeichen. Für die beiden anderen Zeichen müssen Sie zwei Tasten gleichzeitig drücken (die ⟨⇧⟩-Taste ruft das zweite Zeichen ab und mit der Taste ⟨AltGr⟩ erhalten Sie das dritte Zeichen). Die Tilde (~) wird also beispielsweise mit der Tastenkombination ⟨AltGr⟩+⟨~⟩ eingegeben. Die Tastenkombination ⟨AltGr⟩+⟨E⟩ erzeugt dagegen das **Euro-Währungszeichen**. Manche Notebooks besitzen aber eine separate Zusatztaste für das Euro-Symbol. Mit ⟨⇧⟩+⟨4⟩ erhalten Sie das Dollar-Zeichen. Eine Übersicht über die Tastatur mit einer Vorstellung der wichtigsten Tasten finden Sie in Kapitel 1. Mit etwas Übung bekommen Sie schnell Sicherheit und bringen auch längere Texte flott zu »Papier«. Tippfehler lassen sich darüber hinaus mit wenigen Tastendrücken korrigieren – eine echte Erleichterung gegenüber einer Schreibmaschine!

Hier sehen Sie einen Beispielbrief, der zur Demonstration mit einigen Fehlern eingetippt wurde. Sie sollten diesen oder einen ähnlichen Text eingeben.

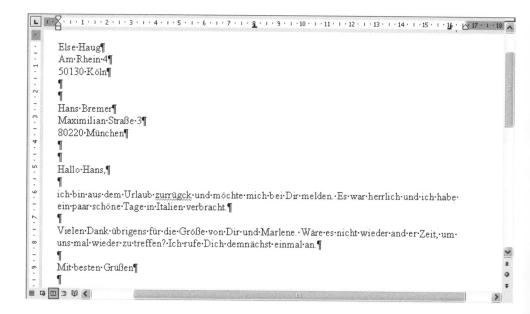

Fangen Sie noch nicht an, sich an der Gestaltung zu verkünsteln, das erledigen wir später. Noch gleicht die Texteingabe dem Schreiben eines Briefes auf der Schreibmaschine. Wer Erfahrung mit der Schreibmaschine hat, soll bitte an eine Besonderheit denken: Gelangen Sie beim **Schreiben eines Absatzes** an den rechten Zeilenrand, drücken Sie keinesfalls die ⏎-Taste, sondern tippen einfach weiter. Das Textverarbeitungsprogramm »schreibt« automatisch den Text in der nächsten Zeile weiter. Nur bei Einzelzeilen wie Adressangaben oder Listen müssen Sie per ⏎-Taste **zum nächsten Absatz weiterschalten**.

In obiger Abbildung sehen Sie an den Absatzmarken, wo ein Zeilenwechsel durch Drücken der ⏎-Taste eingefügt wurde. An einigen Stellen sorgt eine Absatzmarke für eine leere Zeile, um Textabsätze etwas voneinander abzusetzen. Weiter unten lernen Sie, wie sich der Absatzabstand auch anders beeinflussen lässt.

Einen Text korrigieren ist ganz einfach

Haben Sie den Beispieltext im Word- bzw. Writer-Fenster eingetippt? Ich habe im Original vorsätzlich einige Tippfehler eingebaut, die im Programmfenster mit einer geschlängelten Linie unterstrichen werden. Aber auch ohne einen solchen »Vorsatz« geht es bei der Eingabe von Texten selten ohne Fehler ab. Schnell wird ein Wort vergessen, ein Buchstabe ist doppelt oder es sind Ergänzungen erforderlich. Und beim späteren Lesen eigener Texte fallen Ihnen vermutlich weitere Fehler auf. Das ist aber kein Beinbruch, Word bzw. der Writer bieten Ihnen (wie viele andere Windows-Programme) praktische Korrekturfunktionen. Sie können mit wenigen Kniffen Text löschen oder ergänzen. Das Wort »zurück« in der ersten Zeile des ersten Absatzes im Beispielbrief weist gleich zwei Tippfehler auf.

aus·dem·Urlaub·zurügck·und

1 **Klicken** Sie im Text **vor das** zu entfernende **Zeichen**.

2 Drücken Sie die Taste ⌑Entf⌑.

Das rechts von der Einfügemarke stehende Zeichen wird entfernt.

Urlaub·zurügck·und·

Nun ist noch der zweite Tippfehler im Wort zu korrigieren – der Buchstabe »g« ist überflüssig. Sie könnten die beiden letzten Schritte wiederholen. Zur Übung möchte ich aber etwas anderes vorschlagen.

3 Drücken Sie einfach die Cursortasten (z.B. ⌑→⌑ bzw. ⌑←⌑), um die Einfügemarke zur Textstelle mit dem Fehler zu positionieren.

Urlaub·zurck·und

4 Drücken Sie jetzt zweimal die Taste ⌑Entf⌑, um die Zeichen »üg« zu entfernen.

5 Drücken Sie dann die Taste [Ü], um den fehlenden Buchstaben im Wort zu ergänzen.

Word bzw. der Writer rücken beim Eintippen eines Zeichens den übrigen Text der Zeile einfach nach rechts. Sie können also einen oder mehrere Buchstaben oder sogar ganze Wörter und Sätze im Text ergänzen. Bei der nächsten Korrektur ist im Wort »möchtes« ein »s« zu löschen. Hier eine **andere Variante zum Löschen des Buchstabens**:

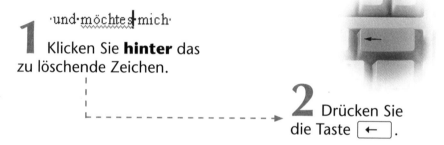

1 ·und·möchtes|mich·

Klicken Sie **hinter** das zu löschende Zeichen.

2 Drücken Sie die Taste [←].

Das Programm löscht jetzt das links vom Textcursor stehende Zeichen und schließt die Lücke, indem es den restlichen Text der Zeile automatisch nach links zieht. möchte|mich·

Auf diese Weise können Sie ganz leicht Tippfehler im Text korrigieren. Mit der Taste [Entf] löschen Sie immer **Zeichen**, die rechts von der Einfügemarke stehen. Um ein Zeichen links von der Einfügemarke zu **entfernen**, drücken Sie die [←]-Taste. Diese Technik klappt übrigens in allen Windows-Programmen, in denen Texte bearbeitet werden (also auch beim Umbenennen von Dateien). Aber es gibt noch bequemere Korrekturmöglichkeiten!

Bei einer der obigen Korrekturen wurden einfach zwei Buchstaben gelöscht und dann ein neues Zeichen eingefügt. Das Textverarbeitungsprogramm hat den restlichen Text der Zeile nach rechts eingerückt. In Word bzw. im Writer lässt sich aber steuern, ob der Text eingefügt wird oder ob neu eingetippte Zeichen die aktuelle Zeile überschreiben. Probieren wir das doch einfach.

1 Italien·verbracht.

Klicken Sie an die
betreffende Textstelle.

2 in·Italien·am·Lago·Maggiore·verbracht.¶

Tippen Sie den gewünschten Text ein.

Aha, Word bzw. der Writer fügt die neu eingetippten Buchstaben
(wie erwartet) an der Position der Textmarke im Dokument ein.
Der restliche Text der Zeile wird einfach nach rechts verschoben.
Im zweiten Abschnitt des Beispielbriefs soll es statt »Größe« wohl
»Grüße« heißen. Also ist der Buchstabe »ö« durch ein »ü« zu erset-
zen, d.h. durch den betreffenden Buchstaben zu überschreiben.
Auch das ist möglich.

1 die·Größe·von

Klicken Sie an der
betreffenden Textstelle
vor den Buchstaben »ö«.

2 Drücken Sie auf
die Taste ⌜Einfg⌝.

3 Tippen Sie den ge-
wünschten Buchstaben
»ü« ein.

Word bzw. der Writer überschreibt nun den Buch-   die·Grüße·von·
staben »ö« durch den eingetippten Buchstaben »ü«.

Das ist ganz einfach! Soll der rechts von der Textmarke stehende
Text mit den neu eingetippten Buchstaben überschrieben werden,
müssen Sie nur die Taste ⌜Einfg⌝ (z.B. auf dem nummerischen
Ziffernblock) drücken. Das Textverarbeitungsprogramm aktiviert
den Modus »Überschreiben«. Anschließend tippen Sie den neuen
Text ein. Ein zweites Drücken der Taste ⌜Einfg⌝ schaltet den Modus wieder auf »Einfügen« zurück. Auch auf die Gefahr mich zu

wiederholen: Was Sie gerade gelernt haben, können Sie später 1:1 in anderen Windows-Programmen (wie z.B. Microsoft Excel oder anderen Tabellenkalkulationsprogrammen) verwenden. Ist dies nicht schön?

> **TIPP**
>
> Word blendet das Kürzel »ÜB« in einem Feld der Statusleiste ein, wenn der Modus »Überschreiben« eingeschaltet ist. Beim Writer erscheinen wahlweise die Kürzel »ÜBER« oder »EINFG« in der Statusleiste.

AutoKorrektur und Rechtschreibprüfung

Eine als **AutoKorrektur** bezeichnete Funktion überwacht in Word bzw. im Writer Ihre Eingaben und setzt Tippfehler automatisch in eine korrekte Schreibweise um (aus »dei« wird dann z.B. »die«). Führt die Autokorrektur bei der Eingabe zu einer falschen Schreibweise, drücken Sie sofort die Tastenkombination Strg+Z, um die Änderung wieder aufzuheben.

> **HINWEIS**
>
> Die AutoKorrektur-Einstellungen lassen sich in einem Eigenschaftenfenster, das Sie über den Befehl *AutoKorrektur* im Menü *Extras* aufrufen, anpassen.

In Microsoft Word und im Writer steht Ihnen zudem eine **Rechtschreibprüfung** zur Verfügung, um Tippfehler auszumerzen.

1 Klicken Sie auf die mit *Rechtschreibung (und Grammatik)* bezeichnete Schaltfläche, die so ähnlich wie hier gezeigt aussieht.

Durch die Anwahl dieser Schaltfläche wird die Prüfung manuell gestartet. Die Rechtschreibprüfung durchläuft den gesamten Text des Dokuments, beginnend aber an der aktuellen Position der Einfügemarke. In einem Dialogfeld werden dann falsch geschriebene Wörter und ggf. Korrekturvorschläge angezeigt.

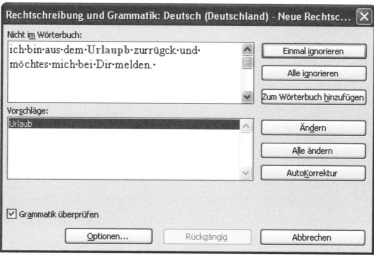

2 Sie können den Schreibfehler im Dialogfeld korrigieren (im Dialogfeld auf das hervorgehobene Wort klicken und dieses dann per Tastatur mit den oben beschriebenen Techniken ändern). Oder Sie wählen eine der im Dialogfeld eingeblendeten Schreibweisen, indem Sie den Begriff in der Liste *Vorschläge* anklicken.

3 Anschließend klicken Sie auf eine der im Dialogfeld enthaltenen Schaltflächen, um den Vorschlag zu übernehmen, die Korrekturen auszuführen oder das bemängelte Word in der Schreibweise zu belassen.

Die mit *Ändern* (bzw. *Ersetzen* in manchen Writer-Versionen) beschriftete Schaltfläche nimmt die Korrektur im Dokument vor. Die mit *Immer ändern, Alle ändern, Immer ersetzen* oder ähnlich beschriftete Schaltfläche weist die Rechtschreibprüfung an, alle Stellen mit dem entsprechenden Fehler im Dokument automatisch zu korrigieren. Über die Schaltfläche *(Einmal) Ignorieren* bleibt die als falsch bemängelte Schreibweise erhalten. *AutoKorrektur* trägt den falsch geschriebenen Begriff samt korrekter Schreibweise in die AutoKorrektur-Liste ein. Unbekannte, aber richtig geschriebene Begriffe lassen sich über die Schaltfläche *Hinzufügen* bzw. *Aufnehmen* in ein Wörterbuch übertragen.

HINWEIS

Die genaue Bezeichnung der Schaltflächen wechselt etwas zwischen den Word- bzw. Writer-Versionen. Es sollte aber kein Problem sein, die betreffenden Schaltflächen auch in älteren Programmversionen zu finden.

Die Rechtschreibprüfung von Word bzw. dem Writer erkennt bereits bei der Eingabe falsch geschriebene Wörter und unterstreicht diese mit einer roten geschlängelten Linie.

Klicken Sie mit der rechten Maustaste auf ein solches Wort, zeigt das Kontextmenü Vorschläge für eine korrekte Schreibweise an. Sie können den Korrekturvorschlag durch Anklicken der richtigen Schreibweise im Kontextmenü übernehmen oder den Fehler manuell im Text korrigieren.

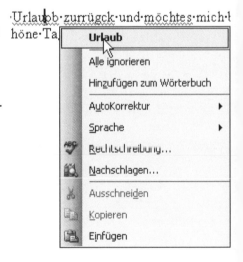

HINWEIS

Fehlt die **Rechtschreibprüfung während der Eingabe**, müssen Sie die Option über das Kontrollkästchen *Rechtschreibung während der Eingabe prüfen* einschalten. In Word erreichen Sie die Registerkarte *Rechtschreibung und Grammatik* über den Menübefehl *Extras/Optionen*. Beim Writer verwenden Sie die gleichen Befehle und markieren im Dialogfeld den Zweig *Spracheinstellungen/Linguistik*, um das Kontrollkästchen mit der Option einzublenden. Zudem müssen Sie in OpenOffice.org die richtigen Wörterbücher für die deutsche Rechtschreibung installiert haben. Details dazu finden Sie im Internet unter *de.openoffice.org*.

Änderungen rückgängig machen

Haben Sie irrtümlich etwas gelöscht, etwas ungewollt überschrieben oder falsch eingetippt? Ähnlich wie viele Windows-Anwendungen ermöglichen Ihnen auch Word und der Writer, die letzten Änderungen zurückzunehmen:

Drücken Sie die Tastenkombination $\boxed{\text{Strg}}+\boxed{\text{Z}}$ oder wählen Sie im Menü *Bearbeiten* den Befehl *Rückgängig*.

Viele Programme besitzen in der *Standard*-Symbolleiste auch eine mit *Rückgängig* bezeichnete Schaltfläche (links) sowie eine Schaltfläche *Wiederherstellen* (rechts).

Wählen Sie die Schaltfläche *Rückgängig* oder den gleichnamigen Befehl an bzw. drücken Sie die Tastenkombination $\boxed{\text{Strg}}+\boxed{\text{Z}}$, wird die **letzte Änderung rückgängig** gemacht. Je nach Programm lässt sich diese Funktion sogar mehrfach anwenden, um Korrekturen schrittweise zurückzunehmen. Die Schaltfläche *Wiederherstellen* erlaubt über den Befehl *Rückgängig* zurückgenommene Änderungen wieder aufzuheben.

Positionieren im Text

Die Einfügemarke können Sie an jeder Stelle im Text positionieren, indem Sie mit der Maus vor den jeweiligen Buchstaben klicken. Sie dürfen aber auch die so genannten **Cursortasten** sowie weitere Tasten benutzen, um die Einfügemarke im Text zu bewegen. Nachfolgend finden Sie eine Auflistung der wichtigsten Tasten und Tastenkombinationen, um die Einfügemarke im Text zu bewegen.

Tasten	Bemerkung
↑	Verschiebt die Einfügemarke im Text eine Zeile nach oben.
↓	Verschiebt die Einfügemarke im Text eine Zeile nach unten.
←	Verschiebt die Einfügemarke im Text ein Zeichen nach links in Richtung Textanfang.
→	Verschiebt die Einfügemarke im Text ein Zeichen nach rechts in Richtung Textende.
Strg + ←	Verschiebt die Einfügemarke im Text um ein Wort nach links.
Strg + →	Verschiebt die Einfügemarke im Text um ein Wort nach rechts.
Pos1	Drücken Sie diese Taste, springt die Einfügemarke an den Zeilenanfang.
Ende	Mit dieser Taste verschieben Sie die Einfügemarke an das Zeilenende.

Diese Tastenkombinationen lassen sich auch bei anderen Windows-Textbearbeitungsprogrammen einsetzen.

Markieren von Texten

Bei bestehenden Texten kommt es häufiger vor, dass ganze Sätze oder Textteile gelöscht werden müssen, z.B. wenn Sie einen Rundbrief schreiben, den Sie individuell an die Empfänger anpassen möchten. Sie können hierzu die Einfügemarke an den Anfang des Textbereichs setzen und dann die `Entf`-Taste so lange drücken, bis alle Zeichen gelöscht sind. Eleganter ist das Löschen aber, wenn Sie den Text vorher **markieren**. Dann reicht ein Tastendruck auf `Entf`, um den markierten Textbereich zu löschen. Tippen Sie dagegen ein Zeichen ein, löscht das Textbearbeitungsprogramm den markierten Text und fügt das eingetippte Zeichen zum Dokument hinzu.

FACHWORT

Das Markieren werden Sie in Windows und in den zugehörigen Programmen häufiger gebrauchen können. Sie können Dateien, Symbole, Ordner, Textbereiche oder Bildausschnitte mit der Maus (durch Anklicken oder Ziehen) markieren. Je nach Programm zeigt Windows den markierten Bereich mit einem farbigen Hintergrund oder durch eine gestrichelte Linie an. Haben Sie etwas markiert, wirken alle Befehle auf den Inhalt der Markierung.

Das Markieren lässt sich mit dem farbigen Auszeichnen eines Texts auf einem Blatt Papier vergleichen. Im Textbearbeitungsprogramm benutzen Sie hierzu den Textcursor, den Sie über den zu markierenden Text ziehen. Nehmen wir an, Sie möchten im Beispielbrief einen Textteil löschen. Dann gehen Sie folgendermaßen vor:

1 Klicken Sie mit der Maus an den Anfang des zu markierenden Textbereichs.

2 Halten Sie die linke Maustaste gedrückt und ziehen Sie die Maus zum Ende des Bereichs, der markiert werden soll.

Der markierte Textbereich wird farbig hervorgehoben.

uns·mal·wieder·zu·treffen?·

165

Drücken Sie anschließend die ⎡Entf⎤-Taste, löscht Word bzw. der Writer den markierten Text. Alternativ können Sie auch einfach einen neuen Text eintippen. Der markierte Text wird durch das erste eingetippte Zeichen ersetzt, dann werden die restlichen eingetippten Zeichen eingefügt.

3 uns‖wieder·zu·treffen?
Tippen Sie anschließend den neuen Text »uns« ein.

Diese hier gelernten Techniken können Sie an vielen Stellen, z.B. auch beim Umbenennen von Dateien und Ordnern (siehe Kapitel 2), einsetzen. Vielleicht korrigieren Sie zur Übung die im obigen Briefentwurf eingebrachten Fehler noch einmal selbstständig.

Ausschneiden, kopieren und verschieben

Um umfangreichere Textstellen in einem Dokument zu verschieben oder zu kopieren, benötigen Sie weitere Funktionen. Im obigen Beispielbrief sollte bei der Begrüßung die Dame vor dem Herrn aufgeführt werden.

1 ·Dir·und·Marlene.
Markieren Sie den auszuschneidenden oder zu verschiebenden Text. - - - - - - - - - - - ➤

2 Wählen Sie den Befehl
zum Ausschneiden oder
Kopieren.

Diese Befehle lassen sich auf verschiedenen Wegen aufrufen:

 Die nebenstehende Schaltfläche mit dem Scherensymbol, der Befehl *Ausschneiden* im Menü *Bearbeiten* oder die Tasten-kombination Strg+X schneiden den markierten Bereich aus. Der markierte Bereich verschwindet im Dokument-fenster.

 Die nebenstehende Schaltfläche, der Befehl *Kopieren* im Menü *Bearbeiten* oder die Tastenkombination Strg+C kopieren den markierten Bereich aus dem Dokument an die gewünschte Stelle.

In beiden Fällen wird der vorher markierte Bereich in die Win-dows- **Zwischenablage** übertragen.

FACHWORT

Die **Zwischenablage** ist ein Speicherbereich, der durch Windows be-reitgestellt wird. Ein Programm kann dort ausgeschnittene oder kopierte Dokumentteile (Text, Grafik, Dateinamen etc.) hinterlegen und wieder herausnehmen. Der Inhalt der Zwischenablage geht beim Beenden von Windows verloren.

3 Klicken Sie in die Zeile hinter
»von« und fügen Sie ein Leerzeichen mit der Taste Leer ein.

4 Klicken Sie auf die Schaltfläche 🖻, oder wählen Sie im Menü *Bearbeiten* den Befehl *Einfügen* oder drücken Sie die Tastenkombination ⌶Strg⌶+⌶V⌶.

Word bzw. der Writer fügt jetzt den **Text** aus der **Zwischenablage** an der **Einfüge-marke** im Dokument ein.

·von·Marlene▮Dir·und.

Sie haben mit diesen Schritten den vorher markierten Text an die neue Position kopiert (oder verschoben, wenn der Befehl *Aus-schneiden* gewählt wurde).

5 Wiederholen Sie nun die letzten Schritte und verschieben Sie den Text »Dir« hinter »und« ans Ende des Satzes.

Damit hat sich wieder ein sinnvoller Satzteil »von Marlene und Dir« ergeben.

HINWEIS

Sie können nicht nur einzelne Wörter, sondern ganze Sätze, Abschnitte oder auch einen Text insgesamt markieren und in die Zwischenablage übernehmen. Anschließend lässt sich der Inhalt der Zwischenablage beliebig oft im Dokument einfügen. Der **Datenaustausch** über die **Zwi-schenablage** funktioniert auch **zwischen verschiedenen Fenstern** (also z.B. zwischen zwei Word-Dokumenten).

So wird gedruckt

Das **Drucken** eines **Dokuments** ist in Windows sehr einfach. Sowohl Word als auch der Writer weisen in der *Standard*-Sym-bolleiste eine eigene Schaltfläche mit dem Druckersymbol auf.

1 Klicken Sie einfach in der Symbolleiste auf die oben gezeigte Schaltfläche mit dem Druckersymbol.

Das war's schon. Sowohl Word als auch der Writer geben dann das gesamte Dokument auf dem Standarddrucker unter Windows aus.

Um gezielt die Einstellungen zum Ausdrucken zu wählen, müssen Sie etwas anders vorgehen – das funktioniert übrigens bei den meisten Windows-Programmen gleich.

1 Wählen Sie im Menü *Datei* den Befehl *Drucken* oder drücken Sie die Tastenkombination ⌊Strg⌋+⌊P⌋.

Word öffnet das Dialogfeld *Drucken*, welches wie hier gezeigt aussieht. Beim Writer sieht das Dialogfeld ähnlich aus und die wichtigsten Optionen sind ähnlich.

Sie können über das Listenfeld *Name* den Drucker auswählen.

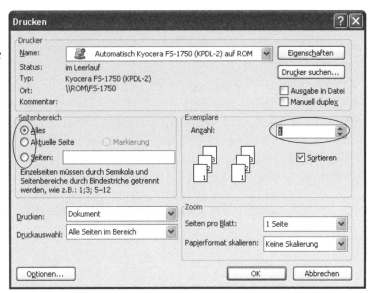

Die Schaltfläche *Eigenschaften* erlaubt es, Druckereinstellungen wie das Papierformat anzupassen. Um einzelne Seiten eines Doku-

169

ments zu drucken, klicken Sie auf das Optionsfeld *Seiten* und tippen die gewünschten Seitenzahlen in das Textfeld ein (z.B. 5-7;8). Benötigen Sie mehrere Kopien, klicken Sie auf das Drehfeld *Anzahl (der Exemplare)* ⬛ ⬍. Dann können Sie entweder die Kopienzahl auf der Tastatur eintippen oder den Zähler durch Anklicken der beiden Schaltflächen erhöhen oder erniedrigen.

2 Um den Ausdruck zu starten, klicken Sie auf die mit *OK* (oder *Drucken*) beschriftete Schaltfläche.

Sie müssen übrigens nicht warten, bis der Drucker mit dem Ausgeben der Seiten fertig ist. Windows speichert die Druckausgaben der Programme zwischen, und Sie können sofort weiterarbeiten.

So funktioniert das Speichern

In Word bzw. im Writer können Sie den getippten Text für eine spätere Verwendung aufheben, d.h. in Dateien speichern.

1 Klicken Sie in der *Standard*-Symbolleiste auf die Schaltfläche *Speichern*.

Ein vorher aus einer Datei geladenes Dokument (siehe folgende Seiten) wird dann einfach in der bestehenden Datei gesichert. Bei einem neuen Dokument erscheint des Dialogfeld *Speichern unter*, in dem Sie den Dateinamen angeben müssen.

TIPP

Möchten Sie ein bereits aus einer Datei geladenes Dokument unter einem neuen Namen speichern, wählen Sie einfach im Menü *Datei* den Befehl *Speichern unter*. Auch dieser Befehl öffnet das Dialogfeld *Speichern unter* und Sie können den neuen Dateinamen wählen. Der Befehl *Speichern* im Menü *Datei* oder die Tastenkombination ⌨Strg⌨+⌨S⌨ wirkt dagegen wie die *Speichern*-Schaltfläche der *Standard*-Symbolleiste.

Der Aufbau des Dialogfelds differiert etwas in Abhängigkeit von
der Version des benutzten Textverarbeitungsprogramms. Die wichtigsten Elemente und die Bedienung sind aber gleich. Hier sehen
Sie das Dialogfeld aus Word 2003.

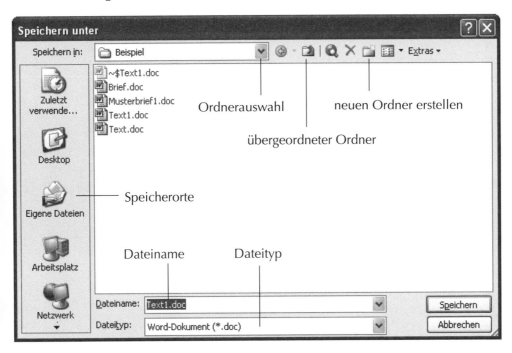

Über die Schaltflächen der linken Spalte können Sie direkt auf
Speicherorte wie *Eigene Dateien*, *Arbeitsplatz* etc. zugreifen. Das
Listenfeld *Speichern (in)* öffnet eine Ordnerhierarchie, über die sich
gezielt auf Laufwerke und deren Unterordner zugreifen lässt. In
einen im Dialogfeld angezeigten Unterordner wechseln Sie, indem
Sie dessen Symbol per Doppelklick anwählen. Die Schaltfläche
Eine Ebene nach oben in der oberen Schaltflächenreihe wechselt zur
übergeordneten Ordnerebene zurück. In dieser Schaltflächenreihe
finden Sie zudem eine Schaltfläche, um neue Ordner zu erstellen.

Sie müssen zuerst festlegen, wo Sie das Dokument speichern
möchten. In den meisten Windows-Versionen gibt es einen speziellen Ordner mit dem Namen *Eigene Dateien*. Um bei vielen Dokumenten die Übersicht zu behalten, empfiehlt es sich, mit zusätz-

lichen Unterordnern zu arbeiten. Für unsere Zwecke soll das Dokument im Ordner *Eigene Dateien/Briefe* hinterlegt werden. Falls dieser Unterordner noch nicht existiert, sind einige zusätzliche Schritte erforderlich.

1 Wählen Sie als erstes - - - - - → im Dialogfeld das Symbol *Eigene Dateien* (z.B. über das Symbol in der linken Spalte oder über die Ordnerliste *Speichern in*).

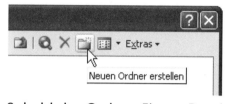

2 Sobald der Ordner *Eigene Dateien* im Dialogfeld angezeigt wird, wählen Sie in der Symbolleiste des Dialogfelds die Schaltfläche *Neuen Ordner erstellen*.

3 In Word erscheint ein Dialogfeld *Neuer Ordner*, in dem Sie den Ordnernamen *Briefe* eintippen und den Dialog über die *OK*-Schaltfläche schließen müssen.

Beim Writer wird dagegen ein Eintrag *Neuer Ordner* im Dialogfeld *Speichern unter* angelegt und Sie müssen den Ordnernamen (hier *Briefe*) eintippen. Sobald Sie auf eine freie Stelle des Ordnerfensters klicken, wird der neue Ordnername zugewiesen. Ein Doppelklick auf das neue Ordnersymbol bringt Sie dann zu diesem Ordner. Sobald Sie den Zielordner für das neue Dokument erreicht haben, gilt es, den Namen für die neue Datei sowie deren Dateityp festzulegen.

Dateiname:	Brief.doc	⌄	Speichern
Dateityp:	Word-Dokument (*.doc)	⌄	Abbrechen

1 Klicken Sie auf das Feld *Dateiname* und tippen Sie den Namen (z.B. *Brief*) für das gewünschte Dokument ein.

Sie müssen dabei keine Dateinamenerweiterung im Dateinamen verwenden, da das Textverarbeitungsprogramm diesen automatisch ergänzt. Optional können Sie noch den Dateityp für das zu speichernde Dokument festlegen.

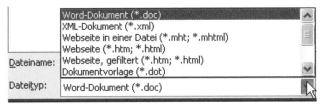

2 Klicken Sie bei Bedarf auf den Pfeil des Listenfelds *Dateityp* und wählen Sie den Eintrag für den gewünschten Dateityp.

3 Sobald der Zielordner, der Dateiname und der Dateityp festliegen, klicken Sie auf die Schaltfläche *Speichern*.

Das Dialogfeld wird geschlossen und das Textverarbeitungsprogramm legt das Dokument in einer Datei im gewünschten Ordner ab. Die Datei erhält den von Ihnen gewählten Namen und die zugehörige Dateinamenerweiterung. Wenn Sie jetzt Word beenden und den Rechner ausschalten, bleibt die Datei erhalten, und Sie können das Dokument im Programm später wieder laden. Möchten Sie ein geändertes Dokument später erneut speichern, reicht ein Mausklick auf die Schaltfläche *Speichern*.

HINWEIS

Der Dateityp legt fest, wie die Dokumentinhalte gespeichert werden, und bestimmt auch, mit welchen Programmen die Dokumente später wieder gelesen werden. Bei Word speichern Sie die Dokumente standardmäßig als »Word-Dokument (*.doc)« ab. Der Dateityp »Dokumentvorlage (*.dot)« wird nur benutzt, wenn Sie ein bestehendes Dokument (z.B. einen Briefkopf) als Vorlage für neue Dokumente verwenden möchten. Das »Rich Text Format (*.rtf)« wird gerne zum Austausch von Daten zwischen verschiedenen Textverarbeitungsprogrammen verwandt. Der Writer aus StarOffice/OpenOffice.org kann die von Microsoft Word erzeugten Textdateien lesen und auch speichern. Standardmäßig nutzt der Writer aber das eigene Dokumentformat »OpenDocument Text (.odt)«. Alternativ lassen sich die Texte auch im Format »OpenOffice.org 1.0 Textdokument (.swx)« der älteren OpenOffice.org-Versionen ablegen.

Versuchen Sie Word oder den Writer über die Schaltfläche *Schließen* zu beenden, das Programm enthält aber noch ungespeicherten Text?

Dann zeigt das Programm einen Warndialog, der Sie auf diese ungespeicherten Änderungen hinweist.

Klicken Sie bei Word auf die *Ja*-Schaltfläche (bzw. auf *Speichern* beim Writer), werden die Änderungen in der zugehörigen Datei (deren Name ggf. über den *Speichern unter*-Dialog angefragt wird) gespeichert. Mit der *Nein*-Schaltfläche aus Word (bzw. der Schaltfläche *Verwerfen* im Writer) wird das Textverarbeitungsprogramm beendet und die Änderungen werden verworfen. Klicken Sie auf die Schaltfläche *Abbrechen*, gelangen Sie in das Textverarbeitungsprogramm zurück und können weiterarbeiten.

Wie kann ich ein Dokument laden?

Gespeicherte **Textdokumente** lassen sich in Word oder im Writer **laden** (d.h. aus der Datei lesen) und anschließend anzeigen, bearbeiten oder drucken.

1 Klicken Sie im Fenster des Textverarbeitungsprogramms auf die Schaltfläche *Öffnen* der *Standard*-Symbolleiste.

Das Textverarbeitungsprogramm öffnet das Dialogfeld *Öffnen*.
Auch dessen genaues Aussehen hängt etwas von der Windows-
Version und dem verwendeten Textverarbeitungsprogramm ab.
Die Handhabung ist aber in allen Varianten gleich.

2 Stellen Sie, falls nicht angezeigt, im Listenfeld *Dateityp* den Wert auf »Alle Word-Dokumente« (bei Microsoft
Word) bzw. auf »Alle Dateien (*.*)« (beim Writer).

Diese Einstellung stellt sicher, dass alle vom Programm unterstütz-
ten Textdokumente angezeigt und ausgewählt werden können.

3 Wählen Sie, wie auf den vorherigen Seiten beim Speichern
gezeigt, den Ordner aus, der die zu ladende Datei enthält (einfach auf die Ordnersymbole doppelklicken, bis der gewünschte
Unterordner (z.B. *Eigene Dateien/Briefe*)) erscheint. - - - - - - - - - ➤

4 Klicken Sie auf die Datei, die Sie
öffnen möchten, und bestätigen Sie
dies über die Schaltfläche *Öffnen*.

Word bzw. der Writer lädt anschließend die Datei und zeigt das
Ergebnis im Dokumentfenster an. Das ist doch ganz einfach, oder?
Die einzige Schwierigkeit besteht vielleicht darin, den Ordner zu
finden, in dem die Datei gespeichert ist.

> **TIPP**
>
> Im vorhergehenden Kapitel finden Sie noch einige Hinweise zu Da-
> teien und Ordnern sowie zum Umgang mit dem Ordnerfenster *Arbeits-
> platz*. Ein Dokument lässt sich beispielsweise auch durch einen Dop-
> pelklick auf die betreffende Datei in der Anwendung laden. Windows
> benutzt zum Laden einer per Doppelklick angewählten Dokumentdatei
> immer die Standard-Anwendung, die diesem Dateityp zugewiesen ist
> (z.B. Microsoft Word oder den Writer).

Textdokumente formatieren

In den bisherigen Ausführungen haben Sie ein Textverarbeitungsprogramm wie Word oder Writer als simplen Schreibmaschinener-
satz zum Eintippen des Texts benutzt. Auch wenn die komfortab-
len Korrekturfunktionen ganz angenehm sind, ein Textverarbeitungsprogramm kann viel mehr. Möchten Sie Ihre Einladungen
und Briefe besonders schön gestalten? Bestimmte Textstellen lassen sich beispielsweise fett hervorheben oder Überschriften in der
Zeilenmitte anordnen. Das wird als **Formatieren** bezeichnet und
lässt sich in Word bzw. im Writer mit wenigen Mausklicks erreichen. In den nachfolgenden Abschnitten erfahren Sie, wie sich
Textdokumente mit den verschiedenen Formaten gestalten lassen.

Texte links, rechts oder zentriert ausrichten

Überschriften werden gelegentlich in der Mitte der Zeile ausgerichtet. Manchmal gibt es auch Textstellen, die am rechten Rand enden sollen (z.B. Absenderangaben in Briefköpfen). Wie sich so etwas nutzen lässt, soll jetzt an einem Beispiel demonstriert werden. Verwenden wir doch einfach den bereits weiter oben eingetippten Briefentwurf. Wie wäre es damit, den Briefkopf sowie die Zeile mit der Datumsangabe rechtsbündig auszurichten? Sofern Sie den Entwurf gespeichert haben, können Sie diesen erneut laden. Ist der Text nicht mehr vorhanden, tippen Sie den unten gezeigten Briefentwurf einfach nochmals ein. Dann führen Sie folgende Schritte aus.

1 Markieren Sie die ersten drei Zeilen mit der Absenderangabe.

- - - - - ➤

2 Klicken Sie in der *Format*-Symbolleiste auf die Schaltfläche *Rechtsbündig*. Diese Schaltfläche ist sowohl bei Word als beim Writer vorhanden.

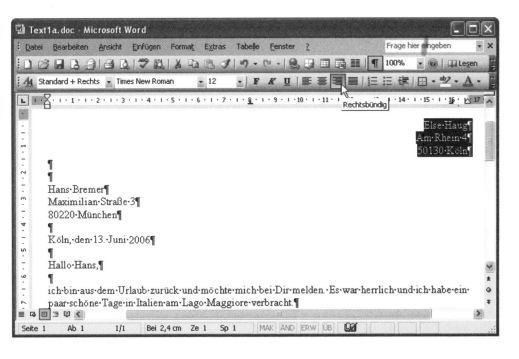

Das Textverarbeitungsprogramm richtet den markierten Textbereich am rechten Seitenrand aus.

3 Markieren Sie anschließend die Zeile
mit dem Datum und klicken Sie erneut
auf die Schaltfläche *Rechtsbündig*.

Wenn alles geklappt hat, sollten
jetzt zwei Textstellen rechtsbündig ausgerichtet sein.

Mit Schaltflächen wie *Linksbündig*,
Zentrieren etc. können Sie den
Text am linken (Seiten-)Rand
ausrichten.

TIPP

Welcher Modus gerade aktiv
ist, sehen Sie (neben der
Textausrichtung) auch an
der als »eingedrückt« an-
gezeigten Schaltfläche.

 Die Schaltfläche *Linksbündig* sorgt dafür, dass die Zeilen am
linken Rand der Seite ausgerichtet werden. Erreicht der Text
den rechten Rand, wird das nächste Wort automatisch in die
Folgezeile übernommen (umbrochen). Weil die Zeilen am
rechten Rand unterschiedlich lang sind, bezeichnet man dies
auch als Flattersatz. Eine linksbündige Ausrichtung ist die
übliche Art der Texterfassung.

 Verwenden Sie die Schaltfläche *Zentrieren*, um Texte in die
Mitte zwischen dem linken und rechten Rand zu setzen.
Diese Anordnung eignet sich zum Beispiel zur Zentrierung
von Überschriften.

 Über die Schaltfläche *Rechtsbündig* enden die Textzeilen am
rechten Seitenrand, während der Flattersatz sich auf den
linken Rand bezieht.

 Viele Textverarbeitungsprogramme besitzen auch eine Schaltfläche *Blocksatz*. Klicken Sie diese Schaltfläche an, vergrößert
das Programm die Wortzwischenräume so, dass alle Zeilen
eines Absatzes die gleiche Länge aufweisen. Linker und rechter Rand weisen keinen Flattersatz mehr auf. Diesen Effekt
kennen Sie aus Büchern oder Zeitungen.

Die Art der Ausrichtung erkennen Sie an den stilisierten Linien des Schaltflächensymbols. Außerdem blenden Word und der Writer eine QuickInfo mit dem Namen der Funktion ein, sobald Sie auf eine dieser Schaltflächen zeigen.

HINWEIS

Das **Ausrichten** bezieht sich auf den **markierten Textbereich** oder den aktuellen **Absatz**. Haben Sie bei der Eingabe eines Satzes am Zeilenende die ⏎-Taste gedrückt, legt das Textverarbeitungsprogramm jede Zeile als eigenen Absatz an. Dann wird das Ausrichten dieses Satzes recht aufwändig. Dies ist der Grund für meine Empfehlung weiter oben, den Text bereits bei der Eingabe in Absätzen zu schreiben.

Schrift verändern, vergrößern oder verkleinern

Im nächsten Schritt soll die Absenderangabe im Briefkopf mit etwas größeren Buchstaben hervorgehoben werden. Außerdem könnte über der Empfängerangabe noch die Absenderadresse in verkleinerter Schrift erscheinen – damit sparen Sie sich in Fensterkuverts die Absenderangabe auf dem Umschlag.

1 Markieren Sie wieder die drei Zeilen des jetzt bereits rechts ausgerichteten Briefkopfs (einfach vor die erste Zeile klicken und dann die Maus bei gedrückter linker Maustaste zum Ende der dritten Zeile ziehen).

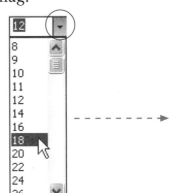

2 Klicken Sie in der Symbolleiste auf das Listenfeld *Schriftgrad*.

3 Stellen Sie in der angezeigten Liste einen Wert von 18 Punkt für den Schriftgrad ein (oder tippen Sie die Zahl 18 im Feld ein).

4 Klicken Sie auf eine Stelle neben dem Text, um die Markierung aufzuheben.

FACHWORT

Die Größe der Zeichen wird als **Schriftgrad** bezeichnet, die Zahlen geben dabei den Schriftgrad in **Punkt** an, was eine Maßeinheit wie mm ist. Zur Darstellung von Texten werden so genannte **Schriftarten** (wie Times Roman, Courier, Arial etc.) benutzt. Die Schriftarten lassen sich direkt über das betreffende Listenfeld in der *Format*-Symbolleiste wählen.

Um eine Absenderangabe in verkleinerter Schrift oberhalb der Empfängeradresse einzufügen, sind folgende Schritte erforderlich.

1 Klicken Sie auf eine Stelle oberhalb der ersten Zeile der Empfängerangabe.

2 Drücken Sie ggf. einige Male die ⏎-Taste, um Leerzeilen einzufügen.

Durch diese Leerzeilen rutscht das Empfängerfeld etwas tiefer, so dass es im Fenster eines Kuverts zu sehen ist.

3 Tippen Sie anschließend die Zeile mit der Absenderadresse ein (z.B. »Else Haug - Am Rhein 4 - 50130 Köln«).

4 Markieren Sie diese Zeile mit dem Absender.

5 Klicken Sie auf das Feld mit der Schriftgröße und wählen Sie den Schriftgrad 8.

Wenn Sie anschließend auf eine freie Stelle des Dokuments klicken, um die Markierung aufzuheben, sieht der Brief etwa folgendermaßen aus.

Möchten Sie die Schriftart für einen Text verändern, geht dies ähnlich.

1 Markieren Sie wieder die drei Zeilen des bereits rechts ausgerichteten und im Schriftgrad vergrößerten Briefkopfs.

2 Klicken Sie in der Symbolleiste auf das Listenfeld *Schriftart* (bzw. *Schriftname* im Writer), um die Liste der Schriftarten einzublenden.

3 Blättern Sie in der Liste und klicken Sie danach auf den Eintrag mit der gewünschten Schriftart.

Der markierte Textbereich wird dann in der gewählten Schriftart dargestellt und Sie können ggf. die Textmarkierung aufheben.

HINWEIS

Welche Schriftarten bei Ihnen angezeigt werden, hängt von der installierten Software ab. Meist werden die Schriftarten »Arial« für Überschriften und »Times New Roman« zur Gestaltung von Grundtexten benutzt. Es gibt aber auch Handschriftarten, die sich sehr schön zur Gestaltung eines Briefkopfs eignen. Hier gilt es ggf. selbst etwas zu experimentieren, um den gewünschten Effekt herauszufinden. Allerdings sollten Sie nicht zu viele verschiedene Schriftarten in einem Dokument verwenden, da sonst die Lesbarkeit leidet.

Fette, kursive oder unterstrichene Texte

Häufig findet man in Schriftstücken fett hervorgehobene oder unterstrichene Textstellen. Auch eine kursive Ausgabe mit schräg gestellten Buchstaben kann zum Hervorheben von Wörtern oder Textstellen benutzt werden. Diese Formatierungen lassen sich sowohl in Word als auch im Writer über die folgenden drei Schaltflächen der *Format*-Symbolleiste zuweisen.

F   Diese Schaltfläche formatiert den markierten Text mit **fetten** Buchstaben.

K   Klicken Sie auf diese Schaltfläche, erscheint der markierte Text mit schräg gestellten Buchstaben. Man bezeichnet dies auch als *kursiv*.

U   Um einen markierten Text zu unterstreichen, klicken Sie auf diese Schaltfläche.

Klicken Sie eine dieser Schaltflächen an, wird ein markierter Text oder der anschließend eingetippte Text in der entsprechenden Weise formatiert.

TIPP

Sie erkennen an einer eingedrückt dargestellten Schaltfläche, welcher Formatmodus für den markierten Text gerade eingeschaltet ist. Klicken Sie auf eine solche eingedrückte Schaltfläche, hebt Word (bzw. der Writer) die Formatierung für den markierten Text wieder auf.

Nutzen wir doch gleich eines dieser Formate und unterstreichen wir die im Fenster des Kuverts sichtbare Absenderzeile:

1 Markieren Sie die zu unterstreichende Textstelle (hier die Absenderangabe im Bereich des Fensterkuverts). - - - - - ▶

2 Klicken Sie auf die Schaltfläche *Unterstreichen*.

Jetzt wird der Text unterstrichen dargestellt.

Else·Haug·-·Am·Rhein·4·-·50130·Köln¶
¶
Hans·Bremer¶
Maximilian·Straße·3¶
80220·München¶

3 Klicken Sie auf eine freie Dokumentstelle, um die Markierung aufzuheben.

Auf diese Weise können Sie bei Bedarf weitere Textstellen im Dokument mit fetten oder kursiven Buchstaben formatieren.

So kommt Farbe in den Text

Besitzen Sie einen Farbdrucker und möchten Sie Dokumentteile (z.B. die Überschrift einer Einladung) farbig gestalten? Auch dies ist ziemlich einfach.

1 Markieren Sie die betreffende Textstelle per Maus im Dokumentfenster. - - - - - - - - - - - - - ▶

2 Klicken Sie auf die Schaltfläche für die Schriftfarbe (bzw. *Zeichenfarbe*), warten Sie, bis sich die Palette öffnet und wählen Sie die gewünschte Farbe.

Die Schaltfläche bzw. Palette für die Schriftfarbe sieht in Word als auch im Writer ähnlich aus

In Microsoft **Word** wird die Schriftfarbe über diese Schaltfläche angepasst. Ein Klick auf die Schaltfläche weist die zuletzt benutzte Farbe zu. Klicken Sie auf das kleine Dreieck neben der Schaltfläche, öffnet sich eine Palette zur Farbauswahl. Die Schaltfläche *Hervorheben* links neben der Schaltfläche *Schriftfarbe* erlaubt den Texthintergrund einzufärben.

Wählen Sie beim **Writer** eine der Schaltflächen *Zeichenfarbe* oder *Zeichenhintergrund*, wird die zuletzt benutzte Farbe zugewiesen. Klicken Sie auf die Schaltfläche, halten aber die Maustaste gedrückt, öffnet sich eine Farbpalette, in der Sie eine neue Farbe durch einen Mausklick auf ein Farbfeld wählen können.

In allen Programmen wird der markierte Textbereich mit der betreffenden Farbe ausgezeichnet.

Zeilen- und Absatzabstand anpassen

Weiter oben habe ich darauf hingewiesen, dass ein etwas vergrößerter Absatzabstand durch Einfügen einer Leerzeile erreicht werden kann. Word und der Writer stellen Ihnen spezielle Optionen zum Anpassen des Zeilen- und Absatzabstands zur Verfügung.

> Zur·Textkorrektur·ist·ein·Ausdruck·mit·einem·vergrößerten·Zeilenabstand·
> ganz·hilfreich.·Dann·lassen·sich·Korrekturanweisungen·im·
> Zeilenzwischenraum·unterbringen.·¶
> Bei·Dokumenten·mit·mehreren·Absätzen·sind·bestimmte·Absatzabstände·
> erwünscht.·Verzichten·Sie·auf·Leerzeilen·zum·Absetzen·von·Absätzen.·¶
> Verwenden·Sie·stattdessen·Absatzformate,·um·Zeilenabstand·und·
> Absatzabstand·einzustellen.¶

1 Geben Sie, wie hier gezeigt, einen Text ein, der aus mindestens zwei Absätzen mit mehreren Zeilen besteht.

2 Markieren Sie den gesamten Text, um die Absatzformate auf das gesamte Dokument anzuwenden.

3 Klicken Sie mit der rechten Maustaste auf den markierten Textbereich und wählen Sie im Kontextmenü den Befehl *Absatz*. Oder wählen Sie im Menü *Format* den Befehl *Absatz* (falls der Kontextmenübefehl fehlt).

4 Das Programm öffnet jetzt ein Eigenschaftenfenster mit verschiedenen Registerkarten, über die sich die Absatzformate einstellen lassen. Wählen Sie die Registerkarte *Einzüge und Abstände*.

185

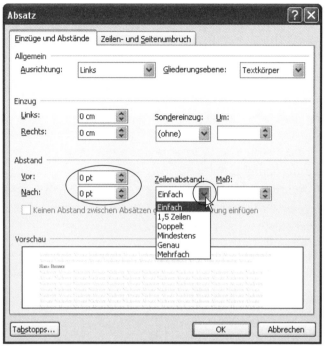

5 Anschließend können Sie den Zeilenabstand über das gleichnamige Listenfeld auf einfach, 1,5 Zeilen oder doppelt stellen, um den Abstand zwischen den Zeilen eines Absatzes zu vergrößern.

6 Den Abstand zwischen den Absätzen stellen Sie über die Drehfelder *Vor:* und *Nach:* (Word) bzw. *Über Absatz:* und *Unter Absatz:* (Writer) der Gruppe *Absatz* bzw. *Abstand* ein.

7 Schließen Sie die Registerkarte über die *OK*-Schaltfläche.

Zur·Textkorrektur·ist·ein·Ausdruck·mit·einem·vergrößerten·Zeilenabstand·

ganz·hilfreich.·Dann·lassen·sich·Korrekturanweisungen·im·

Zeilenzwischenraum·unterbringen.·¶

Bei·Dokumenten·mit·mehreren·Absätzen·sind·bestimmte·Absatzabstände·
erwünscht.·Verzichten·Sie·auf·Leerzeilen·zum·Absetzen·von·Absätzen.·¶
Verwenden·Sie·stattdessen·Absatzformate,·um·Zeilenabstand·und·
Absatzabstand·einzustellen.¶

¶

Das Textverarbeitungsprogramm weist den Absätzen dann die eingestellten Formate zu. Im hier gezeigten Beispiel wurde der erste Absatz einzeln markiert und mit einem 1,5-zeiligen Abstand formatiert. Anschließend wurden alle Absätze markiert und dann ein Abstand von 6 Punkt nach jedem Absatz zugewiesen. Die Absätze werden dadurch optisch voneinander abgesetzt.

HINWEIS

In Word wird der Absatzabstand standardmäßig in (typographischen) Punkt angegeben. Sie können aber statt »6pt« auch einen Wert der Art »0,5 cm« in den Feldern *Vor:* und *Nach:* eintippen. Der Writer schlägt dagegen automatisch Abstände in der Maßeinheit »cm« vor, erlaubt aber auch, andere Maßeinheiten in der Art »12pt« vorzugeben.

Einrücken im Text – so geht's

Gelegentlich möchte man Textstellen etwas einrücken. Oder der rechte Rand für einen Absatz soll etwas nach links verschoben werden. Fachleute bezeichnen dies als Einzüge im Text. Gelegentlich sieht man bei Schriftstücken, dass Einzüge am linken Rand durch Einfügen von Leerzeichen (oder Tabulatorzeichen) vorgenommen werden. Eine verkürzte Zeilenlänge ließe sich durch Zeilenumbrüche im Text erreichen – was aber jeweils neue Absätze generiert und daher verpönt ist. Word und der Writer bieten eine wesentlich elegantere Methode, Einzüge und Abstände vom linken/rechten Rand einzustellen. Möchten Sie einige Absätze am linken Rand etwas einziehen oder einen bestehenden Einzug wieder reduzieren?

1 Markieren Sie die Absätze, auf die sich die Einzüge oder die Abstände vom Rand beziehen sollen. - - - ▸

2 Klicken Sie in Word oder im Writer die beiden Schaltflächen *Einzug verkleinern* bzw. *Einzug vergrößern* an.

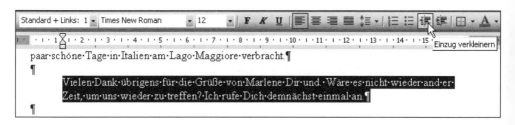

Hier sehen Sie einen auf diese Weise eingerückten Absatz. Der Einzug der markierten Absätze lässt sich über die Schaltfläche *Einzug verkleinern* wieder zurücksetzen.

Eine schnelle Anpassung der **Einzüge und Randeinstellungen** erreichen Sie zudem **über** das in allen Textverarbeitungsprogrammen angezeigte horizontale **Lineal**.

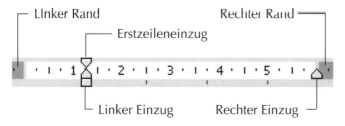

Im Lineal sehen Sie links und rechts einen eingefärbten Bereich. Die Übergänge zwischen weißem und eingefärbtem Bereich zeigen den linken und rechten Rand für den Textbereich an. Zudem sehen Sie am linken und rechten Rand des Lineals kleine Dreiecke. Diese als **Randsteller** bezeichneten Elemente erlauben Ihnen, den Einzug der ersten Zeile sowie den Beginn und das Ende der Zeilen der markierten Absätze einzustellen.

1 Markieren Sie die - - - - ► Absätze, deren Einzüge oder Randeinstellungen anzupassen sind.

2 Anschließend können Sie den entsprechenden Randsteller (Erstzeilen-einzug, linker Einzug, rechter Einzug) per Maus auf dem Lineal nach links oder rechts verschieben.

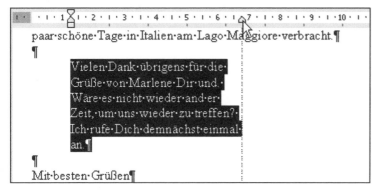

Das Programm passt dann die Formatierung der Absätze entsprechend an. Hier wurde ein Absatz am linken und rechten Rand eingezogen.

HINWEIS

Beim Ziehen eines Randstellers wird übrigens eine vertikale gestrichelte Linie im Dokumentbereich eingeblendet. Word und Writer erlauben zudem, den linken/rechten Rand per Lineal anzupassen. Zeigen Sie mit der Maus auf den Übergang zwischen farbigem und weißem Lineal-hintergrund und verschieben Sie die Trennlinie auf dem Lineal ←→. Bei Word können Sie außerdem den Befehl *Seite einrichten* im Menü *Datei* wählen. Beim Writer heißt der Befehl *Seite* und findet sich im Menü *Format*. In einem Eigenschaftenfenster lassen sich die Seiten-ränder und mehr einstellen.

Von Aufzählungen und Nummerierungen

Gelegentlich ist es hilfreich, Absätze in einem Dokument mit einem vorangestellten **Schmuckpunkt** besonders hervorzuheben. Oder die einzelnen Absätze werden mit vorangestellten Nummern ausgezeichnet. Man bezeichnet diese Hervorhebungen auch als **Aufzählungen** (Schmuckpunkte) und **Nummerierungen** (Ziffern oder Buchstaben). Das Auszeichnen einzelner Absätze eines Dokuments als Aufzählung oder Nummerierung ist mit wenigen Schritten durchzuführen.

1 Markieren Sie jene Absätze, die als Aufzählung oder mit Nummerierung dargestellt werden sollen.

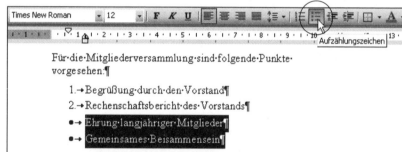

2 Klicken Sie in der *Format*-Symbolleiste auf die Schaltfläche für Nummerierungen oder Aufzählungen.

Hier sehen Sie einen Ausschnitt aus einem Textdokument, in dem zwei Absatzzeilen mit einer Nummerierung (1., 2.) und die beiden markierten Absätze mit einer Aufzählung versehen sind.

HINWEIS

Um die **Aufzählung** oder **Nummerierung aufzuheben**, markieren Sie die betreffenden Absätze und klicken dann erneut auf die »eingedrückt« dargestellte Schaltfläche.

Textverarbeitung für Könner

In diesem Abschnitt möchte ich Ihnen noch zeigen, wie Sie fortge-
schrittene Funktionen zur Textverarbeitung nutzen können. Es
geht beispielsweise um das Erstellen von Listen mit Tabulatoren,
den Einsatz von Tabellen oder das Einbinden von Grafiken in Ihre
Dokumente.

Listen mit Tabulatoren gestalten

Gelegentlich möchte man Listen (z.B. Namensliste, Telefonliste,
Adressliste etc.) in einem Textdokument nutzen. Die meisten
Benutzer stehen aber vor dem Problem, die Daten der einzelnen
Spalten korrekt einzurücken. Häufig werden die Einträge der Spalten mit Leerzeichen voneinander abgesetzt. Spätestens beim Ausdrucken verschieben sich dann diese Spalten und das Ganze sieht
sehr unschön aus. Dabei ist das Erstellen einer sauber formatierten
Liste sehr einfach. Dies soll jetzt an einer Telefonliste probiert
werden. Sie brauchen ggf. ein neues, leeres Dokument oder Sie
müssen ein paar Leerzeilen in einem bestehenden Dokument
einfügen und dann die Textmarke auf eine Leerzeile stellen. Danach führen Sie folgende Schritte aus.

1 Tippen Sie als Erstes die
Kopfzeile mit den Namen
ein, wobei Sie die einzelnen
Begriffe der Spaltenköpfe
durch Drücken der ⇤⇥ -
Taste trennen.

2 Anschließend ergänzen
Sie die restlichen Zeilen um
die Daten der Telefonliste.
Jeder Eintrag in der Zeile wird
ebenfalls mit einem Tabulatorzeichen vom nächsten
Eintrag getrennt.

3 Zum Schluss können Sie noch
die Kopfzeile fett formatieren.

Das Dokument sollte dann ungefähr wie hier gezeigt aussehen. Lassen Sie sich an dieser Stelle durch den »wilden« Aufbau der Liste nicht stören.

Name→Vorname	→	☎·Telefon → Kosten/€¶
Born→ Klaus→346	→	5,40¶
Braun→Dieter→458	→	10,00¶
Daum→Willi→ 192	→	3,00¶
Eigner→Agnes→374	→	4,00¶
Immer→Inge → 111	→	0,40¶

Ursache ist, dass die so genannten Tabstopps (also die Positionen, zu denen ein Tabulator springt) im Abstand von 1,5 cm auf dem horizontalen Lineal definiert sind. Enthält die Liste unterschiedlich lange Texte, werden die Einträge in den Spalten, wie hier gezeigt, verschoben. Versuchen Sie niemals, dies durch Eingabe mehrerer Tabulatorzeichen zu korrigieren. Dies führt bei späteren Änderungen zu unnötigem Korrekturaufwand.

TIPP

Möchten Sie das **Symbol** des Telefons (oder ein anderes Sonderzeichen) im Text **einfügen**? Wählen Sie den Befehl *Symbol* bzw. *Sonderzeichen* (Writer) im Menü *Einfügen*.

Jetzt erscheint ein Dialogfeld (hier von Word), in dem Sie eine Schriftart (z.B. Wingdings) wählen. Danach klicken Sie auf das Zeichen und übernehmen dieses mit der Schaltfläche *Einfügen* (bzw. *OK* im Writer) ins Dokument.

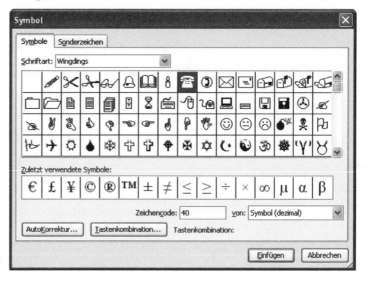

Zum Abschluss gilt es noch, die mit den Tabulatorzeichen gestalte-te Liste so aufzuteilen, dass die Spaltenköpfe mit den Spalten im Text übereinstimmen. Hierzu passen Sie die Tabstopps manuell mit folgenden Schritten an.

1 Markieren Sie den Bereich mit den Daten der Liste (einfach vor das erste Zeichen des Spal-tenkopfes klicken und die Maus bei gedrückter linker Maustaste zum letzten Zeichen der Liste ziehen).

2 Klicken Sie mit der Maus in der unteren Hälfte des horizontalen Lineals auf jene Positionen, an denen ein Tabstopp eingefügt werden soll.

Bei jedem Mausklick wird die Position des Tabstopps durch einen kleinen »Win-kel« im Lineal markiert und das Programm ordnet die Spalten entsprechend an.

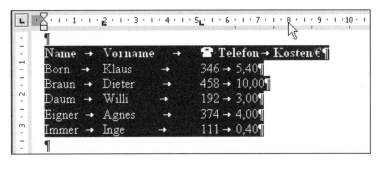

HINWEIS

Die »Marken« für die Tabstopps werden angezeigt, sobald Sie die zu-gehörigen Zeilen bzw. Absätze markieren. Bei Bedarf können Sie dann diese Marken durch Ziehen per Maus nach links oder rechts verschie-ben und so den Tabstopp justieren. Ziehen Sie eine solche Marke mit der Maus nach oben oder unten aus dem Lineal heraus, wird der zuge-hörige Tabstopp beim Loslassen der linken Maustaste entfernt.

193

Im hier gezeigten Beispiel gibt es noch eine Besonderheit. Die letzte Spalte weist **Währungsbeträge** auf, die **am Dezimalkomma ausgerichtet** sind. Dazu müssen Sie statt eines linksbündigen Tabstopps einen dezimalen Tabstopp verwenden.

1 Markieren Sie die Kopfzeile und setzen Sie einen linksbündigen Tabstopp für den Spaltenkopf »Kosten«.

2 Anschließend markieren Sie die restlichen Zeilen der Tabelle ohne die Spaltenköpfe, da nun für diesen Textbereich ein anderer Tabulator gesetzt wird.

Tabstopp links

3 Klicken Sie in der linken oberen Dokumentecke mehrfach auf das Feld zur Tabulatorauswahl, um statt des hier gezeigten »Tabstopp links« einen »Tabstopp dezimal« auszuwählen.

4 Anschließend legen Sie den dezimalen Tabstopp für die Spalte »Kosten« fest, indem Sie im horizontalen Lineal auf die betreffende Position klicken.

Die unterschiedlichen Tabstopps werden sowohl in Word als auch im Writer unterstützt. Das Ergebnis könnte dann wie hier gezeigt aussehen.

Name	→	Vorname	→	☎·Telefon	→	Kosten/€¶
Born	→	Klaus	→	346	→	5,40¶
Braun	→	Dieter	→	458	→	10,00¶
Daum	→	Willi	→	192	→	3,00¶
Eigner	→	Agnes	→	374	→	4,00¶
Immer	→	Inge	→	111	→	0,40¶
¶						

Listen mit Tabellen gestalten

Der im vorhergehenden Abschnitt gezeigte Umgang mit Tabulatoren erlaubt zwar das Gestalten von Listen, löst aber nicht immer alle Probleme. Viele Benutzer bevorzugen daher das Arbeiten mit Tabellen, die sich in Word oder im Writer im Textbereich einfügen lassen. Dies möchte ich nun an der bereits bekannten Telefonliste demonstrieren.

1 Fügen Sie nach Möglichkeit einige Leerzeilen im Dokument ein. Diese erlauben Ihnen später, Text vor und hinter der Tabelle einzufügen oder die komplette Tabelle wieder zu löschen.

2 Klicken Sie im Dokument auf die Stelle (meist ein leerer Absatz), an der die Tabelle einzufügen ist.

3 Klicken Sie auf die Schaltfläche zum Einfügen von Tabellen und legen Sie die Zahl der Spalten und Zeilen der Tabelle fest.

Das Einfügen einer Tabellenstruktur in ein Dokument lässt sich mit wenigen Mausklicks erledigen.

In Microsoft Word klicken Sie auf die Schaltfläche *Tabelle einfügen* der *Standard*-Symbolleiste. Sobald die Palette erscheint, markieren Sie durch Zeigen mit der Maus auf die Felder der Palette und wählen so die Zahl der Tabellenzellen. Bestätigen Sie diese Auswahl durch einen Mausklick auf das in der rechten unteren Ecke markierte Feld.

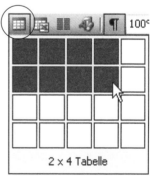

2 x 4 Tabelle

195

- Im Writer klicken Sie auf die Schaltfläche *Tabelle* der *Standard*-Symbolleiste, halten aber die linke Maustaste gedrückt. Markieren Sie in der eingeblendeten Palette durch Zeigen die Zellenzahl und bestätigen Sie dies per Mausklick auf das Feld.

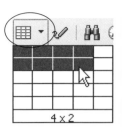

Die Tabelle wird mit der markierten Zeilen- und Spaltenzahl im Dokument einfügt. Hier sehen Sie eine Tabelle mit zwei Zeilen und drei Spalten.

Das Tabellengitter ist mit einem schwarzen Rahmen versehen. Die kleinen Kreise in jeder Word-Tabellenzelle (die beim Writer nicht angezeigt werden) stellen Endemarken der Zelle (bzw. der Zeile) ähnlich den Absatzmarken im Text dar. Ober- und unterhalb der Tabelle sind zwei Absatzmarken zu sehen.

- Möchten Sie Daten in die Zellen der Tabelle eintragen, klicken Sie auf die betreffende Zelle und tippen dann den Text ein. Es stehen die üblichen Funktionen zur Texteingabe und -formatierung bereit. Drücken Sie z.B. die ⏎-Taste, wird ein Absatz in der Tabellenzelle eingefügt. Markierte Texte lassen sich wie gewohnt formatieren. Zudem können Sie den Inhalt der Zelle über die bereits oben erwähnten Schaltflächen linksbündig, zentriert oder rechtsbündig ausrichten.

- Die ⇄-Taste positioniert die Textmarke jeweils eine Zelle weiter nach rechts. Wird die Zelle am rechten Tabellenrand erreicht, springt die Textmarke zur ersten Zelle in der nächsten Zeile. Steht die Textmarke in der rechten unteren Zelle, erzeugt die ⇄-Taste eine neue Tabellenzeile.

- Um die Breite einer Zelle zu verändern, zeigen Sie per Maus auf die Trennlinie. Sobald der Mauszeiger die Form eines Doppelpfeils annimmt, lässt sich die Trennlinie der Zelle nach links oder rechts ziehen. Die Breite wird bei unmarkierten Zellen auf die komplette Spalte und sonst auf die markierten Zellen angewandt. Auf die gleiche Weise können Sie die horizontalen Linien nach oben/ unten ziehen, um die Zeilenhöhe anzupassen.

HINWEIS

Den Inhalt der Zellen können Sie – wie bei normalen Texten gewohnt – durch Ziehen per Maus markieren. Komplette Strukturen der Tabelle wie Zellen, Zeilen oder Spalten lassen sich ebenfalls durch Ziehen markieren. Ziehen Sie die Maus bei gedrückter linker Maustaste nach unten, wird die Spalte markiert. Ziehen Sie die gedrückte Maustaste zu den nach rechts liegenden Zellen bis zum rechten Rand, wird die Tabellenzeile markiert. Word unterscheidet dabei noch, ob der Zelleninhalt oder die Zellenstruktur markiert ist. Klicken Sie beispielsweise wie nachfolgend gezeigt links neben die Tabelle, wird die komplette Zeile markiert. Zeigen Sie auf den Anfang einer Zelle oder auf die oberste Linie einer Tabelle, erscheint ein schwarzer Pfeil. Ein Mausklick auf den Spaltenkopf markiert dann die Spalte, ein Mausklick auf die Zelle markiert diese.

Um die Zellenstruktur anzupassen, klicken Sie mit der rechten Maustaste auf den markierten Zellenbereich. Im Kontextmenü bieten Word und der Writer Befehle, um Zellen einzufügen oder zu löschen.

Hier sehen Sie das mit Word erstellte Beispiel der Telefonliste, die als Tabelle gestaltet wurde.

·Name◻	Vorname◻	☎·Telefon◻	Kosten/€◻
Born◻	Klaus◻	346◻	5,40◻
Braun◻	Dieter◻	458◻	10,00◻
Daum◻	Willi◻	192◻	3,00◻
Eigner◻	Agnes◻	374◻	4,00◻
Immer◻	Inge◻	111◻	0,40◻

Bei der Spalte mit den Telefonnummern wurden die Zellen markiert und dann rechtsbündig ausgerichtet. Zudem habe ich die Währungsangaben in der Spalte *Kosten* markiert und mit einem Dezimaltabulator versehen. Dieser bewirkt, dass die Beträge am Dezimalkomma ausgerichtet werden.

Abschließend noch ein kleiner Hinweis. Standardmäßig versehen Word und Writer die Tabellen mit einem schwarzen Rahmen, der die Struktur anzeigt. Gelegentlich ist es aber erwünscht, die Liste ohne diese Linien darzustellen. Dann müssen Sie die als »Rahmen« bezeichneten **Linien aufheben**. In Word führen Sie dazu folgende Schritte aus:

1 Markieren Sie die komplette Tabelle. Achten Sie aber darauf, dass wirklich nur die Tabelle und nicht zusätzliche Absatzmarken vor und hinter der Tabelle markiert sind.

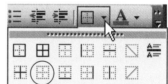

2 Öffnen Sie wie hier gezeigt die Palette für Rahmenlinien und wählen Sie dann die Schaltfläche *Kein Rahmen*.

Sobald Sie die Tabellenmarkierung aufheben, ist nur noch eine graue Gitterlinie zu sehen.

▪Name␣	Vorname␣	☎·Telefon␣	Kosten/€␣	␣
Born␣	Klaus␣	346␣	5,40␣	␣
Braun␣	Dieter␣	458␣	10,00␣	␣
Daum␣	Willi␣	192␣	3,00␣	␣
Eigner␣	Agnes␣	374␣	4,00␣	␣
Immer␣	Inge␣	111␣	0,40␣	␣

Diese Gitterlinie zeigt die Zellenstruktur der Tabelle an, wird aber nicht mit ausgedruckt. Die Anzeige der Gitternetzlinien lässt sich übrigens über den Befehl *Gitternetzlinien ausblenden* im Menü *Tabelle* unterdrücken.

Beim Writer gehen Sie wie bei Word vor und markieren die Tabelle. Dann wählen Sie in der neu angezeigten *Tabellenobjekt*-Symbolleiste die Schaltfläche *Umrandung*. In der Palette klicken Sie auf die Schaltfläche ohne Rahmenlinie.

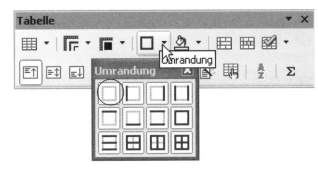

Grafiken im Text einfügen

Häufig besteht der Wunsch, Grafiken oder Fotos in ein Dokument einzubinden. Das ist in Word und dem Writer mit wenigen Mausklicks erledigt. Dies möchte ich an einer Einladung demonstrieren, die etwas Text und eine Grafik (bzw. ein Foto) enthält. Dabei lernen Sie auch die kleinen Tricks kennen, mit denen man Text neben einem Bild positionieren kann.

TIPP

Bei eingefügten Elementen wie Tabellen oder Grafiken gibt es gewisse Probleme mit dem umgebenden Text. Achten Sie beim Einfügen des Elements darauf, dass ober- und unterhalb der Einfügestelle Leerzeilen vorhanden sind. Das erleichtert es, ggf. Text vor oder hinter dem eingefügten Element einzugeben. Ist alles fertig, können Sie überflüssige Leerzeilen leicht löschen.

1 Holen Sie sich ein neues, leeres Textdokument und fügen Sie einige Leerzeilen ein.

2 Anschließend tippen Sie den Text »Einladung« in der obersten Zeile ein. Weisen Sie dieser Zeile einen etwas größeren Schriftgrad (z.B. 26 Punkt), ggf. eine eigene Schriftfarbe sowie eine hübsche Schriftart zu und zentrieren Sie den Text.

3 Klicken Sie im Dokument auf die dritte Leerzeile und fügen Sie nun eine Tabelle mit zwei Spalten und einer Zeile ein. Markieren Sie danach die Tabelle und heben Sie die Rahmenlinien auf (siehe vorherige Seite).

4 Klicken Sie auf die rechte Zelle der Tabelle und tippen Sie einen Einladungstext ein, den Sie anschließend noch etwas formatieren (z.B. Schriftgrad 14 Punkt).

Die jeweiligen Schritte haben Sie bereits in den vorhergehenden Abschnitten gelernt. Sehen Sie notfalls dort nach, um die genauen Details einer Funktion nochmals nachzulesen. Das Ganze könnte dann wie hier gezeigt aussehen.

Hier habe ich eine Handschriften-Schriftart benutzt. Auf den meisten Systemen finden Sie solche Schriften (z.B. »Brush Script MT«), die sich über das Listenfeld *Schriftart* (bzw. *Schriftname* im Writer) abrufen lassen. Nun gilt es noch, die Grafik einzufügen.

1 Klicken Sie im Dokument an die Stelle, an der die Grafik einzufügen ist. In diesem Beispiel müssen Sie in die linke, noch freie Zelle der Tabelle klicken. ----▶

2 Öffnen Sie das Menü *Einfügen* und wählen Sie den Befehl *Grafik/Aus Datei* (in Word) bzw. *Bild/Aus Datei* (beim Writer).

Jetzt wird das Dialogfeld *Bild einfügen* geöffnet. Dessen Aufbau hängt von der verwendeten Windows- und Word- bzw. Writer-Version ab (hier sehen Sie die Version aus Word 2003 unter Windows XP). Der Dateityp für die Bilddatei steht standardmäßig auf »Alle Grafiken« (bzw. »Alle Formate« im Writer) und kann so bleiben.

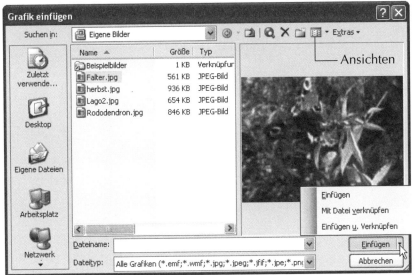

3 Wählen Sie im Dialogfeld den Bildordner über das Listenfeld *Suchen in* und markieren Sie anschließend die Bilddatei durch Anklicken.

Eine Vorschau auf die Inhalte der Grafikdateien lässt sich im Dialogfeld über die Schaltfläche *Ansichten* (Word) bzw. *Menü Ansicht* (Writer) wählen. Es stehen Modi wie *Miniaturansicht* (oder *Vorschau* nur in Word) zur Anzeige zur Verfügung.

201

4 Bestätigen Sie die Auswahl
über die Schaltfläche *Einfügen*
(bzw. *Öffnen* im Writer).

Die Grafik wird anschließend in das Dokument (oder wie hier
gezeigt in der betreffenden Tabellenzelle) eingebunden.

Allerdings dürfte die Grafik noch etwas zu groß sein, d.h. Sie müssen deren Größe im Dokument bzw. in der Tabellenzelle anpassen.

5 Klicken Sie auf die Grafik,
wird diese markiert und mit
einem Rahmen, der an den
Rändern so genannte Zieh-
marken enthält, dargestellt.

6 Über diese Ziehmarken lasst sich
eine Grafik ähnlich wie ein Windows-
Fenster per Maus in der Größe anpassen (einfach die Ziehmarke per
Maus diagonal verschieben).

Sobald Sie die Maustaste loslassen, wird die Grafik in der betreffenden Größe im Textdokument hinterlegt. Um eine solche Grafik
bei Bedarf wieder zu entfernen, klicken Sie diese im Dokument an
und drücken dann die Entf-Taste.

TECHTALK

Normalerweise werden die Daten der Grafik direkt in die Dokumentdatei hinterlegt, was zu sehr großen Dokumentdateien führt. In neueren Word-Versionen können Sie auf das kleine Dreieck der Schaltfläche *Einfügen* klicken und den Befehl *Mit Datei verknüpfen* im eingeblendeten Menü wählen. Im Writer ist dagegen das Kontrollkästchen *Verknüpfen* im Dialogfeld *Bild einfügen* zu markieren. Das Bild wird dann als **Verknüpfung** eingefügt, bei dem nur der Pfad zur Bilddatei im Dokument gespeichert wird (was weniger Platz benötigt). Geben Sie die Dokumentdatei auf einen Datenträger weiter, müssen Sie auch die Grafikdateien auf dieses Medium kopieren.

HINWEIS

An dieser Stelle möchte ich die Kurzeinführung in die Programme Word und Writer beenden. Mit diesen Programmen lässt sich wesentlich mehr anfangen. Zudem enthalten die Office-Pakete weitere Anwendungen (z.B. Tabellenkalkulations- und Präsentationsprogramme). Interessierte Leser möchte ich auf meine Markt+Technik-Titel »Easy Microsoft Office« (gibt es für alle Microsoft Office-Versionen) und »Easy OpenOffice.org« verweisen.

Zusammenfassung

In diesem Kapitel haben Sie einen kurzen Ausblick in die Welt der Textverarbeitung erhalten. Sie können Briefe oder andere Dokumente erstellen und Grafiken einfügen. Im nächsten Kapitel befassen wir uns mit dem Internet.

Lernkontrolle

Zur Überprüfung Ihres Wissens können Sie die folgenden Fragen beantworten. Die Antworten sind in Klammern angegeben.

■ **Wie können Sie einen Text mit Word bzw. dem Writer fett auszeichnen?**
(Den Text markieren und dann die Schaltfläche *Fett* in der Symbolleiste anklicken.)

■ **Wie laden Sie eine Textdatei in Word bzw. dem Writer?**
(Indem Sie die Funktion *Öffnen* über die gleichnamige Schaltfläche der Symbolleiste aufrufen und dann die gewünschte Dokumentdatei (z. B. im Ordner *Eigene Dateien*) suchen, anklicken und auf die Schaltfläche *Öffnen* klicken.)

Ich bin drin: Internet und E-Mail

Haben Sie Interesse am Internet? Viele Deutsche sind ja schon drin. Surfen im Internet ist ganz einfach, ein Notebook mit Analog-, ISDN- oder DSL-Modem sowie ein Telefonanschluss reichen. Und schon kann's los gehen. Die benötigten Internetprogramme bringt Microsoft Windows bereits in Form des Internet Explorer mit.

Das lernen Sie in diesem Kapitel
- Kleine Einführung ins Internet
- Surfen im WWW
- E-Mail-Blitzkurs

In diesem Kapitel möchte ich Ihnen zeigen, wie Sie ins Internet gelangen und wie Sie Webseiten abrufen sowie E-Mail-Nachrichten austauschen können.

So geht's ins Internet

Im **Internet** sind viele tausend Rechner von Instituten, Behörden und Firmen länderübergreifend über Telefonleitungen, Glasfaserkabel oder Satelliten miteinander verbunden. Diese Rechner werden oft als **Internetserver** bezeichnet. Ein Internetserver in New York kann beispielsweise Daten mit einem Rechner in Rom oder in Berlin austauschen. Ein **Internetnutzer benötigt** einen **Zugang zu** einem solchen **Internetserver**, um die verschiedenen **Dienste** wie Nachrichtenaustausch, Verschicken von Dateien, Einkaufen, Abruf von Webseiten etc. **nutzen zu können**. Es ist dann kein Problem, aus Ihrem Wohnzimmer die Wettervorhersage für Mallorca abzufragen, eine Reise zu buchen oder einem Freund in Australien elektronische Post zu schicken.

Was brauche ich für den Internetzugang?

Um online zu gehen und das Internet zu nutzen, brauchen Sie eine Verbindung (meist über eine Telefonleitung, seltener über Kabelnetz oder Funknetzwerke).

Benutzen Sie (zu Hause oder im Hotel) einen normalen Telefonanschluss, stöpseln Sie den Telefonstecker des Modemkabels in die rechte oder linke N-Buchse der (TAE-)Telefondose. Das andere Ende mit dem RJ-11-Stecker passt in die Buchse des analogen Modemausgangs am Notebook.

Das Telefonkabel bleibt dagegen in der mittleren F-Buchse der Telefondose eingestöpselt. Je nach Land benötigen Sie aber spezielle Telefonadapter, um den Anschluss an die Telefondose herzustellen. Erkundigen Sie sich ggf. im Fachhandel.

Bei einem ISDN-Telefonanschluss führt eine Leitung von der T-Com-Telefondose zum so genannten NTBA. Dieses graue Kästchen stellt die ISDN-Ausgänge für die ISDN-Hausverkabelung oder für den direkten Anschluss von ISDN-Geräten und -Telefonen bereit.

Verbinden Sie eine freie ISDN-Buchse am NTBA oder an der ISDN-Anschlussdosen mit dem ISDN-Ausgang des **ISDN-Modems**.

Nutzen Sie eine schnelle **DSL-Verbindung** für den Internetzugang, benötigen Sie einen so genannten **DSL-Splitter** und ein **DSL-Modem**. Die Geräte werden ggf. vom DSL-Anbieter geliefert, sind aber auch im Handel erhältlich.

Der DSL-Splitter wird direkt über ein Kabel mit der Telefonbuchse des Telefonanbieters (z.B. T-Com) verbunden. Im Splitter stehen sowohl Buchsen zum Anschluss normaler Telefone oder ISDN-Anlagen als auch ein DSL-Ausgang zur Verfügung.

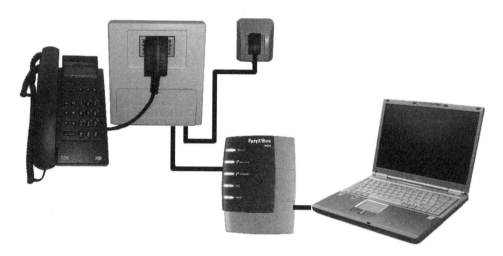

Der DSL-Splitter wird dann über ein spezielles Kabel mit dem DSL-Modem verbunden. Vom DSL-Modem führt dann ein Netzwerk-kabel zur DSL/Netzwerkbuchse (RJ-45-Buchse) des Notebooks.

> **HINWEIS**
>
> Bei DSL werden zwischenzeitlich DSL-Router oder WLAN-Router (z.B. FRITZ!Box WLAN-Phone) zur Verfügung gestellt. Ein Router ist ein intelligenter Netzwerkverteiler, an den sich mehrere Computer an-schließen lassen und der einen DSL-Zugang zum Internet bereitstellen kann. Bei einem WLAN-Router kommt noch eine Unterstützung für Funknetzwerke hinzu – ganz praktisch, da viele Notebooks bereits eine WLAN-Unterstützung besitzen. Über die WLAN-Funktion eines Note-books können Sie auch unterwegs über in Bahnhöfen, Cafes, Flughäfen betriebenen öffentlichen WLAN-Stationen (Hotspots) Verbindung zum Internet aufnehmen. Das Wörtchen »Phone« signalisiert, dass der be-treffende Router auch Internet-Telefonie unterstützt.

Der Fachhandel bietet nicht nur eine große Auswahl an Geräten an, sondern sicherlich auch eine Beratung – lassen Sie bei Bedarf auch die Geräte vom Händler installieren.

FACHWORT

Online ist die Bezeichnung für den Zustand, bei dem eine Verbindung zum Internet besteht. Wird die Verbindung beendet, bezeichnet man dies als **offline**. Solange Sie online sind, fallen in der Regel Gebühren für die Telefon- und Internetverbindung an. Während dieser Zeit können Sie Informationen aus dem Internet abrufen oder Daten wie E-Mails zum Internet übertragen.

Den Internetzugang einrichten

Wenn die »Technik« steht, muss der Internetzugang für den gewünschten Anbieter, als **Provider** bezeichnet, eingerichtet werden. Je nach Anbieter ist dabei ein **Internetzugang** über Wählverbindung per Modem oder ISDN-Modem oder eine feste Verbindung per DSL-Modem möglich. Die **Nutzung** des **Internets** ist **nicht kostenfrei**, Sie müssen sich für einen Anbieter und dessen Gebührenmodell entscheiden. Hierbei gibt es mehrere Varianten, die sich mit folgenden Geschäftsmodellen beschreiben lassen:

Festvertrag mit Anmeldung: Bei einigen Anbietern wie T-Online, America Online (AOL), Freenet etc. müssen Sie sich anmelden und einen Vertrag abschließen. Erst nach diesem Schritt wird der Internetzugang für Sie freigeschaltet. Die Kosten für einen solchen Zugang bestehen dann meist aus einer monatlichen Grundgebühr sowie einem zeitabhängigen Verbindungsentgelt.

Internet-by-Call: Diese Variante ist am bequemsten und funktioniert ähnlich wie das Telefonieren mit Call-by-Call: Sie verwenden zur Verbindungsaufnahme mit dem Internet über **Analog-** oder **ISDN-Modem** die Nummer spezieller Anbieter wie Arcor, MSN etc. Für die Dauer der Internetsitzungen fallen dann (wie bei einem Telefongespräch) Verbindungskosten an, die direkt auf der Telefonrechnung ausgewiesen und eingezogen werden.

Einen **DSL-Zugang** müssen Sie bei der Telefongesellschaft (z. B. T-Com) oder bei einem Provider (z. B. Freenet) beantragen. Dort fallen Grundgebühren für den DSL-Anschluss und für den DSL-

Vertrag an. Beim **DSL-Vertrag** wird dann noch zwischen **Zeit-tarifen** (die Kosten richten sich nach der Online-Zeit), **Volumen-tarifen** (Sie können beliebig lange online sein, die Kosten richten sich nach der übertragenen Datenmenge) und **Pauschaltarifen** (als **Flat-Rate** bezeichnet) wählen.

Nutzen Sie das Modell, das für Sie am günstigsten und bequemsten ist. Um zu Beginn vielleicht nur mal ins Internet reinzuschnup-pern, wird Internet-by-Call sicherlich am günstigsten sein. Schon nach wenigen Minuten sind Sie im Internet und können loslegen. DLS rechnet sich aber nur für Vielsurfer und intensive Internetnut-zer. Erkunden Sie sich im Fachhandel, bei Ihrer Telefongesellschaft oder bei Bekannten, welche Möglichkeiten des Internetzugangs es gibt.

Sobald die Verkabelung steht, müssen Sie die Internetverbindung noch einrichten. Für Geräte wie Analog- oder ISDN-Modem ist bei der Erstinbetriebnahme ein Treiber zu installieren. Die Treiber werden entweder mit Windows oder dem Gerät mitgeliefert. Kon-sultieren Sie ggf. die Gerätehandbücher, um Informationen zur Treiberinstallation zu erhalten, oder lassen Sie die Installation ggf. vom Händler bzw. von Bekannten ausführen.

Um die Zugangsdaten für das Internetkonto des gewählten Provi-ders in Windows einzutragen, stellen viele Provider eine CD mit einem Installationsprogramm bereit. Dieses führt Sie Schritt-für-Schritt durch den Anmeldevorgang und richtet den Internetzu-gang automatisch ein. Möchten Sie einen Call-by-Call-Internet-zugang (für Modem, ISDN) nutzen, tragen Sie die Zugangsdaten per Hand ein.

1 Wählen Sie im Startmenü den Befehl *Systemsteuerungen* und doppelklicken Sie im betreffenden Ordnerfenster auf das Symbol *Netzwerkverbindungen*.

- - - ➤ **2** Klicken Sie in der Auf-gabenleiste des Ordnerfens-ters *Netzwerkverbindungen* auf das Symbol *Neue Ver-bindung erstellen*.

Windows startet einen Assistenten, der Sie in einem Dialogfenster durch die einzelnen Schritte führt. Sie müssen dann die gewünschten Zugangsoptionen wählen und über die *Weiter*-Schaltfläche zwischen den Dialogfeldern umschalten.

Wählen Sie im Dialogschritt *Netzwerkverbindungstyp* das Optionsfeld *Verbindung mit dem Internet herstellen*. Im Dialog *Vorbereitung* ist das Optionsfeld *Verbindung manuell einrichten* zu wählen. Wählen Sie im Dialogschritt *Internetverbindung* das Optionsfeld *Verbindung mit einem DFÜ-Modem herstellen*. Im Dialogschritt *Gerät auswählen* müssen Sie das Kontrollkästchen der angezeigten Modem- oder ISDN-Verbindung markieren. Bei ISDN-Verbindungen ist zu beachten, dass Ihnen zwei ISDN-Kanäle angeboten werden. Markieren Sie nur einen Kanal, damit Sie auf der anderen Leitung noch telefonieren können. Werden zwei ISDN-Kanäle gewählt, lässt sich zwar die doppelte Übertragungsgeschwindigkeit nutzen, es fallen aber auch die doppelten Telefongebühren an! Im Dialogfeld *Verbindungsname* tippen Sie den Namen des Providers (z. B. MSN) ein. Danach müssen Sie die Rufnummer für die Wählverbindung des Internetanbieters im Dialogfeld *Zu wählende Rufnummer* angeben. Welchen Anbieter Sie wählen, bleibt Ihnen überlassen. Sie können für erste Versuche die **Rufnummer 0192658** des **Anbieters MSN** verwenden. Im Dialogschritt *Internetkontoinformationen* müssen Sie den Benutzernamen sowie zweimal das Benutzerkennwort eintippen. Beim **Anbieter MSN** sind sowohl **Benutzername** als auch **Kennwort MSN**. Hat Ihnen ein anderer Internetanbieter die Zugangsdaten mitgeteilt, verwenden Sie diese an Stelle der hier genannten Daten. Markieren Sie die Kontrollkästchen *Diesen Kontonamen und Kennwort für die Internetverbindung aller Benutzer dieses Computers verwenden* und *Verbindung als Standardinternetverbindung verwenden*. Markieren Sie im letzten Dialogschritt das Kontrollkästchen *Verknüpfung auf dem Desktop hinzufügen* und bestätigen Sie die Schaltfläche *Fertig stellen*.

Wenn das Einrichten geklappt hat, sollte ein neues Verbindungssymbol im Ordnerfenster *Netzwerkumgebung* und auf dem Desktop zu finden sein.

MSN

Wegen der Vielzahl der Anbieter kann an dieser Stelle nicht detaillierter auf die Installation des Internetzugangs eingegangen werden. Lassen Sie sich ggf. von Bekannten helfen. Der Markt+Technik-Titel »Internet – leichter Einstieg für Senioren« enthält ein eigenes Kapitel, das sich umfassender mit dem Einrichten eines Zugangs beschäftigt.

Bei einem Internet-by-Call-Internetzugang hilft ein Tarifmanager die Kosten zu optimieren. Dieser richtet bei der Installation die Internetverbindung und ein Symbol auf dem Desktop ein. Der Tarifmanager vergleicht die Tarife vieler Anbieter und zeigt Ihnen diese beim Aufruf an. Sie können dann den günstigsten Anbieter auswählen und die Verbindung über Schaltflächen des Tarifmanagers herstellen lassen. Persönlich verwende ich den **SmartSurfer** von WEB.DE (kostenloser Download unter *smartsurfer.web.de*). Sie können auch den **Oleco-Tarifmanager** (*www.oleco.de*) verwenden.

Die Internetverbindung auf- und abbauen

Manche Notebooks sind so eingerichtet, dass die Internetverbindung per Modem oder ISDN automatisch aufgebaut wird, sobald Sie im Internet Explorer eine Webseite abrufen oder E-Mails austauschen. Klappt das nicht, lässt sich die Verbindung auch gezielt aufbauen:

MSN

1 Doppelklicken Sie auf dem Desktop oder im Ordnerfenster *Netzwerkverbindungen* auf das neu eingerichtete Symbol der Verbindung.

2 Markieren Sie im dann eingeblendeten Dialogfeld *Verbindung mit xxx herstellen* ggf. das Kontrollkästchen *Benutzernamen und Kennwort speichern für* und tippen Sie bei Bedarf den Benutzernamen und das Kennwort in die Felder ein.

3 Klicken Sie auf die Schaltfläche *Wählen*.

HINWEIS

Zur Verhinderung von Missbrauch können Sie das Kontrollkästchen *Benutzernamen und Kennwort speichern für* unmarkiert lassen, dann müssen Sie aber das Kennwort vor jeder Verbindungsaufnahme erneut eintippen.

213

Windows versucht jetzt per Modem/ISDN eine Verbindung mit der angegebenen Rufnummer aufzunehmen. Sie werden über ein Dialogfeld über den Status der Verbindungsaufnahme informiert.

Sobald die Internetverbindung steht, verschwindet das Dialogfeld und Sie sehen im Infobereich der Taskleiste kurzzeitig eine QuickInfo und das Verbindungssymbol.

Solange das **Verbindungssymbol der** beiden **Computer** im Statusbereich der Taskleiste **sichtbar** ist, sind Sie online, d.h., es **fallen** auch **Telefongebühren an**. Um die Verbindung zu beenden, gehen Sie folgendermaßen vor:

1 Doppelklicken Sie im Infobereich der Taskleiste auf das Verbindungssymbol ■.

2 Klicken Sie im Dialogfeld *Status von xxx* auf der Registerkarte *Allgemein* auf die Schaltfläche *Trennen*.

Erst wenn das Dialogfeld und das Verbindungssymbol im Infobereich verschwinden, wird die Internetverbindung beendet. Falls Sie den WEB.DE-SmartSurfer oder den Oleco-Tarifmanager verwenden, funktioniert die Einwahl und das Trennen genauso. Sie müssen nur das jeweilige Desktop- und Verbindungssymbol des Tarifmanagers statt der hier gezeigten Symbole verwenden.

Surfen im WWW

Das World Wide Web (auch WWW abgekürzt) ist ein weltweites Netzwerk von so genannten **Webservern** auf denen so genannte **Webseiten** gespeichert sind. Diese Webseiten können die Börsenkurse, die Formulare für Internetbanking, die neuesten Nachrichten, Kochrezepte, Reisebeschreibungen, Werbung, Warenangebote und andere **Informationen enthalten**. Über das Internet können Sie Verbindung mit diesen Webservern aufnehmen und die gewünschten **Webseiten mit** einem so genannten **Browser abrufen**. Neben dem in Windows enthaltenen **Microsoft Internet Explorer** können Sie auch alternative Browser wie den **Firefox** für diesen Zweck nutzen.

FACHWORT

Der Begriff **Browser** leitet sich vom englischen Verb »to browse« ab, was so viel wie blättern, stöbern oder schmökern bedeutet. Programme zum »Blättern« bzw. »Schmökern« in den Webseiten werden als Browser bezeichnet.

Websurfen – das erste Mal

Das Abrufen von Webseiten ist keine große Kunst. Hier die Schritte, wie das funktioniert.

215

Internet Explorer

1 Starten Sie den Internet Explorer oder einen anderen Browser (z. B. über das Startmenü oder durch einen Doppelklick auf das Desktop-Symbol).

2 Stellen Sie, falls nicht bereits geschehen, eine Onlineverbindung her.

Die Onlineverbindung wird entweder automatisch vom Internet Explorer aufgebaut oder Sie gehen gemäß der Beschreibung weiter oben vor. Jetzt müssen Sie dem Browser mitteilen, welche Webseite Sie ansehen möchten.

3 Tippen Sie »www.spiegel.de« in der Adressleiste des Internet Explorer ein und drücken Sie die ↵ -Taste.

Jetzt fragt der Browser beim nächsten Internetserver an und ruft die gewünschte Seite aus dem World Wide Web ab. Wird die Seite gefunden, lädt er die Daten aus dem Internet und zeigt den Inhalt an. Das kann einige Sekunden dauern.

Wenn alles geklappt hat, gelangen Sie zum Onlineangebot des Spiegel. Auf diesen Seiten finden Sie ausgesuchte Meldungen zu aktuellen Themen. Neben einigen Werbeeinblendungen zeigt die

Seite Ihnen eine Art Inhaltsverzeichnis am oberen Rand sowie die neueste Schlagzeile zu einem Tagesereignis. Über die Bildlaufleisten können Sie in der Seite blättern. Aber wie geht es weiter? Wie kommen Sie beispielsweise zu einer anderen Rubrik oder zu dem Artikel einer Schlagzeile?

Wenn Sie auf verschiedene Stellen im Dokumentfenster zeigen, erscheint manchmal eine stilisierte Hand als Mauszeiger.

Bewegen Sie den Mauszeiger wieder von der Stelle weg, nimmt der Mauszeiger erneut die Form des gewohnten Pfeils an.

Diese Stellen werden als Hyperlinks bezeichnet. **Hyperlinks sind** nichts anderes als **Verweise** (englisch Links) **zu** anderen **Webseiten**. Klicken Sie einen Hyperlink an, ruft der Browser die im Link angegebene Folgeseite auf.

Hier sehen Sie beispielsweise die Startseite des Spiegel Online mit einer als Hyperlink ausgezeichneten Schlagzeile.

Durch Anklicken von Hyperlinks können Sie sehr bequem zur Folgeseite gelangen. Der Autor einer solchen Seite legt fest, an welcher Stelle es diese Hyperlinks gibt, wohin verwiesen wird und wie die Links aussehen. In vielen Webseiten werden Hyperlinks als blau unterstrichener Text dargestellt. Aber das muss nicht sein. Bei Spiegel Online sind auch Schlagzeilen oder andere Texte sowie Bilder als Hyperlinks ausgeführt. Sicher erkennen lassen sich Hyperlinks am Wechsel des Mauszeigers. Sobald die stilisierte Hand erscheint, befindet sich der Mauszeiger auf einem Hyperlink, der sich anklicken lässt.

Vielleicht versuchen Sie einmal, die aktuellen Inhalte des Spiegel Online im Internet Explorer abzurufen.

1 **Merkel schickt Marine auf historisch Mission** Zeigen Sie auf eine der Überschriften der angebotenen Artikel.

Sie sehen beim Zeigen, wie das Symbol der Maus von einem Pfeil zu einer Hand wechselt. Gleichzeitig erscheinen die beiden Dreiecke vor der Rubrik.

2 Klicken Sie jetzt mit der linken Maustaste auf den Hyperlink.

Dann ruft der Browser die im Hyperlink angegebene Folgeseite vom Webserver ab und zeigt diese im Dokumentfenster an.

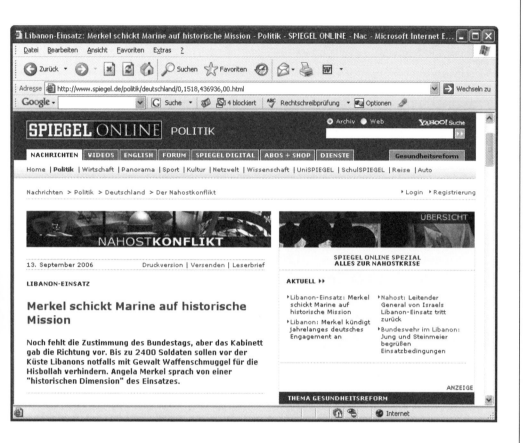

Anschließend sollte die Seite mit dem Beitrag im Fenster erscheinen. Eine prima Sache, oder? Passt der Inhalt der Seite nicht ins **Dokumentfenster**, können Sie über die **Bildlaufleiste(n)** am rechten und unteren Rand im Dokument blättern. Aber das kennen Sie ja bereits aus früheren Kapiteln zu anderen Programmen.

Und wie geht's zurück?

Haben Sie die obigen Schritte nachvollzogen und eine Folgeseite aufgerufen? Sicherlich möchten Sie anschließend wieder zur Hauptseite zurückkehren. Manche Webseiten bieten Navigationsleisten oder mit *Zurück* beschriftete Hyperlinks. Leider bieten nicht alle Webseiten solche praktischen Navigationshilfen. Wie geht's denn jetzt zu den vorher besuchten Seiten und zur Startseite zurück? Jedes Mal die Startadresse (z.B. *www.spiegel.de*) einzutippen, ist zu aufwändig. Glücklicherweise merkt sich der Internet Explorer die besuchten Seitenadressen.

- Klicken Sie in der Symbolleiste auf die Schaltfläche *Zurück*, ruft der Browser die vorher besuchte Seite erneut auf. Durch das mehrfache Klicken auf diese Schaltfläche können Sie auch mehrere Seiten zurückgehen.

- Wählen Sie die Schaltfläche *Vorwärts* in der Symbolleiste, kommen Sie eine Seite weiter.

Die beiden Schaltflächen sind recht praktisch, wenn Sie mehrere Seiten angesehen haben und nochmals einen Schritt zurück und dann wieder weitergehen möchten. Sie können damit in gewisser Weise in den besuchten Webseiten blättern. Sind Sie am Anfang oder am Ende der Liste der von Ihnen besuchten Webseiten angelangt, sperrt der Browser die betreffende Schaltfläche (es bringt dann nichts mehr, in der betreffenden Richtung weiterblättern zu wollen). Wenn Sie den Internet Explorer beenden, vergisst das Programm diese Liste und die Schaltflächen sind beim nächsten Start erst einmal gesperrt.

TIPP

Sie können eine **besuchte Seite** auch **direkt auswählen**. Klicken Sie auf den Pfeil neben der Schaltfläche *Zurück*, öffnet sich ein Menü mit den Titeln der besuchten Seiten. Klicken Sie auf einen der Befehle, wird die Seite aufgerufen.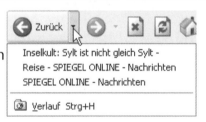

Rechts neben der Schaltfläche *Vorwärts* finden Sie noch die Schaltflächen *Abbrechen* (rotes x) und *Aktualisieren*, um das Laden einer Seite abzubrechen oder den Inhalt neu anzufordern. Diese Schaltflächen sind ganz praktisch, wenn das Laden einer Seite wegen Überlastung des Internets zu lange dauert oder unterbrochen wird. Die Seite mit dem stilisierten Häuschen führt Sie zur Startseite, die im Browser eingerichtet ist.

Das ist ja wirklich einfach! Sie brauchen nur eine Webadresse im Feld *Adresse* einzutippen und diese über die ⏎ -Taste zu bestätigen. Anschließend können Sie durch Anklicken der Hyperlinks weitere Webseiten abrufen. Mit den beiden Schaltflächen *Vorwärts* und *Zurück* lassen sich bereits während der aktuellen Internetsitzung besuchte Seiten abrufen. Für dieses Bewegen zwischen Webseiten hat sich der Begriff des »Websurfens« eingebürgert – auch dahinter steckt also nicht viel, außer dass es viel Spaß machen kann!

HINWEIS

Webadressen sind in der Art *www.name.de* gestaltet. Die drei Buchstaben *www* signalisieren, dass es sich um eine Hauptseite im World Wide Web handelt, während *Name* stellvertretend für den Firmennamen steht. An den letzten Buchstaben hinter dem Punkt können Sie manchmal noch erkennen, in welchem Land die Webseite geführt wird. Für Deutschland wird *.de* benutzt, Österreich hat die Kennung *.at* und die Schweiz benutzt *.ch*. Eine Erweiterung *.com* weist dagegen auf eine kommerzielle Webseite einer Firma hin, *.org* steht für eine Organisation (z.B. eine Schule oder eine Universität). Die Adresse *www.mut.de* verweist beispielsweise auf die Startseite des Markt+Technik-Angebots.

Haben Sie Lust auf mehr bekommen? Sie müssen nur die Startadressen der verschiedenen Webseiten kennen und schon können Sie mit dem Surfen beginnen. Viele Firmen veröffentlichen ihre Adressen in Anzeigen. Manchmal kann man die Internetadresse über den Firmennamen erraten. Ich habe einmal versuchsweise *www.aldi.de* eingetippt und konnte mich prompt über das Aldi-Angebot in Australien informieren (na ja, das Angebot der örtlichen Filiale habe ich auch auf der Seite gefunden). Ähnliches klappte auch mit *www.minimal.de, www.quelle.de, www.otto.de, www.neckermann.de* und vielen anderen Firmennamen. Es ist unglaublich, was sich alles im Web finden lässt. Vom virtuellen Zeitschriftenkiosk über Ratgeberseiten bis hin zu speziellen Seniorenseiten ist alles dabei. Zum Einstieg habe ich Ihnen in folgender Tabelle einige interessante Adressen zusammengestellt.

Adresse	Bemerkungen
www.welt.de www.faz.de www.handelsblatt.com www.times.com www.nzz.ch www.wienerzeitung.at	Adressen der gleichnamigen **Zeitungen**
www.focus.de www.bunte.de www.spiegel.de	Die gleichnamigen **Magazine**
www.zdf.de www.tvtoday.de tv.web.de	Aktuelle **Fernsehprogramme**
www.teleauskunft.de tel.search.ch www.herold.at	Die örtlichen **Telefonbücher** im Internet; hilfreich, um bestimmte Personen zu finden
route.web.de www.reiseplanung.de	**Reiseinformationen** und **Stadtpläne**
www.hausfrauenseite.de www.maggie.de www.chefkoch.de www.kochen.de rezepte.nit.at	Ratgeber mit Tipps von Experten(innen), Rezepte und mehr
www.seniorennet.de www.seniorentreff.de www.feierabend.com	Spezielle Seniorenseiten
www.bundestag.de	Startseite des Deutschen Bundestags mit Links zu Parteien und anderen Politikseiten

Auf meiner Webseite *www.borncity.de* finden Sie unter der Rubrik
»Senioren-Seiten« einen Hyperlink auf den von mir gepflegten
»Internetführer« mit zusätzlichen Webseiten.

Über spezielle **Suchmaschinen** wie *www.web.de* oder *www.google.
de* können Sie auch nach Webseiten suchen lassen. Geben Sie ein
Stichwort in einem Suchfeld ein, drücken Sie die ⏎-Taste und
lassen Sie alle Webseiten, in denen der Begriff vorkommt, von der
Suchmaschine ermitteln und als Liste ausgeben. Dann genügt ein
Mausklick auf den betreffenden Hyperlink, um die Webseite abzurufen.

ACHTUNG

Wenn Sie nicht mehr im Internet surfen möchten, sollten Sie die Onlineverbindung trennen – das entspricht dem Auflegen des Hörers nach
einem Telefonat (siehe weiter oben). Der Browser lässt sich wie jedes
andere Programm über die Schaltfläche *Schließen* beenden.

HINWEIS

Über den Browser können Sie auch **Internetbanking** bei Ihrer Bank
betreiben. Sie müssen dafür bei der Bank zum Internetbanking freigeschaltet sein. Dann bekommen Sie von Ihrer Bank die Internetseite
für den Bankzugang, den Benutzernamen sowie die Zugangskennung
(PIN) für den Zugang mitgeteilt. Rufen Sie die Internetseite im Browser
auf, gelangen Sie zu einem Formular, in dem Sie die Zugangsdaten
eintippen müssen. Da Betrüger über gefälschte E-Mails (Phishing-
Mails) versuchen, an diese Zugangsdaten heranzukommen, müssen Sie
sicherstellen, dass Ihre Bankzugangsdaten niemals in fremde Hände
gelangen. Ihre Bank wird Ihnen niemals per E-Mail eine Aufforderung
schicken, sich zur Überprüfung der Zugangskennung am Internetzugang anzumelden. Tippen Sie immer die WWW-Adresse der Webseite
für das Internetbanking selbst ein und klicken Sie keinesfalls auf einen
in einer E-Mail angebotenen Hyperlink. Achten Sie bei allen Webseiten, über die vertrauliche Daten übertragen werden (z. B. Bankseiten,

Bestellformulare, eBay-Anmeldung etc.), darauf, dass die Seite auf einem sicheren Server liegt. Sie können dies daran erkennen, dass in der Adressleiste/Statusleiste des Browserfensters der Vorspann *https:* an Stelle von *http:* erscheint. Zudem wird in der Statuszeile des Browsers ein stilisiertes Schloss für die gesicherte Internetverbindung angezeigt.

Downloads aus dem Internet

Gelegentlich kommt es vor, dass man ein Programm oder eine Datei aus dem Internet herunterladen möchte. Dies wird auch als Download bezeichnet.

1 Surfen Sie zur Webseite mit dem angebotenen Download (z. B. *www.borncity.de/Test*) und klicken Sie dann auf den (oft mit *Download* bezeichneten) Hyperlink, der auch als Schaltfläche oder als Symbol ausgebildet sein kann.

2 In dem sich öffnenden Dialogfeld *Dateidownload* klicken Sie auf die Schaltfläche *Speichern*.

3 Wählen Sie im Dialogfeld *Speichern unter* den Zielordner (z. B. *Eigene Dateien*), in dem die heruntergeladene Datei zu speichern ist, und bestätigen Sie dies über die *Speichern*-Schaltfläche.

Der Download beginnt und der Ablauf wird Ihnen in einem Dialogfeld mit einer Fortschrittsanzeige angezeigt. Ist der Download beendet, wird das Dialogfeld geschlossen (oder Sie müssen es schließen). Danach sollten Sie die Datei durch ein aktuelles Virenschutzprogramm überprüfen lassen, da Downloads aus dem Internet Computerviren oder andere Schädlinge enthalten können.

E-Mail-Kompaktkurs

Die Abkürzung »E-Mail« steht für den englischen Begriff »Electronic Mail«, zu deutsch elektronische Post. **E-Mail** ist nichts anderes als ein **Dienst des Internets**, bei der ein Brief nicht auf Papier verfasst, sondern **im Computer** hinterlegt ist und per Internet in einer Art von elektronischem Briefumschlag zum Empfänger transportiert wird. Um E-Mails versenden oder empfangen zu können, benötigen Sie ein so genanntes E-Mail-Konto. Dieses beinhaltet eine E-Mail-Adresse sowie ein E-Mail-Postfach, in dem die Nachrichten zugestellt werden können. Es gibt viele Möglichkeiten, um an solche E-Mail-Konten heranzukommen. Manche Provider stellen automatisch Konten bereit. Anbieter von Webseiten wie *www.web.de* oder *www.gmx.de* bieten Ihnen ebenfalls (bislang) kostenlose E-Mail-Konten an. Hierzu müssen Sie sich lediglich anmelden und das Konto beantragen.

Ein E-Mail-Konto beantragen

Hier die Schritte zum Beantragen eines (kostenlosen) E-Mail-Kontos beim Anbieter WEB.DE.

1 Rufen Sie im Internet Explorer die Webseite *freemail.web.de* auf.

Da Sie über kein E-Mail-Konto bei WEB.DE verfügen, müssen Sie sich einmalig anmelden.

2 Klicken Sie auf der Free-Mail-Eingangsseite auf den Hyperlink zur kostenlosen Registrierung für »FreeMail«. - - - - → **3** Geben Sie auf den Freemail-Anmeldeseiten die erforderlichen Benutzerdaten (Name, Geburtsdatum, Kennwort etc.) in den betreffenden Formularen ein.

225

Die Formulare weisen am unteren Rand eine *Weiter*-Schaltfläche auf, über die Sie zu den Folgeseiten gelangen. Bei einem dieser Formulare wird auch die E-Mail-Adresse angegeben. Die E-Mail-Adresse setzt sich aus einem persönlichen Teil (zum Beispiel »HBerger«) und dem feststehenden Teil »web.de« zusammen. Die beiden Teile der Adresse werden durch das so genannte AT-Zeichen @ getrennt. Eine E-Mail-Adresse bei WEB.DE könnte also *HBerger@web.de* lauten. Der persönliche Teil der E-Mail-Adresse wird auch als Benutzername bei WEB.DE verwendet. Wenn Sie also zur Eingabe eines Benutzernamens aufgefordert werden, ist immer der erste Teil der E-Mail-Adresse (hier zum Beispiel *HBerger*) anzugeben.

TIPP

Wählen Sie den benutzerspezifischen Teil der E-Mail-Adresse so, dass Sie sich diesen leicht merken und schreiben können. Umlaute oder Leerzeichen sind nicht erlaubt. Häufig verwendet man die Initialen des Vornamens zusammen mit dem Nachnamen. Ist dieser Name bereits belegt, müssen Sie den Namen im Eingabefeld der E-Mail-Adresse variieren. Sie können notfalls den Unterstrich _ zum Trennen von Namensteilen benutzen.

Wurden alle Formulare erfolgreich ausgefüllt und von WEB.DE akzeptiert, wird Ihnen automatisch ein E-Mail-Konto eingerichtet.

E-Mails bei WEB.DE per Browser handhaben

Sobald das E-Mail-Konto eingerichtet ist, können Sie es nutzen. Nachfolgend möchte ich die Handhabung kurz für den Anbieter WEB.DE skizzieren – bei anderen Freemail-Anbietern wie GMX, Freenet etc. funktioniert es ähnlich.

1 Rufen Sie die Freemail-Seite *freemail.web.de* von WEB.DE im Browser auf. - - - - - - - - - - - - - ->

2 Tippen Sie im Anmeldeformular Benutzername und Passwort ein und klicken Sie auf die mit *Anmelden* oder *Login* beschriftete Schaltfläche.

Im Browser erscheint dann die Eingangsseite Ihres E-Mail-Kontos. In dieser Seite können Sie über Symbole wie *Posteingang, E-Mail schreiben* etc. oder die am linken Rand der Seite befindlichen Schaltflächen verschiedene Funktionen auswählen.

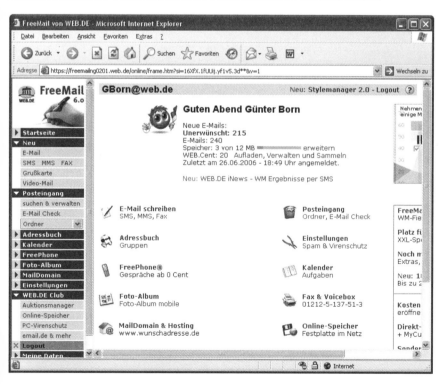

227

Eine neue E-Mail schreiben

Möchten Sie eine neue E-Mail erstellen? Zum Testen können Sie die Nachricht ja an Ihre eigene E-Mail-Adresse bei WEB.DE senden.

1 Neue E-Mails erstellen Sie, indem Sie entweder in der Seite auf den Hyperlink E-Mail schreiben oder in der Rubrik »*Neu*« auf die Schaltfläche *E-Mail* klicken.

Im Fenster des Browsers erscheint jetzt ein Formular mit Textfeldern, in denen Sie die erforderlichen Daten der neuen Nachricht eintippen können.

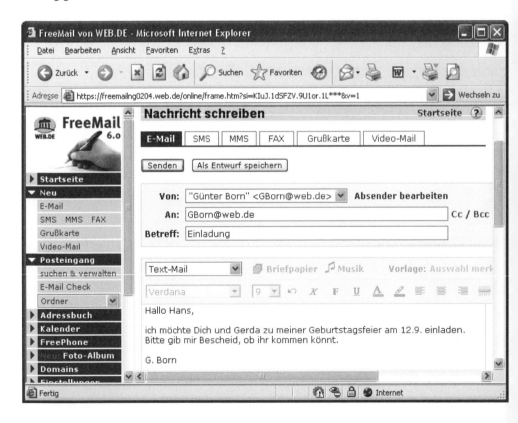

2 Geben Sie als Erstes die E-Mail- - - - - - - - - - - ┐
Adresse des Empfängers im Feld *An:*
ein (auf das Feld klicken und dann
die Adresse eintippen).

3 Klicken Sie auf das Feld *Betreff:* und
geben Sie einen kurzen Text als Betreff
ein (damit der Empfänger sofort erkennt, um was es sich handelt).

Die beiden Felder *Cc* (steht für »carbon copy«) und *Bcc* (steht für
»blind carbon copy«) erlauben Ihnen Durchschläge der Nachricht
an weitere Empfänger zu schicken und können leer bleiben. Wenn
Sie Empfängeradressen für Durchschläge statt unter *Cc* in *Bcc* eintragen, erkennt der Empfänger nicht, an wen die Nachricht sonst
noch verschickt wurde (bei *Cc* werden alle Empfänger in der ver-
schickten Nachricht aufgelistet).

4 Klicken Sie in das am unteren - - - - - - - - - - - - - ┐
Dokumentbereich gezeigte Feld
Text-Mail und geben Sie dort den
eigentlichen Text der Nachricht ein.

5 Ist der Nachrichtentext
fertig, blättern Sie zum Ende
des Formulars weiter. Dort
finden Sie mehrere Schaltflächen.

6 Ist die Nachricht fertig, suchen Sie die
Schaltfläche *Senden* (im unteren Formular- ◄ - - - ┘
bereich, siehe unten) und klicken darauf.

Die Nachricht wird dann im Postausgang abgelegt und verbleibt
dort, bis der Postausgangsserver von WEB.DE die Nachricht abholt
und verschickt (was einige Zeit dauern kann).

Mit obigen Schritten verfassen Sie nur eine einfache Textnachricht. Das Formular zum Schreiben einer E-Mail hält aber im unteren Bereich noch verschiedene Optionen und Felder bereit (siehe obige Darstellung), über die sich spezielle Funktionen nutzen lassen. Hier ein kurzer Überblick, was sonst noch möglich ist.

■ Sie können beispielsweise auf den Registerreiter *HTML-Mail* (oberhalb des Textbereichs der Nachricht) klicken. Dann erscheint ein leicht verändertes Formular, in dessen Textfeld sich der Nachrichttext ebenfalls eingeben lässt. Das Feld enthält aber am oberen Rand zusätzliche Schaltflächen, mit denen Sie den Text formatieren können (z.B. fett oder kursiv). Dies geht ähnlich, wie dies in Kapitel 4 am Beispiel von Word oder Writer erläutert wurde.

■ Die Schaltfläche *Briefpapier* oberhalb des Textbereichs erlaubt Ihnen die Auswahl eines Hintergrundmusters, welches der Nachricht zugeordnet wird. Dieses Muster wird dem Empfänger der Nachricht mit angezeigt. Beachten Sie aber, dass die zugehörigen Bilddateien Platz belegen und dass solche Nachrichten etwas länger zur Anzeige benötigen. Nicht jeder Empfänger wünscht Nachrichten mit Briefpapier.

Anlage zu dieser E-Mail hinzufügen

1. Schritt: Datei auswählen [   ] [Durchsuchen...]

2. Schritt: Datei hochladen [Hochladen]   Komfort-Upload aktivieren

Tipp: Anlagen bis 50 MB verschicken

Empfänger per SMS auf diese Nachricht hinweisen   ▼

Sicherheit   ▼

Meine Visitenkarte   ▼

[Senden] [Als Entwurf speichern]

Möchten Sie der Nachricht eine Datei (ein Bild, ein Word-Dokument etc.) anhängen, klicken Sie auf die Schaltfläche *Durchsuchen*, wählen dann im geöffneten Dialogfeld die gewünschte Datei, schließen das Dialogfeld und klicken auf die Schaltfläche *Hochladen*. Sobald ein Anhang hochgeladen wurde, finden Sie noch eine Schaltfläche, mit der Sie diese Datei vor dem Versenden auf Viren prüfen können.

Zusätzlich können Sie der Nachricht eine Visitenkarte anhängen, die sich über *Neue Visitenkarte anlegen* erstellen lässt. Die Schaltflächen am unteren Rand ermöglichen Ihnen die Nachricht auch als Entwurf im betreffenden Ordner zu speichern oder über *Löschen* zu verwerfen.

HINWEIS

Falls Sie Probleme beim Verfassen der ersten Mail haben oder einmal nicht so genau wissen, was eine Option bedeutet, klicken Sie einfach auf den Hyperlink *Hilfe*, der sich neben vielen Optionen befindet. Es erscheint eine Webseite mit zusätzlichen Erläuterungen, was es mit der Option auf sich hat.

Sie haben Post – die E-Mail lesen

Die eingetroffenen Nachrichten speichert WEB.DE automatisch im Ordner Posteingang ab. Wenn Sie die obigen Schritte ausgeführt und sich eine Nachricht an die eigene Adresse geschickt haben, sollte also Post im Posteingang vorliegen. Zudem schickt WEB.DE bei der Anmeldung automatisch eine Begrüßungsnachricht. Den Inhalt des Posteingangs anzusehen und einzelne Briefe zu lesen, ist ganz einfach. Sie müssen nur, wie oben beschrieben, an Ihrem WEB.DE-Postfach angemeldet sein.

1 Wählen Sie in der Startseite das Symbol Posteingang bzw. den zugehörigen Hyperlink Ordner. Oder Sie klicken auf der Seite auf das Listenfeld Ordner der Rubrik »Posteingang« und wählen in der Liste dann den Wert Posteingang.

Jetzt erscheint der Inhalt des Ordners Posteingang als Webseite, die alle eingegangenen Nachrichten als Liste enthält. Über Schaltflächen und Symbole der Seite lassen sich per Maus markierte Nachrichten abrufen und auch entfernen.

2 Zum Lesen einer Nachricht klicken Sie in der Spalte *Betreff* auf die Nachrichtenzeile, da der Betreffstext als Hyperlink ausgeführt ist. Oder Sie markieren das Kontrollkästchen am linken Rand der Nachrichtenzeile und klicken auf die Schaltfläche Lesen bzw. den zugehörigen Hyperlink Ordner.

Die Nachricht wird in einem zweiten Formular geöffnet und Sie können den Text lesen. Sie sehen, von wem die Nachricht kommt, die Betreffzeile sowie den Text der Nachricht (»Hier das gewünschte Foto«). Das Briefpapier (hier einige Blätter) wird als Bild am linken Rand des Texts eingeblendet. Eventuell anhängende Dateien sind als Liste aufgeführt. Über verschiedene Schaltflächen der Seite können Sie zusätzliche Funktionen abrufen (z.B. Nachricht drucken oder in eine Datei auf der Festplatte speichern).

Enthält eine Nachricht Anlagen, werden die Dateien samt Größe in einer Liste »Anlagen« aufgeführt. Sie können auf den als Hyperlink ausgeführten Dateinamen klicken, um die Anlage zu öffnen. Die betreffende Datei wird dann aus dem Internet auf Ihren Computer heruntergeladen und im zugehörigen Programm (z.B. Textprogramm, Grafikprogramm etc.) angezeigt.

Anlagen einer E-Mail können Viren oder sonstige Schadprogramme enthalten. Klicken Sie daher immer vor dem Öffnen einer Anlage auf die Schaltfläche *Anlage auf Viren prüfen*. Wird ein Virus erkannt, erhalten Sie eine Warnung. Aber neue Viren werden unter Umständen noch nicht erkannt und auch virenfreie Anhänge können gefährlich sein (z.B. wenn diese ein schädliches Wählprogramm, als Dialer bezeichnet, enthalten, welches dann eine teure Internetverbindung aufbaut). Nachrichten von unbekannten Empfängern oder obskure Anhänge (z.B. ausführbare Programme, die Sie nicht angefordert haben), sollten Sie sofort über die betreffenden Schaltflächen des Formulars löschen.

Wie wehre ich mich gegen Werbemüll?

Gelegentlich kommt es vor, dass Ihre E-Mail-Adresse in unbefugte Hände gelangt (z.B. wenn Sie die Adresse in Webseiten mit Gewinnspielen etc. angeben). Dann bleibt es nicht aus, dass zukünftig ungebetene Werbe-E-Mails (mit allerlei unsinnigen Angeboten) in Ihr Postfach flattern. Diese Nachrichten bezeichnet man auch mit dem Begriff »Spam«. Das kann auch Überhand nehmen. Aber wie kann man sich dagegen wehren?

■ Geben Sie Ihre E-Mail-Adresse nur an Personen weiter, von denen Sie auch E-Mails erhalten wollen. Tragen Sie Ihre E-Mail-Adresse niemals auf obskuren Webseiten, in Adressverzeichnissen, bei Gewinnspielen etc. ein.

■ Haben Sie ungebetene E-Mail (z.B. mit Erotikangeboten) bekommen, beantworten Sie diese auf keinen Fall (auch wenn am Ende der Seite ein Link oder eine Adresse zum Abbestellen der Mails aufgeführt ist). Beschweren Sie sich auch nicht beim Absender der Mail. Dies führt nur dazu, dass diese Leute wissen, dass Ihre E-Mail-Adresse gültig ist. Sie würden dann erst recht mit Spam-Mail überschwemmt.

Ich verfolge mehrere Strategien gegen Werbemails. Ich habe mir bei WEB.DE ein zweites Freemail-Postfach eingerichtet, welches ich nur gelegentlich abfrage und fast alle Mails sofort lösche. Dieses Postfach gebe ich ggf. an, wenn auf einer Webseite die Eingabe einer E-Mail zwingend erforderlich ist. Zudem nutze ich die so genannten Spam-Filter der E-Mail-Programme, um E-Mails von den betreffenden Absendern zu sperren.

Zudem bietet WEB.DE einen 3-Wege-Spam-Schutz, den Sie auf der Eingangsseite einschalten können. Bei eingeschaltetem Spam-Schutz sortiert WEB.DE eintreffende Nachrichten bereits automatisch in die drei Ordner *Freunde & Bekannte* (nur von bekannten Absendern), *Unbekannt* (wenn der Absender unbekannt ist) und *Unerwünscht* (wenn die Nachricht als Spam erkannt wird). Klicken Sie in der Posteingangsseite auf den am oberen Rand befindlichen Hyperlink *Unbekannt*, wird der Inhalt des betreffenden Ordners eingeblendet.

Posteingang ↻   Ordnereinstellungen - Nachrichten verwalten (?)

| Freunde & Bekannte (2/-) | **Unbekannt (12/12)** | Unerwünscht (233/**233**) |

[kein Spam] [Spam] [Aktionen ▾] [Ablegen in ▾]   Ordner leeren

	Von	Betreff	Größe ▾	Datum
☐	Pr germany	HP Presse-Informationen	12 KB	12. Jul
☐	Pr germany	HP Presse-Informationen	14 KB	11. Jul
☐	SIGS-DATACOM	SIGS-DATACOM Seminarkalender	8 KB	11. Jul
☐	AKUME ADIGWE	CONFIDENTIAL BUSINESS	4 KB	07. Jul

Nachrichten, die Sie als Spam erkennen, markieren Sie über das zugehörige Kontrollkästchen am Zeilenanfang. Anschließend klicken Sie auf die Schaltfläche *Spam*. Möchten Sie Nachrichten aus dem Ordner *Unbekannt* in den Ordner *Posteingang* verschieben, markieren Sie ebenfalls das Kontrollkästchen der Nachricht. Anschließend wählen Sie im Listenfeld *Ablegen in* den Wert »Posteingang«. Die Nachricht wird dann automatisch in den betreffenden Ordner verschoben. Zum Entfernen einer Nachricht wählen Sie die Schaltfläche *Löschen* im Kopf des Formulars.

Die WEB.DE-Freemail-Webseite bietet Ihnen weitere Symbole und Schaltflächen, um Zusatzfunktionen wie Adressbücher, FAX- oder SMS-Versand etc. abzurufen. Auf diese Funktionen kann ich aber aus Platzgründen nicht eingehen.

ACHTUNG

Wenn Sie Ihr E-Mail-Postfach über die Webseiten besuchen, achten Sie darauf, sich abzumelden, d.h. die Seite über die Schaltfläche *Logout* (in der linken Spalte) zu verlassen. Erst dann sollten Sie die Verbindung zum Internet abbauen.

Mit den obigen Erläuterungen sollten Sie die ersten E-Mails verschicken und auch empfangen können. Zum Probieren können Sie sich ja selbst eine E-Mail an die eigene Adresse senden. Der Vorteil des obigen Ansatzes, E-Mails über Webseiten zu verschicken, liegt darin, dass dies mit wenig Aufwand verbunden ist. Ein einmal eingerichtetes Konto lässt sich später jederzeit über die Webadresse nach Eingabe von Benutzername und Kennwort abrufen. Das kann notfalls auch mal in einem Internet-Cafe auf Mallorca geschehen. Nachteilig ist aber, dass Sie zum Schreiben und Lesen der E-Mails immer online sein müssen. Das Windows-Programm Microsoft Outlook Express bietet hier wesentlich mehr Komfort. Aus Platzgründen muss aber dessen Behandlung an dieser Stelle unterbleiben.

Zusammenfassung

In diesem Kapitel haben Sie einen Einblick in die Welt des Internets und in das Surfen im Web bekommen. Für den Einstieg reicht das, und Sie kommen mit den gezeigten Funktionen auch schon recht weit. Allerdings musste aus Platzgründen vieles verkürzt dargestellt werden. Eine wesentlich detailliertere Darstellung interessanter Webseiten, Anleitungen zum Suchen im Internet, Informationen zum Internetbanking, Tipps zum Herunterladen von Bildern oder Dateien aus dem Web und vieles mehr finden Sie in meinem Markt+Technik-Titel »Internet – leichter Einstieg für Senioren«. In diesem Titel wird auch gezeigt, wie Sie E-Mails mit Outlook Express erstellen oder abrufen können und wie Sie ein Adressbuch mit E-Mail-Adressen pflegen. Zudem beschäftigt sich ein ganzes Kapitel mit Fragen der Sicherheit.

Lernkontrolle

Zur Überprüfung Ihres Wissens können Sie die folgenden Fragen beantworten. Die Antworten sind in Klammern angegeben.

- **Was versteht man unter einem Hyperlink?**
  (Das ist ein Verweis innerhalb einer Webseite auf eine andere Webseite oder einen anderen Abschnitt im gleichen Dokument. Das Dokument wird durch Anklicken des Hyperlinks im Browser aufgerufen.)

- **Wie laden Sie eine Webseite im Browser?**
  (Den Browser starten und die URL der Seite im Feld *Adresse* eintippen.)

- **Wie lässt sich die vorherige Seite im Browser abrufen?**
  (Verwenden Sie die Schaltfläche *Zurück*.)

- **Was benötigen Sie, um E-Mails zu versenden?**
  (Sie benötigen einen Internetzugang, ein E-Mail-Konto und ein E-Mail-Programm wie Outlook Express. Bei Webmail-Konten wie WEB.DE reicht statt des E-Mails-Programms auch ein Browser, um Nachrichten über Webseiten zu lesen oder neu zu erstellen.)

Mobil mit dem Notebook

Das Notebook lässt sich auf Reisen mitnehmen oder im Haus an verschiedenen Stellen einsetzen. Dann ergeben sich aber Fragen wie: Kann ich auf Reisen oder unterwegs ins Internet? Wie komme ich möglichst lange mit einer Akkuladung aus? In diesem Kapitel erfahren Sie, was sich hinter Begriffen wie WLAN oder Hotspot versteckt bzw. wie Sie ggf. in einem Hotel ins Internet kommen. Zudem werden das Telefonieren über das Internet sowie die Absicherung des Notebooks gegen Missbrauch angesprochen.

Das lernen Sie in diesem Kapitel

6

- ■ Das Notebook auf Reisen nutzen?
- ■ WLAN, was ist das?
- ■ Telefonieren über das Internet?
- ■ Das Notebook richtig absichern

Das Notebook auf Reisen nutzen?

Sind Sie mit Ihrem Notebook unterwegs, gilt es möglichst lange mit einer Akkuladung auszukommen. Oder Sie möchten wissen, wie Sie eventuell ins Internet kommen. Diese Fragen werden nachfolgend besprochen.

Energiesparoptionen, damit der Akku hält

Unterwegs haben Sie nicht immer eine Steckdose zur Verfügung, d. h. ein eingeschaltetes Notebook bezieht den Strom über den Akku. Das Gleiche gilt, falls Sie den Netzstecker zu Hause gezogen haben. Erkennen lässt sich dies über eine kleine Anzeige in der Taskleiste. Im Akkubetrieb sollte das Symbol einer stilisierten Batterie erscheinen, während im Netzbetrieb ein Netzstecker eingeblendet wird.

Hier sehen Sie die beiden Statusanzeigen.

Ein Steckersymbol mit einem stilisierten Blitz zeigt Ihnen, dass der Akku gerade aufgeladen wird. Zeigen Sie per Maus auf die betreffenden Symbole, erscheint eine QuickInfo mit einer Akkukapazitätsangabe in Prozent und der Restlaufzeit im Akkubetrieb.

> **TIPP**
>
> Fehlen bei Ihnen diese Symbole im Infobereich? Rufen Sie das Fenster der Systemsteuerung über das Startmenü auf und wählen Sie das Symbol *Energieoptionen* per Doppelklick an. Wechseln Sie im Eigenschaftenfenster *Eigenschaften von Energieoptionen* zur Registerkarte *Erweitert* und markieren Sie das Kontrollkästchen *Symbol in der Taskleiste anzeigen*.

Im Akkubetrieb sollten Sie alles abschalten, was nicht gerade benutzt wird.

Ist Ihr Notebook mit einer WLAN-Einheit für Funknetzwerke ausgestattet, Sie arbeiten aber ausschließlich lokal? Dann sehen Sie im
Handbuch nach, wie sich die **WLAN-Funktion abschalten**
lässt.

Sehen Sie im Handbuch nach, wie sich die Hintergrundbeleuchtung des TFT-Displays abschalten lässt. Weiterhin sollten
Sie die Helligkeit der Anzeige herunterregeln. Meist geht dies über
die Fn-Taste.

Vermeiden Sie, eine eingelegte CD oder DVD im Akkubetrieb abzu-
spielen, da der Motor des Laufwerks unnötig Energie verbraucht.

Natürlich sollten Sie keine externen Geräte wie Mäuse, Speicherkartenleser etc. am Notebook betreiben, solange dies auf Batteriebetrieb läuft. Zudem lassen sich die **Energiesparoptionen** so
einstellen, dass eine unbenutzte **Festplatte**, das **Display** oder
das ganze **Notebook abgeschaltet**, in den **Stromsparmodus**
oder in den **Ruhezustand** versetzt werden.

1 Melden Sie sich an einem
Administratorenkonto an und
rufen Sie die Systemsteuerung
über das Startmenü auf (siehe
Kapitel 7).

Energieoptionen

2 Wählen Sie im Fenster
der Systemsteuerung das
Symbol *Energieoptionen*
per Doppelklick an.

Auf dem Desktop erscheint dann das Eigenschaftenfenster *Eigenschaften von Energieoptionen* mit verschiedenen Registerkarten.

241

3 Gehen Sie zur Registerkarte *Energieschemas* und stellen Sie die Energiesparoptionen ein.

Das Listenfeld *Energieschemas* sollte auf »Tragbar/Laptop« gesetzt sein. Dann können Sie im unteren Teil der Registerkarte über Listenfelder jeweils die Abschaltzeiten für Netz- und Batteriebetrieb für den Monitor und die Festplatte in Minuten vorgeben.

Weiterhin können Sie im unteren Teil die Zeiten für Netz- und Akkubetrieb festlegen, nach denen das Notebook in den Standby-Modus und in den Ruhezustand versetzt wird (siehe auch Kapitel 2, Abschnitt »Windows beenden«). Ein unbenutztes Notebook wird die Funktionen nach der angegebenen Zeit abschalten. Benötigt ein Programm einen Festplattenzugriff oder tippen Sie eine Taste, nachdem die Anzeige abgeschaltet wurde, aktiviert das Notebook die betreffende Funktion. Die Optionen werden wirksam, sobald Sie die *OK*- oder die *Übernehmen*-Schaltfläche betätigen.

HINWEIS

Ob das Notebook überhaupt in den Ruhezustand gehen kann, lässt sich auf der Registerkarte *Ruhezustand* regeln. Nur wenn dort das Kontrollkästchen *Ruhezustand aktivieren* markiert ist, lässt Windows XP den Aufruf der betreffenden Funktion überhaupt zu! Auf der Register-karte *Energieanzeige* liefert das Notebook Ihnen Hinweise auf die Zahl der verfügbaren Akkus und über deren Ladezustand. Um den Ladezu-stand darzustellen, muss das Kontrollkästchen *Details über jede Batte-rie anzeigen* markiert sein.

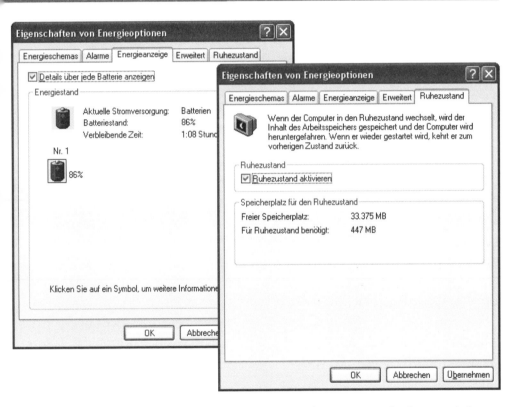

Damit sich das Notebook bei nachlassender Batterieladung nicht plötzlich abschaltet und die Arbeitsergebnisse verloren gehen, können Sie sich warnen lassen. Hierzu wählen Sie die Registerkarte *Alarme* an (Sie müssen unter einem Administratorkonto angemel-det sein). Dann können Sie die beiden Kontrollkästchen *Alarm bei*

folgendem Energiestand auslösen für die Zustände »niedriger Energie-zustand« und »kritischer Energiezustand« markieren. Über die zugehörigen Schieberegler legen Sie die prozentuale Kapazität für die Alarmgrenzen fest. Die Schaltflächen *Alarmaktion* der Register-karte öffnen einen Zusatzdialog, in dem Sie die Benachrichtigungs-art und ggf. auszuführende Aktionen wählen können.

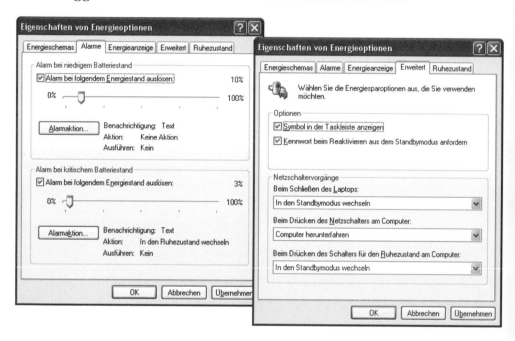

Auf der Registerkarte *Erweitert* lässt sich bei einem Notebook fest-legen, was beim Schließen des Deckels, beim Drücken des Ein-/ Ausschalters oder beim Drücken der Taste für den Ruhezustand passieren soll. Sie können über die Listenfelder das Notebook Windows herunterfahren, in den Standby-Modus oder in den Ruhezustand versetzen lassen.

Internetzugang auf Reisen?

Zu Hause ist der Internetzugang meist kein Problem, ist dort doch ein Telefonanschluss vorhanden. Dann haben Sie schnell eine Verbindung zu einem Provider eingerichtet (siehe Kapitel 5). Wie können Sie auf Reisen ins Internet gehen? Die einfachste und preiswerteste Lösung wäre, ein Internetcafe aufzusuchen und dort die gewünschten Webseiten abzurufen. Einziges Problem: Sie sollten aus Sicherheitsgründen keine kritischen Sachen wie Online-Überweisungen vornehmen. Zudem kann man nie sicher sein, ob nicht Kennwörter am Computer im Internetcafe aufgezeichnet und gespeichert werden.

Besitzt Ihr Notebook einen eingebauten WLAN-Adapter für Funknetzwerke, besteht die Möglichkeit, über einen so genannten **Hotspot** ins Internet zu gehen. Solche Hotspots werden in Bahnhöfen, Flughäfen, Hotels, Gaststätten etc. angeboten. Einige dieser Hotspots erlauben sogar einen kostenlosen Internetzugang. Häufig benötigen Sie aber eine Zugangskennung (Benutzername und Passwort), über die dann die Internetverbindung für Unbefugte blockiert wird. Erkundigen Sie sich beim Anbieter eines Hotspot nach den Zugangsmodalitäten. Bei kostenpflichtigen Hotspots sollten Sie nachfragen, wie die Verbindungsgebühren abgerechnet werden und was eine Zeit- oder Volumeneinheit kostet – denn meist verlangen die Anbieter saftige Gebühren.

Hotspots sind nichts anders als WiFi-Empfangsstationen, die dann einen Zugang zum Internet freigeben. Um eine Verbindung zu einem Hotspot herzustellen, können Sie also wie bei der Verbindungsaufnahme zu einer WLAN-Netzwerkstation vorgehen (siehe unten im Abschnitt »Verbindung zum WLAN-DSL-Router aufnehmen«). Je nach Hotspot-Anbieter erscheint dann ein Dialogfeld, in dem Sie die Benutzerkennung eintippen müssen. Erst bei erfolgreicher Anmeldung gelangen Sie ins Internet.

TIPP

Eine Übersicht über Hotspot finden Sie im Internet auf Webseiten wie *www.hotspot-locations.de, wi-fi.jiwire.com, www.hotspotfinder.de* und *www.informationsarchiv.net/statisch/wlan/hotspots.html*. Unter *www.hotspotdeutschland.de* bietet der Provider AOL eine sehr preiswerte deutschlandweite Flatrate für Hotspots an, deren Betreiber sich diesem System angeschlossen haben.

Steht kein Zugriff auf einen Hotspot über die WLAN-Schnittstelle des Notebooks zur Verfügung, kommen Sie aber an einen Telefonanschluss heran? Die meisten Notebooks sind mit einer Modembuchse ausgestattet, d. h. Sie können das Notebook über ein passendes Telefonkabel mit der Telefondose verbinden (Modemkabel mit passenden Steckern für das Ausland gibt es meist in den Flughäfenshops der betreffenden Länder). Dann gilt es nur noch, einen Provider zu wählen und die Verbindungsdaten für eine Einwahl in Windows einzurichten. Wie Sie eine Internetverbindung manuell einrichten, können Sie in Kapitel 5 nachlesen. Das größere Problem ist es, einen Provider zu finden, der eine Einwahlnummer zum jeweiligen Ortstarif anbietet (es ist von den Kosten her kaum möglich, die deutsche Einwahlnummer des Providers aus dem Ausland anzurufen). Sofern Sie einen Vertrag mit Providern wie T-Online, AOL oder 1&1 haben, erkundigen Sie sich nach internationalen Einwahlnummern. Meist läuft so etwas unter dem Stichwort »Roaming« und die Informationen finden Sie üblicherweise auf den Internetseiten der Anbieter. Auf der Webseite *www.ateo.de* können Sie unter dem Stichwort *iPass* ein deutschsprachiges Angebot für den weltweiten Internetzugang für Modem, Handy, WiFi-Hotspot etc. bestellen. Allerdings lohnt dies nur für Menschen, die häufig oder länger reisen.

Die dritte und teuerste Möglichkeit ist, das Notebook über ein spezielles Datenkabel oder über eine Bluetooth-Funkverbindung (sofern Handy und Notebook dies unterstützen) mit einem GRPS (steht für General Packet Radio Service) fähigen Handy zusammenzuschalten. Dann kann das Handy über den Provider eine Internetverbindung aufbauen. Eine Übersicht über die GRPS-Zugangsdaten verschiedener Provider finden Sie im Internet unter *www.teltarif.de/i/gprs-config.html*.

(Foto: Siemens)

HINWEIS

Weitere Informationen über mobile Internetzugänge finden Sie meist im Internet, wenn Sie Stichworte wie »Internet Roaming« oder »Internet GRPS«, »Internet Notebook Urlaub« etc. eingeben.

WLAN, was ist das?

WLAN ist die Abkürzung für Wireless Local Area Network, also ein drahtloses lokales Netzwerk. Über die entsprechende WiFi-Funktechnik (WiFi steht für Wireless Fidelity) kann eine Verbindung zwischen verschiedenen Geräten hergestellt werden. Dies ermöglicht Ihnen, mit dem Notebook in verschiedenen Räumen oder im Garten zu arbeiten und trotzdem im Internet zu surfen oder sogar über das Internet zu telefonieren.

Was brauche ich für ein WLAN-Funknetzwerk

Bei modernen Notebooks ist meist ein WLAN-Adapter eingebaut und Windows XP bringt die Unterstützung für Drahtlosnetzwerke mit. Um über die Funkstrecke mit anderen Rechnern Verbindung aufzunehmen oder ins Internet zu gelangen, gibt es mehrere Möglichkeiten.

Die am häufigsten genutzte Variante besteht darin, einen WLAN-Router einzusetzen. Dieser besitzt eine entsprechende Funkschnittstelle, stellt aber andererseits entsprechende RJ-45-Anschlussbuchsen bereit, über die sich weitere Computer über Netzwerkkabel anschließen lassen. Bei einem WLAN-DSL-Router ist zusätzlich noch ein DSL-Modem integriert und Sie können das Kabel vom DSL-Splitter in eine entsprechende Anschlussbuchse einstöpseln. In diesem Fall stellt der WLAN-DSL-Router die Verbindung unter den Computer über Netzwerkkabel und Funkstrecken her und erlaubt gleichzeitig allen Teilnehmern einen Zugriff auf das Internet. Hier sehen Sie ein entsprechendes Gerät der Firma AVM, welches WLAN, DSL-Modem und die Funktion eines Netzwerkrouters bereitstellt. Zusätzlich bietet die Station noch Anschlüsse für Telefone, über die sich per Internet telefonieren lässt. Es gibt aber auch WLAN-Router, die nur eine Funkschnitt-stelle und einzelne Netz-werkbuchsen für weitere Rechner bereitstellen.

(FRITZ!Box WLAN Phone, Foto: Firma AVM)

- Sofern Sie nur das Notebook und einen zweiten Rechner besitzen, können Sie auf den WLAN-Router verzichten und eine Punkt-zu-Punkt-Verbindung über ein Funknetzwerk einrichten. Hierzu muss neben dem Notebook auch der zweite Rechner mit einer WLAN-Schnitt-stelle ausgestattet sein. Solche WLAN-Adapter gibt es als Einsteckkarten oder als USB-Stift.

(Foto: dLink)

Ein WiFi WLAN-Adapter als USB-Stick ist auch ganz praktisch, falls Ihr Notebook keinen WLAN-Adapter besitzt.

TECHTALK

Das sollten Sie über WiFi-Netze wissen

Bei WiFi-Funknetzwerken werden verschiedene Standards unter-schieden. Wireless LAN IEEE 802.11b erlaubt eine Datenrate von 11 Mbit/Sekunde. Meist wird jedoch das schnellere Wireless LAN IEEE 802.11g verwendet, welches 54 Mbit/Sekunde zulässt. Zwischenzeit-lich gibt es sogar noch schnellere Übertragungsstandards. Problem ist aber, dass sich die Geräte verschiedener Hersteller untereinander dann nicht immer verstehen. Achten Sie beim Kauf zusätzlicher Adapter daher darauf, dass diese WiFi-kompatibel sind. Zudem sollten Sie wissen, dass die Funkübertragung die vom Standard angegebenen maximalen Übertragungsraten nur im Freien erreicht. Sind Betondecken, Holz- oder Riggips zwischen den Funkempfängern? Metall und Wasser dämpfen die Funkwellen, so dass die Empfangsqualität und damit die Datenübertragungsrate sinkt. Bei ungünstigen Gegebenheiten ist dann kein Empfang mehr möglich.

Die WLAN-Funktechnik in Betrieb nehmen

Die Inbetriebnahme eines WLAN-Funknetzwerks mit Internetzugang über DSL erfolgt in mehreren Schritten. Neben der Verkabelung muss der Internetzugang im DSL-Router konfiguriert werden. Dann muss das Funknetz selbst so eingerichtet werden, dass nur eigene Rechner Zugang erhalten (Sie möchten ja sicher nicht, dass der Nachbar oder Fremde bei Ihnen kostenlos mitsurfen und die Rechner ausspionieren können). Zudem muss das Notebook Kontakt mit der betreffenden WLAN-Station aufnehmen.

Sobald Sie die Gerätetechnik beschafft haben, sollten Sie die **Verkabelung herstellen**. Bei einem WLAN-DSL-Router gilt es, das Verbindungskabel vom DSL-Splitter in die entsprechende DSL-Buchse des Routers einzustöpseln (siehe Kapitel 5, Abschnitt »Was brauche ich für den Internetzugang?«). Die Kabel, Stecker und Buchsen sind genormt (RJ-45) und die Buchse am Router ist meist mit DSL beschriftet. Werden Computer über Netzwerkkabel mit dem WLAN-DSL-Router verbunden, stöpseln Sie die Netzwerkkabel in die RJ-45-Netzwerkbuchsen des Computers und des WLAN-DSL-Routers ein. Auch am Router sind die Buchsen meist entsprechend beschriftet. Die Gerätedokumentation liefert zusätzliche Hinweise, was wo anzuschließen ist.

Nun müssen Sie ggf. **Software und Treiber installieren**. Werden WLAN-Adapter nachträglich am Computer installiert oder als

USB-Stift eingestöpselt, fordert Windows Sie bei der ersten Inbetriebnahme zur Treiberinstallation auf. Meist müssen Sie die Hersteller-CD des WLAN-Adapters in ein Laufwerk einlegen und den Treiber installieren lassen. Konsultieren Sie vor der Inbetriebnahme die Herstellerunterlagen, um herauszufinden, ob erst die Treiber oder die Hardware zu installieren ist. Sind die Funknetzwerkadapter am Notebook und an den Rechnern betriebsbereit und arbeitet der WLAN-DSL-Router ebenfalls, kann das Funknetzwerk unter Windows in Betrieb genommen werden.

HINWEIS

Die Hersteller der WLAN-DSL-Router liefern meist eine Software zur Gerätekonfigurierung mit. Diese sollten Sie ebenfalls installieren. Dann befolgen Sie die Hinweise der beiliegenden Installationsanleitung, um den WLAN-DSL-Router in Betrieb zu nehmen. Nachfolgend wird gezeigt, wie sich ein solches Gerät manuell konfigurieren lässt.

Verbindung zum WLAN-DSL-Router aufnehmen

Um per Notebook über den WLAN-Adapter zu einem Funknetzwerk Verbindung aufzunehmen, muss das Funknetzwerk gesucht und ausgewählt werden.

1 Melden Sie sich an einem Administratorenkonto an und rufen Sie die Systemsteuerung über das Startmenü auf (siehe Kapitel 7).

Netzwerkverbindun...

2 Wählen Sie im Fenster der Systemsteuerung das Symbol *Netzwerkverbindungen* per Doppelklick an.

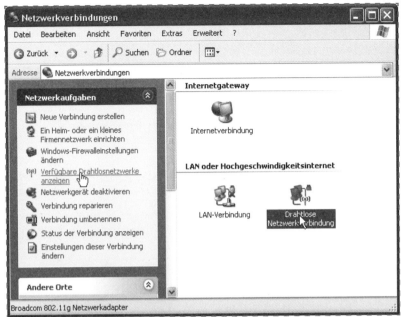

3 Im Ordnerfenster *Netzwerkverbindungen* klicken Sie im rechten Teil auf das Symbol *Drahtlose Netzwerkverbindung* und wählen dann in der linken Spalte der Aufgabenleiste den Befehl *Verfügbare Drahtnetzwerke anzeigen*.

HINWEIS

Falls bei Ihnen ein Dialogfeld *Status von Drahtlose Netzwerkverbindung* erscheint, haben Sie das Symbol per Doppelklick angewählt und Sie sollten auf die *Schließen*-Schaltfläche klicken.

Windows sucht dann alle Drahtlosnetzwerke in Ihrer Umgebung ab und listet diese im Dialogfeld *Drahtlose Netzwerkverbindung* auf. Dort sollte dann auch das Funknetzwerk Ihres WLAN-DSL-Routers auftauchen.

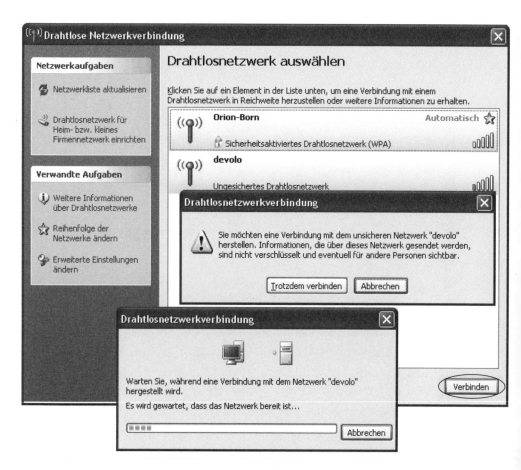

Die Namen und die Anzahl der gefundenen Funknetzwerke hängt von der jeweiligen Umgebung ab. Befinden Sie sich in der Nähe eines Hotspot, würde dessen Name in der Liste auftauchen – Sie können die hier gezeigten Schritte also auch zur Verbindungsaufnahme mit einem **Hotspot** verwenden. Im aktuellen Beispiel wurden zwei Funknetzwerke »Orion-Born« und »devolo« gefunden. Neben dem von mir bereits eingerichteten und gegen unbefugte Zugriffe abgesicherten WLAN-Zugangspunkt arbeitet offenbar noch ein zweites Funknetzwerk »devolo« in der Umgebung. Dieses arbeitet ungesichert, was dem Zustand eines neu eingerichteten WLAN-DSL-Routers entspricht, bei dem die Herstellervorgaben eingetragen sind.

TIPP

Wird kein Funknetz gefunden, prüfen Sie, ob der WLAN-Adapter am Notebook bzw. am WLAN-DSL-Router auch eingeschaltet ist. Hinweise zum Ein-/Ausschalten dieser Funktion sollte die jeweilige Gerätedokumentation liefern. Schlägt die Suche nach einem angeblich vorhandenen Hotspot fehl? Dann erkundigen Sie sich beim Betreiber, ob dieser überhaupt aktiv ist (manchmal ist der Access Point außer Betrieb).

4 Markieren Sie im Dialogfeld *Drahtlose Netzwerkverbindung* den Namen des gewünschten Funknetzwerks durch einen Mausklick und klicken Sie anschließend auf die am rechten unteren Rand des Fensters angezeigte Schaltfläche *Verbinden*.

Das Notebook versucht dann über die Funkstrecke Verbindung zum WLAN-DSL-Router herzustellen und eine so genannte Netzwerkadresse zu beziehen. Bei einem ungesicherten WLAN-Router erhalten Sie eine Warnung, die Sie über die *Trotzdem verbinden*-Schaltfläche bestätigen. Dann wird diese Verbindung sofort hergestellt – das Gleiche gilt für den Zugang zu einem Hotspot. Handelt es sich um eine gesicherte Verbindung, erhalten Sie nur Zugriff, wenn das Notebook entsprechend für ein Drahtlosnetzwerk konfiguriert wurde (siehe folgende Abschnitte) und Sie den Zugriffscode in einem angezeigten Zusatzdialog bestätigen.

Kommt die Verbindung zu Stande, wird dies über eine QuickInfo und ein Symbol im Infobereich der Taskleiste angezeigt.

Sie erhalten auch einen Hinweis auf die Güte der Verbindung. Bei schlechter Signalstärke leidet die Datenübertragung zum Access

Point oder wird gar unmöglich. Sie müssen dann ggf. den Standort zum Access Point so lange verändern, bis die Signalstärke besser wird. Dies kann bei öffentlichen Access Points schon mal ein Problem werden, wenn z. B. die restlichen Tische bzw. Sitzplätze in einem Cafe, in einem Bahnhof oder in einer Flughafenhalle belegt sind.

HINWEIS

Sobald die Verbindung besteht, haben Sie bei einem WLAN-DSL-Router theoretisch bereits einen Zugriff auf das Internet. Bei Ihrem WLAN-DSL-Router wird das Abrufen von Internetseiten aber noch nicht funktionieren, da das Gerät Ihre Benutzerdaten zur Verbindungsaufnahme mit dem Provider noch nicht kennt (siehe folgende Abschnitte). Haben Sie eine **Verbindung zu einem Hotspot** aufgebaut? Dann starten Sie den Browser, tippen die Adresse einer beliebigen Internetseite ein und drücken die ⏎ -Taste. Ist eine Anmeldung erforderlich, wird jetzt die Startseite des Hotspot erscheinen. In verschiedenen Formularseiten müssen Sie meist die Nutzungsbedingungen bestätigen und ggf. ein Abrechnungsverfahren wählen. Wird Ihr Provider mit aufgeführt, können Sie dessen Zugangsdaten verwenden (siehe auch weiter oben im Abschnitt »Internetzugang auf Reisen?«). Bei Hotels oder Cafes erfragen Sie die Zugangsdaten beim Betreiber, der auch die Modalitäten der Bezahlung vor Ort regelt. Beachten Sie aber, dass **öffentliche Funknetzwerke** meist **ungesichert** sind, d. h. Dritte können sowohl Ihre übertragenen Daten aufzeichnen als ggf. auch per Funk auf Ihren Rechner zugreifen. Sie müssen also das (oben angezeigte) Dialogfeld mit einer Warnung vor einer unsicheren Verbindung bestätigen. Achten Sie darauf, dass beim Eingeben von sensiblen Daten in Internetformulare (z. B. Internetbanking, Kennwortdialoge) immer eine **sichere SSL-Verbindung** (*https:*) im Browser benutzt wird.

Den WLAN-DSL-Router einrichten

Um auf das Internet zugreifen zu können, müssen die Zugangsdaten für den Provider im WLAN-DSL-Router (nachfolgend als
WLAN-Zugangspunkt bezeichnet) hinterlegt werden. Zudem lässt
sich der WLAN-Zugangspunkt so konfigurieren, dass nur abgesicherte Verbindungen über die Funkstrecke möglich sind.

HINWEIS

Vom Hersteller wird meist ein Konfigurierprogramm mitgeliefert, welches Sie auf einem Rechner installieren müssen. Viele Router besitzen
aber eine Internet-Schnittstelle, so dass Sie die Konfiguration auch über
Formulare im Browser vornehmen können. Auf jeden Fall wird eine
Verbindung vom Rechner zum WLAN-Zugangspunkt benötigt, um auf
dessen Einstellungen zuzugreifen.

Am einfachsten ist es, wenn Sie ein mitgeliefertes CAT.5-Netzwerkkabel
verwenden, um die DSL/Netzwerkbuchse des Notebooks mit einer RJ-
45-Netzwerkbuchse des Routers zu verbinden. Dies verhindert Schwierigkeiten, die beim Umstellen des WLAN-Netzwerks auf eine gesicherte Verbindung auftreten können.

Einige Hersteller von WLAN-DSL-Routern (z. B. AVM FRITZ!Box WLAN)
liefern einen USB-Memory Stick mit. Dieser wird in eine USB-Buchse
des WLAN-DSL-Routers gesteckt, damit das Gerät die Sicherheitsin-
formationen auf den Stift übertragen kann. Danach lässt sich der USB-
Speicherstift zum Einrichten des Drahtlosnetzwerks für verschiedene
Rechner verwenden. Dabei werden die Sicherheitsinformationen und die
Verbindungsdaten für das Drahtlosnetzwerk hinterlegt. Lesen Sie ggf. im
Gerätehandbuch des Herstellers nach, was dann zu beachten ist.

Um den WLAN-Zugangspunkt (WLAN-DSL-Router) direkt über
Formulare im Browser zu konfigurieren, gehen Sie in folgenden
Schritten vor.

1 Stellen Sie sicher, dass eine Verbindung (per Funk oder über ein Netzwerkkabel) zum WLAN-Zugangspunkt besteht. - - - - - ➤

2 Wählen Sie das Netzwerkverbindungssymbol im Infobereich der Taskleiste per Doppelklick an.

Bei einer WLAN-Verbindung verwenden Sie das Symbol des funkenden Computers, während bei Verwendung eines Netzwerkkabels das Symbol der zwei Computer zu nutzen ist. Ein rotes X neben einem Symbol deutet auf eine gestörte Verbindung hin.

Auf dem Desktop erscheint dann das Eigenschaftenfenster *Status von ... verbindung* mit verschiedenen Registerkarten.

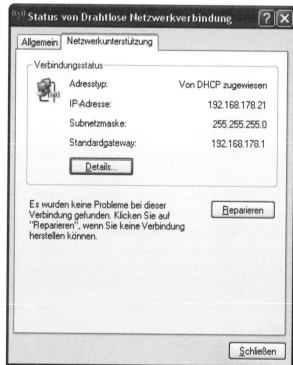

3 Notieren Sie sich die auf der Registerkarte *Netzwerkunterstützung* in der Zeile *Standardgateway* angegebene Zahl und klicken Sie auf die *Schließen*-Schaltfläche.

Diese Zahl ist die so genannte IP-Adresse des WLAN-Zugangspunkts, über die dieser im Internet angesprochen werden kann.

4 Starten Sie den Browser, tippen Sie die IP-Adresse in der *Adresse*-Zeile ein und bestätigen Sie dies über die ⏎-Taste.

Wenn Sie die richtige IP-Adresse angegeben haben, erscheint das Startformular des WLAN-Geräts, über welches Sie die Konfigurierung vornehmen müssen. Den letzten Schritt können Sie sich sparen, wenn Sie das Konfigurationsprogramm des Router-Herstellers verwenden.

Ist der Zugriff auf die Konfiguration des WLAN-Geräts durch ein Kennwort abgesichert, wird diese in einem Anmeldeformular abgefragt. Beim ersten Zugriff auf den WLAN-Router entfällt die Kennwortabfrage oder Sie lassen das Kennwortfeld leer (bzw. entnehmen das Kennwort den Herstellerunterlagen) und klicken auf die *Anmelden*-Schaltfläche.

Ist die Anmeldung geglückt, gelangen Sie in die Konfigurationsseiten des WLAN-Zugangs. Hier sehen Sie die Übersichtsseite eines WLAN-DSL-Routers der Firma AVM. Der genaue Aufbau der Konfigurationsformulare ist aber vom Hersteller abhängig.

5 Um per DSL ins Internet gehen zu können, wählen Sie das Formular zum Eintragen der Internetzugangsdaten, ergänzen die betreffenden Informationen und bestätigen dies über eine im Formular angebotene Schaltfläche.

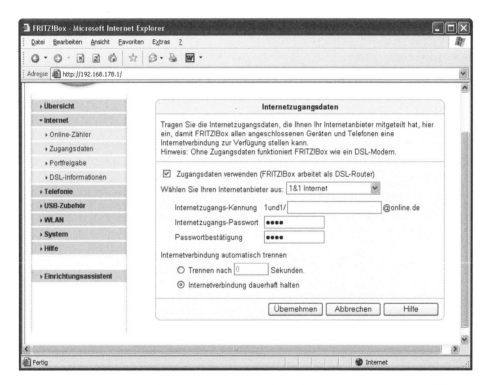

Die Felder des angebotenen Formulars hängen vom gewählten Internetanbieter ab. Die für das Formular benötigten Zugangsdaten erhalten Sie von Ihrem Provider. Wichtig ist, dass Sie den Modus zum Trennen der Internetverbindung festlegen. Verfügen Sie über eine Flat-Rate, können Sie die Option *Internetverbindung dauerhaft halten* wählen. Bei Zeittarifen sollten Sie die Option *Trennen nach ... Sekunden* wählen und eine Zeitspanne (z. B. 180 Sekunden) eintragen. Bei einer unbenutzten Internetverbindung trennt der Router dann den DSL-Zugang (damit keine Verbindungskosten mehr anfallen).

Sobald der DSL-Zugang im DSL-Router konfiguriert wurde, sollten Sie im Browser bereits andere Webseiten abrufen können. Um zu verhindern, dass das Drahtlosnetzwerk durch Dritte unbefugt oder irrtümlich verwendet werden kann, sind jetzt noch einige Zusatzschritte erforderlich.

6 Rufen Sie im Browser das Formular zur WLAN-Konfigurierung auf, passen Sie die gewünschten Zugangsdaten an und bestätigen Sie dies über die betreffende Schaltfläche des Formulars.

Im hier gezeigten Formular lässt sich die WLAN-Funktion des Routers über ein Kontrollkästchen aktivieren (die meisten WLAN-Router haben aber auch einen Schalter, um das WLAN ein- oder auszuschalten). Sie sollten als erstes die Herstellervorgabe für den Namen des Drahtlosnetzwerks ändern. Dies erlaubt Ihnen ggf. das eigene Funknetzwerk sicher zu identifizieren.

Um Gelegenheitsnutzern das Auffinden meines Funknetzwerks zu erschweren, habe ich im hier gezeigten Formular die Option *Name des Funknetzes (SSID) bekannt geben* (SSID steht für Service Set Identifier), deaktiviert. Dies verhindert, dass meine WLAN-Station bei der Suche nach Drahtlosnetzwerken auftaucht (siehe oben). Der Zugang zur Station wird anschließend beim Einrichten des Drahtlosnetzwerks auf dem Notebook fest konfiguriert (siehe folgende Seiten). Während des Einrichtens des Drahtlosnetzwerks über eine Funkstrecke sollten Sie die Option zum Bekanntgeben des SSID-Namens eingeschaltet lassen. Dann können Sie bei einem Verbindungsabbruch durch den WLAN-Router jederzeit nach den verfügbaren Funknetzen suchen lassen (siehe oben).

WLAN-Verbindung absichern

Um den Missbrauch durch Dritte zu verhindern und auch den Datenverkehr über die Funkstrecke zu schützen, müssen Sie die WLAN-Verbindung absichern.

7 Rufen Sie im Browser das Formular zur Konfigurierung der WLAN-Sicherheit auf. Schalten Sie die Option für eine gesicherte Verbindung ein, wählen die Verschlüsselungsmethode (WEP oder WPA) und legen Sie den Netzwerkschlüssel fest.

Die Verschlüsselung einer Funkverbindung kann nach dem WEP-Verfahren (WEP steht für Wireless Equivalent Privacy) oder über WPA (WiFi Protected Access) erfolgen. Unterstützt Ihr WLAN-DSL-Router beide Verfahren, **wählen Sie die sicherere WPA-Verschlüsselung**. Bei einer WPA-Verschlüsselung setzen Sie den WPA-Modus auf »TKIP (WPA)«.

Der aus Ziffern oder Zeichen bestehende **WPA-Netzwerkschlüssel** sollte nur Ihnen bekannt sein, da er den Zugang zum WLAN-

Drahtlosnetzwerk schützt bzw. ermöglicht. Schlägt der WLAN-Router einen Schlüssel im Formular vor, müssen Sie diesen jetzt notieren. Andernfalls legen Sie selbst einen aus Ziffern und Zeichen bestehenden Schlüssel fest, der nicht von Dritten auf einfache Weise erraten werden kann. Der Schlüssel wird zum Einrichten der abgesicherten WLAN-Verbindung des Notebooks benötigt.

Sobald Sie die Eingaben vorgenommen und im Browser bestätigt haben, sollten Sie bei Verwendung einer Funkverbindung das Browserfenster schließen. Die meisten WLAN-Router setzen nämlich die Verbindung bei einer Änderung der Konfigurierung sofort zurück und die Funkverbindung zwischen Notebook und Router wird unterbrochen.

261

Netzwerkschlüssel am Notebook eingeben

Um die abgesicherte WLAN-Verbindung am Notebook erneut aufzubauen, sind jetzt folgende Schritte erforderlich.

1 Gehen Sie wie weiter oben im Abschnitt »Verbindung zum WLAN-DSL-Router aufnehmen« vor und lassen Sie nach dem umbenannten Funknetzwerk suchen.

2 Sobald das Funknetzwerk gefunden wird, markieren Sie dieses mit einem Mausklick und bestätigen dann die Schaltfläche *Verbinden*.

Die Verbindung kann jetzt aber nicht aufgebaut werden, weil der WLAN-Adapter am Notebook den von Ihnen am WLAN-Router eingetragenen Netzwerkschlüssel noch nicht kennt. Daher fragt Windows diesen Netzwerkschlüssel in einem Zusatzdialog ab.

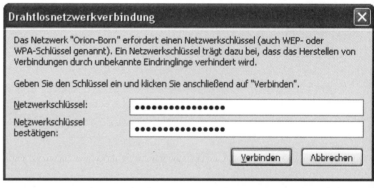

3 Tippen Sie im Dialogfeld den festgelegten Netzwerkschlüssel in den beiden Feldern *Netzwerkschlüssel* und *Netzwerkschlüssel bestätigen* ein. Danach klicken Sie auf die Schaltfläche *Verbinden*.

Mit diesen Schritten ist die abgesicherte Verbindung zum WLAN-Zugangspunkt (WLAN-DSL-Router) eingerichtet. Windows merkt sich den eingetippten Netzwerkschlüssel und verwendet diesen für zukünftige Verbindungsaufnahmen mit dem WLAN-Zugangs-punkt. Sofern das obige Dialogfeld erneut auftaucht, ist der Netz-werkschlüssel bereits eingetragen und Sie brauchen nur noch auf *Verbinden* zu klicken.

TIPP

Um zu verhindern, dass Dritte Ihr Funknetzwerk sehen, sollten Sie sich erneut am WLAN-DSL-Router anmelden und die Option *Name des Funknetzes (SSID) bekannt geben* deaktivieren (siehe vorhergehende Seiten). Zudem empfiehlt es sich, ein Passwort zum Zugriff auf den Router festzulegen.

Telefonieren per Internet

Besitzer eines schnellen DSL-Internetzugangs oder die Nutzer eines WLAN-Zugangs (z. B. per Hotspot) haben die Möglichkeit, über das Internet zu telefonieren (auch als Voice-over-IP-Telefonie, oder kurz **VoIP**, bezeichnet). Das funktioniert nicht nur zu anderen Teilnehmern im Internet. Über eine Vermittlungsstelle (Gateway) des Anbieters kann auch jede beliebige Nummer im Festnetz oder auf dem Handy (Inland oder Ausland) angerufen werden. Ge-spräche zwischen Internetteilnehmern des gleichen Anbieters sind dabei meist kostenlos. Verbindungen ins Festnetz werden bei den meisten Anbietern um ein Vielfaches preiswerter als bei den loka-len Telefongesellschaften angeboten.

Wer bereits einen DSL-Volumentarif oder gar eine Flatrate besitzt, für den ist dieses Gebührenmodell sehr interessant. Erkundigen Sie sich ggf. beim Anbieter Ihres DSL-Anschlusses bzw. auf dessen Webseiten (1&1: *www.1und1.de*, Freenet: *www.freenet.de* etc.), ob dieser das Telefonieren per Internet unterstützt.

Es geht aber auch anders. Besitzen Sie ein kostenloses E-Mail-Konto bei WEB.DE? Dann können Sie das Konto zum Telefonieren über Internet freischalten, auch wenn der DSL-Anschluss bei einem anderen Anbieter besteht.

263

1 Starten Sie den Browser und melden Sie sich mit Ihren Zugangsdaten unter *freemail.web.de* an.

2 Klicken Sie auf der Startseite des E-Mail-Kontos auf den Hyperlink *FreePhone.*

3 Sie gelangen zu den Webseiten, auf denen Sie die Telefonfunktionen freischalten und die benötigten Angaben tätigen.

Bei der Freischaltung (die bisher kostenlos ist und auch keine laufenden Gebühren verursacht) wird Ihnen auch eine Telefonnummer, unter der Sie per Internet erreichbar sind, zugewiesen. Da aber bei Gesprächen ins Mobilfunk- oder Festnetz Telefongebühren anfallen, müssen Sie bei der Anmeldung angeben, wie die anfallenden Telefongebühren zu begleichen sind. Näheres findet sich auf den FreePhone-Anmeldeseiten.

Diese Ausstattung brauchen Sie

Wie funktioniert jetzt das Telefonieren im Internet, bzw. welche Geräte braucht man dafür? Das Nonplusultra in puncto Komfort und Benutzbarkeit stellen die von der Firma AVM hergestellten Lösungen FRITZ!Box Fon bzw. FRITZ!Box Fon WLAN dar (siehe oben). Diese stellen über das integrierte DSL-Modem eine Verbindung zum Internet her. Je nach FRITZ!Box-Variante können Sie aber über zusätzliche RJ 11-Buchsen zwei analoge Telefone oder eine ISDN-Anlage anschließen. Dann ist der bisherige Telefonanschluss über ein Zusatzkabel mit der FRITZ!Box zu verbinden.

Und jetzt kommt der Clou: Werden Sie über das normale Telefonnetz angerufen, erkennt die FRITZ!Box dies und leitet das Gespräch an die angeschlossenen Telefone weiter. Das Gleiche passiert, falls ein Anruf über das Internet zu Ihrer VoIP-Telefonnummer herein-kommt. Möchten Sie selbst jemanden anrufen, können Sie jeweils wählen, ob dieses Gespräch über das Festnetz oder über das Internet erfolgen soll. In allen Fällen braucht der PC nicht eingeschaltet zu werden. Es hat sich also gegenüber der bisherigen Lösung zum Telefonieren eigentlich nichts geändert – nur dass die Telefonate über das Internet viel preiswerter als über Festnetz sind.

Mit einem Notebook wird die Sache aber noch komfortabler, denn dieses kann ja über den WLAN-Adapter mit einer FRITZ!Box Fon WLAN oder einem Hotspot Verbindung zum Internet aufnehmen. Sie brauchen dann nur noch ein Telefonprogramm und eine geeignete Hardware, um aus dem Garten oder unterwegs Telefongespräche zu führen. Solche Telefonprogramme gibt es von verschiedenen Herstellern (z.B. SIPPS von Nero, *www.nero.com*, oder Skype, *www.skype.com/intl/de/*). Auf den Webseiten der Anbieter von Internettelefonie können Sie sich teilweise solche Telefonprogramme kostenlos herunterladen.

Sobald Sie das Telefonprogramm starten, erscheint bei SIPPS anschließend ein kleines Symbol im Infobereich der Taskleiste. Stellen Sie eine DSL-Verbindung her und wählen Sie das SIPPS- oder Skype-Symbol per Doppelklick an, erscheint das Fenster des Telefonprogramms.

Hier sehen Sie das 1&1 SoftPhone. Nach dem Programmstart lässt sich die Telefonnummer des gewünschten Teilnehmers per Maus oder über die Tastatur des Notebooks »eintippen«. Danach reicht ein Mausklick auf die Verbindungstaste des Fensters.

Das Programm stellt über das Funknetz und den WLAN-Zugangspunkt eine Internetverbindung zum Telefonanbieter her. Dieser leitet das Gespräch dann über eine Vermittlungsstelle zum angerufenen Teilnehmer.

Zum Führen des Gesprächs können Sie ein so genanntes Headset (Kopfhörer mit Mikrofon) verwenden. Diese Headsets gibt es mit USB-Anschluss im Handel. Zur Not tut es auch das im Notebook eingebaute Mikrofon sowie ein einfacher Kopfhörer mit 3,5 mm-Klinkenstecker, den Sie in die Kopfhörerbuchse Ihres Rechners einstöpseln.

Oder Sie greifen zu dem hier gezeigten Handgerät (ConnecTec VoIP USB-Telefon) mit USB-Anschluss, welches für knapp 20 Euro bei Pearl (*www.pearl.de*) angeboten wird.

Besitzt Ihr Notebook einen Bluetooth-Funkanschluss? Dann können Sie eines der netten Bluetooth-Headsets oder, ganz modern, ein Bluetooth IP-Telefon mit eigenem Akku verwenden.

Meist müssen Sie dann das auf dem Notebook installierte Telefonprogramm zum Wählen der Teilnehmernummer und zum Herstellen der Verbindung verwenden.

Dann lässt sich auch unterwegs (z.B. über einen WLAN-Hotspot) per Notebook über das Internet telefonieren.

HINWEIS

Lassen Sie sich ggf. im Handel beraten, welche Lösung für Sie in Frage kommt. Einige Anbieter wie 1und1, Freenet, GMX etc. subventionieren die FRITZ!Box Fon (oder ähnliche Geräte) bei der Beantragung eines neuen DSL-Anschlusses, so dass Sie diese kostenlos oder für einige Euro erwerben können. Zudem gibt es auch für IP-Telefonie so genannte Flat-rates, bei denen Sie für einen festen Betrag beliebig lange in Deutschland telefonieren können. Für Vieltelefonierer kann dies eine Alternative zum Handy sein.

Das Notebook absichern

Die leichte Transportierbarkeit eines Notebooks sowie die Verwendung in Funknetzwerken ist mit einigen Gefahren verbunden (Verlust des Geräts, Ausspähen vertraulicher Daten etc.). Sie sollten daher ein gewisses Augenmerk auf die Absicherung Ihres Notebooks werfen.

Gegen Notebook-Klau bzw. -Verlust hilft nur eine entsprechende Aufmerksamkeit sowie die in Kapitel 1 beschriebene Diebstahlsicherung. Mit deren Hilfe lässt sich das Gerät ggf. an einem Möbelstück festketten.

Um eine unbefugte Benutzung durch Dritte zu verhindern, sollten Sie die Benutzerkonten Ihres Notebooks immer mit einem Kennwort versehen und zum Arbeiten möglichst normale Benutzerkonten verwenden (siehe Kapitel 7).

Verwenden Sie das Notebook in der Öffentlichkeit, verzichten Sie darauf, vertrauliche Informationen (Kennwörter, Dokumente) abzurufen, oder achten Sie zumindest darauf, dass diese nicht ausgespäht werden können. Melden Sie sich ab (siehe Kapitel 2), falls Sie das Gerät für einige Zeit nicht benutzen.

Achten Sie darauf, keine vertraulichen oder sicherheitskritischen Daten auf der Festplatte des Notebooks zu hinterlegen. Wer seine Bankzugangsdaten oder Kennwörter auf dem Notebook speichert, handelt grob fahrlässig und bekommt im Missbrauchsfall keinen Ersatz.

Achten Sie beim WLAN-Betrieb darauf, dass Ihre Funknetzwerke gemäß meinen obigen Beschreibungen abgesichert sind. Nutzen Sie zeitweise die WLAN-Funktionen nicht, schalten Sie diese am Notebook ab. Dies ist sicherer und spart zudem Strom. Die Taste zum Abschalten sollte im Gerätehandbuch beschrieben sein.

Zur Absicherung des Notebooks gehört aber auch, dass Sie ein Virenschutzprogramm verwenden und dieses sowie Windows XP aktuell halten (siehe Kapitel 7). Ein aktuelles Windows XP ist auch mit einer so genannten Firewall ausgestattet, die das Notebook gegen Zugriffsversuche aus dem Internet abschottet.

Zusammenfassung

In diesem Kapitel haben Sie einen kurzen Überblick erhalten, wie sich das Notebook im mobilen Betrieb nutzen lässt und was es zu beachten gibt. Leider konnte vieles aus Platzgründen nicht in der gewünschten Tiefe behandelt werden. Falls Ihnen das Einrichten eines (WLAN-)Netzwerks zu kompliziert ist, holen Sie sich fachkundige Hilfe.

Lernkontrolle

Zur Überprüfung Ihres Wissens können Sie die folgenden Fragen beantworten. Die Antworten sind in Klammern angegeben.

- **Wie verlängern Sie die Akkubetriebszeit?**
  (Nutzen Sie die Energiesparoptionen und schalten Sie alle nicht benötigten Verbraucher ab.)

- **Was versteht man unter einem Hotspot?**
  (Dies ist ein Zugangspunkt für Funknetzwerke, über den eine Verbindung zum Internet möglich ist.)

- **Was ist beim WLAN-Betrieb zu beachten?**
  (Sie sollten Ihr Funknetzwerk gegen Nutzung durch Dritte absichern und beim Hotspot-Zugang die Datei- und Druckerfreigabe deaktivieren.)

Windows-Zusatzfunktionen

In den vorhergehenden Kapiteln haben Sie eine Reihe an Funktionen kennen gelernt, mit denen sich am Notebook arbeiten lässt. Es gibt aber eine Reihe weiterer Windows-Funktionen, die sich mit der Einrichtung und Anpassung des Betriebssystems befassen. Nachfolgend lernen Sie, wie Druckertreiber, Programme und Windows-

Das lernen Sie in diesem Kapitel 7

- Drucker neu einrichten
- Datum und Uhrzeit einstellen
- Anzeigeoptionen anpassen
- Die Systemsteuerung nutzen
- Programme installieren
- Benutzerkonten einrichten
- Windows absichern
- Die Hilfe nutzen

Komponenten installiert werden, wie Sie die Uhrzeit stellen oder Benutzerkonten einrichten.

Drucker neu einrichten

Windows unterstützt Drucker der verschiedensten Hersteller, die Sie an Ihren Computer anschließen können. Zum Betrieb des Druckers benötigt Windows aber einen so genannten **Drucker-treiber** – das ist ein spezielles Programm, über das der Computer und der Rechner miteinander kommunizieren. Dieser Treiber wird installiert, sobald der Drucker mit dem USB-Anschluss des Note-books verbunden und erstmalig eingeschaltet wird.

1 Verbinden Sie den Drucker, wie in Kapitel 1 gezeigt, mit dem Note-book und schalten Sie das Gerät ein.

Im Idealfall erkennt Windows den Drucker und öffnet ein Dialog-feld zur Treiberinstallation. Falls dies nicht der Fall ist, führen Sie folgende Schritte aus.

2 Wählen Sie im Startmenü den Befehl *Drucker und Faxgeräte*.

Windows öffnet das Ordnerfenster *Drucker und Faxgeräte*, in dem die Sym-bole der bisher installierten Drucker zu sehen sind.

3 Klicken Sie in der linken Spalte auf den Befehl *Drucker hinzufügen*.

Windows startet jetzt einen Assistenten, der Sie durch die Schritte zur Einrichtung des neuen Druckers begleitet und in Dialogfeldern die Einstellungen abfragt. Über die Schaltfläche *Weiter* können Sie zu den Folgeseiten und mit *Zurück* zu den Vorgängerseiten des Assistenten weiterblättern.

Im Dialogfeld *Lokaler Drucker oder Netzwerk* ist das Optionsfeld *Lokaler Drucker* zu markieren. Wird der Drucker vom Assistent nicht erkannt, löschen Sie die Markierung des Kontrollkästchens *Plug & Play-Drucker automatisch ermitteln und installieren* und gehen zum Folgedialog. Wählen Sie im Dialog *Druckeranschluss auswählen* den Anschluss, über den der Drucker mit Ihrem Computer verbunden ist, und klicken Sie auf die Schaltfläche *Weiter*.

Im Dialogfeld *Druckersoftware installieren* ist der Hersteller und das Druckermodell zu wählen. Wird Ihr Hersteller oder das Modell nicht aufgeführt, wählen Sie die Schaltfläche *Datenträger*.

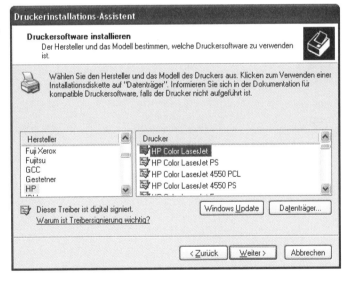

Windows öffnet ein Dialogfeld zur Auswahl des Datenträgerlaufwerks. Sie müssen die Treiber-CD des Druckerherstellers in das Laufwerk legen und im geöffneten Dialogfeld über die Schaltfläche *Durchsuchen* das Laufwerk und ggf. den Treiberordner der CD auswählen.

271

Die Druckerunterlagen sollten Hinweise auf diesen Ordner mit dem Druckertreiber enthalten. In einem Dialogfeld lässt sich der Name des Druckers anpassen und dann beginnt Windows mit der Treiberinstallation. Nach dem Einrichten eines Druckertreibers bekommen Sie über ein Dialogfeld die Möglichkeit, eine **Testseite auszugeben**. Druckt der Drucker die Testseite einwandfrei aus, ist alles in Ordnung, und Sie können das Ausgabegerät benutzen.

Datum und Uhrzeit einstellen

Windows zeigt in der rechten unteren Bildschirmecke die Uhrzeit und auf Abruf auch das Datum an. Geht die Uhr falsch oder stimmt das Datum nicht, müssen Sie dies mit folgenden Schritten korrigieren.

1 Melden Sie sich als Administrator unter Windows XP an (Hinweise zu Administratorenkonten, siehe auch folgende Seiten). - - - - - - - →

2 Doppelklicken Sie in der rechten unteren Ecke der Taskleiste auf die angezeigte Uhrzeit.

Windows öffnet jetzt das Dialogfeld mit der Anzeige der aktuellen Uhrzeit und des Kalenders. Im Kalender wird der Monat und das Jahr angezeigt.

3 Das **Datum ändern** Sie, indem Sie im Kalenderblatt auf den gewünschten Datumswert klicken. Über die Listenfelder können Sie den Monat und über das Drehfeld das Jahr ändern.

Um die **Uhrzeit einzustellen**, gehen Sie folgendermaßen vor:

1 Markieren Sie mit der
Maus das gewünschte Feld
(hier z.B. den Wert für
Minuten in der Uhrzeit).

2 Geben Sie den neuen Wert
ein oder ändern Sie die Einstellung durch Klicken auf die
betreffenden Drehfelder.

3 Klicken Sie anschließend auf
die *OK*-Schaltfläche, um die Eingaben zu übernehmen und das
Dialogfeld zu schließen.

Die Änderungen der Uhrzeit oder des Datums werden sofort wirksam.

TIPP

Viele Dialogfelder und Eigenschaftenfenster unterstützen die so genannte **Direkthilfe**. Klicken Sie zuerst auf die rechts oben in der Titelleiste gezeigte Schaltfläche mit dem Fragezeichen. Der Mauszeiger
nimmt die Form eines Fragezeichens an. Sobald Sie im Fenster auf ein
Element klicken, wird ein Direkthilfe-QuickInfo mit zusätzlichen Informationen zu den einzelnen Optionen des Elements eingeblendet.
Klicken Sie neben diese QuickInfo, wird diese ausgeblendet.

Anzeigeoptionen anpassen

Windows ermöglicht es Ihnen, verschiedene Anzeigeoptionen und damit auch das Aussehen des Desktop anzupassen.

1 Klicken Sie mit der rechten Maustaste auf eine - - - - - - - - - - - - ┐
freie Stelle des Desktop.

2 Wählen Sie im Kontextmenü den Befehl *Eigenschaften*.

Windows öffnet ein Eigenschaftenfenster mit verschiedenen Registerkarten. Auf diesen Registerkarten finden Sie Optionen zum Anpassen der Anzeige.

Desktop-Hintergrund ändern

Der Windows-**Desktop** kann mit einem weißen Hintergrund, mit Farben, Mustern und auf Wunsch sogar mit **Hintergrundbildern** versehen werden. Um die Hintergrundfarbe zu ändern, gehen Sie folgendermaßen vor:

1 Öffnen Sie das Eigenschaftenfenster (siehe oben, Schritte 1 und 2).

2 Wählen Sie die Registerkarte *Darstellung* und klicken Sie auf der Registerkarte auf die Schaltfläche *Erweitert*.

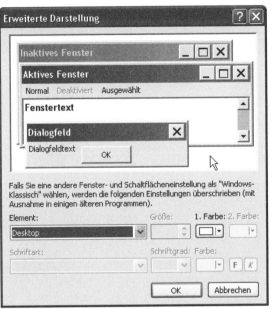

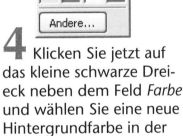

3 Klicken Sie im Fenster *Erweiterte Darstellung* im Vorschaubreich der Fensterelemente auf den Bereich mit der aktuellen Hintergrundfarbe.

4 Klicken Sie jetzt auf das kleine schwarze Dreieck neben dem Feld *Farbe* und wählen Sie eine neue Hintergrundfarbe in der Farbpalette aus.

5 Schließen Sie das Dialogfeld über die *OK*-Schaltfläche.

6 Klicken Sie auf die Schaltfläche *Übernehmen* der Registerkarte, um die Farbauswahl zu bestätigen.

Anschließend färbt Windows den Desktop mit der von Ihnen gewählten Hintergrundfarbe ein. Um den Desktop-Hintergrund mit einem Bild auszustatten, gehen Sie folgendermaßen vor:

1 Öffnen Sie das Dialogfeld *Eigenschaften von Anzeige* (siehe oben, Schritte 1 und 2).

2 Suchen Sie auf der Registerkarte *Desktop* das gewünschte Bild in der Liste *Hintergrund* und klicken Sie auf den gewünschten Namen.

Über die Schaltfläche *Durchsuchen* können Sie auch Bilddateien aus anderen Ordnern wählen.

3 Über das Listenfeld *Ausrichtung* können Sie vorgeben, ob das Motiv zentriert, gestreckt oder nebeneinander auszugeben ist.

4 Gefällt Ihnen das Hintergrundbild, klicken Sie auf die Schaltfläche *OK* oder *Übernehmen*.

Windows wird jetzt das von Ihnen gewählte Motiv als Hintergrund des Desktop anzeigen.

Die Bildschirmauflösung ändern

Die Bildschirmauflösung legt fest, wie groß die Inhalte des Desktop dargestellt werden und wie viel Platz auf dem Bildschirm ist. Erscheinen Ihnen die Desktop-Symbole zu klein und sind sie schlecht erkennbar?

1 Öffnen Sie das Dialogfeld *Eigenschaften von Anzeige* und wählen Sie die Registerkarte *Einstellungen* (siehe oben, Schritte 1 und 2).

2 Ziehen Sie den Schieberegler *Bildschirmauflösung* in Richtung »Niedrig« oder »Hoch«.

3 Klicken Sie auf die Schaltfläche *Übernehmen* oder *OK*.

Über das Listenfeld *Farbqualität* können Sie zusätzlich die Zahl der angezeigten Farben umstellen. Windows wird in Dialogfeldern nachfragen, ob die Auflösung bzw. die Farbtiefe wirklich geändert werden soll (bei manchen Versionen wird sogar ein Neustart des Computers ausgeführt). Bestätigen Sie diese Dialoge über die *Ja*- bzw. OK-Schaltfläche. Anschließend sollten die neuen Anzeigeeigenschaften wirksam sein.

HINWEIS

Auf der Registerkarte können Sie nur solche Auflösungen wählen, die das TFT-Display des Notebooks auch tatsächlich unterstützt. Mein Tipp ist, vorsichtig mit der Umstellung der Auflösung zu sein, da bei bestimmten Einstellungen die Darstellungsqualität der TFT-Anzeige leidet. Je nach Größe der Anzeige wird eine Auflösung von 1200 x 800 Bildpunkten die besten Ergebnisse bringen.

TIPP

Können Sie lediglich die Texte (z. B. der Symboltitel) schlecht lesen, stellen Sie auf der Registerkarte *Darstellung* das Listenfeld *Schriftgrad* von »Normal« auf »Große Schriftarten« um.

So hilft die Bildschirmlupe

An dieser Stelle noch ein Tipp für Leute mit starker Beeinträchtigung der Sehkraft, denen die Reduzierung der Bildschirmauflösung nicht viel bringt. Es gibt in Windows die so genannte Bildschirmlupe. Dieses Programm wird mit den optionalen Windows-Eingabehilfen installiert (siehe auch folgende Seiten). Sie können das Programm *Bildschirmlupe* anschließend im Startmenü unter *Alle Programme/Zubehör/Eingabehilfen* aufrufen. Sobald das Programm gestartet wird, teilt sich der Desktop und im oberen Bereich wird ein vergrößerter Ausschnitt des Bildschirms als Kopie in der Lupe angezeigt. Die Teilungslinie lässt sich per Maus nach oben oder unten verschieben, um den vergrößerten Bereich anzupassen.

Bewegen Sie den Mauszeiger in der unteren Hälfte des Desktop, zeigt Windows automatisch den betreffenden Ausschnitt in der Bildschirmlupe an. Über ein Dialogfeld können Sie die Anzeigeoptionen einstellen.

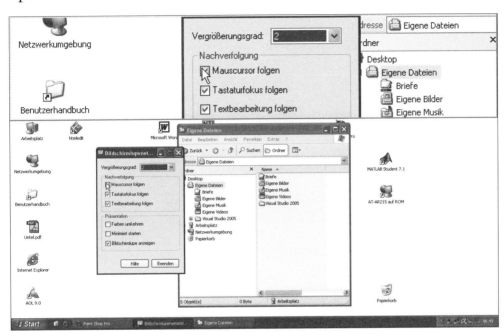

Sind Sie in der Motorik eingeschränkt und können die Tastatur (z.B. Tastenkombinationen wie [Alt]+[Strg]+[Entf]) nur schwer bedienen? In der Gruppe *Eingabehilfen* finden Sie die Programme *Bildschirmtastatur* und *Eingabehilfen-Assistent*. Die Bildschirmtastatur erlaubt Eingaben per Maus vorzunehmen. Wählen Sie den *Eingabehilfen-Assistent*, erlaubt dieser über Dialogfelder die Anpassung der Optionen. Sie können die Schriftgrößen wählen und über Optionen die Einschränkungen (sehbehindert/blind, hörbehindert, motorisch eingeschränkt) vorgeben und die Windows-Bedienung anpassen lassen. Je nach Auswahl können Sie dann in Zusatzdialogen die Einstellungen anpassen.

Die Systemsteuerung nutzen

Die Systemsteuerung ist ein Ordnerfenster, über welches Sie viele Funktionen zum Anpassen von Windows aufrufen können.

1 Öffnen Sie das Startmenü und wählen Sie den Befehl *Systemsteuerung* aus.

Jetzt erscheint das Fenster der Systemsteuerung.

2 Um die hier gezeigte Darstellung mit den Einzelsymbolen anzuzeigen, klicken Sie in der linken Spalte der Aufgabenleiste auf *Zur klassischen Ansicht wechseln*.

3 Um eine Funktion der Systemsteuerung aufzurufen, wählen Sie das betreffende Symbol per Doppelklick an.

Um diese Funktionen nutzen zu können, müssen Sie in der Regel jedoch als Administrator unter Windows angemeldet sein. Die Größe der Symbole lässt sich übrigens, wie bei Ordnerfenstern, über die Schaltfläche *Ansichten* bzw. über das Menü *Ansicht* verändern. Die Kategorieansicht fasst die Funktionen der Systemsteuerung in mehreren Formularen zusammen, d. h. Sie müssen erst die Kategorie und dann das gewünschte Symbol per Maus anklicken.

Programme installieren

Je nach Bedarf lassen sich unter Windows weitere Programme installieren. Außerdem hat Windows selbst einige Zusatzkomponenten, die nicht immer auf allen Systemen installiert sind. Nachfolgend finden Sie Hinweise zur Installation solcher Komponenten. Beachten Sie, dass Sie für diese Aufgaben unter einem Administratorenkonto angemeldet sein müssen.

Windows-Komponenten installieren

Haben Sie beim Durcharbeiten der vorherigen Kapiteln festgestellt, dass ein beschriebenes Programm fehlt? Dann handelt es sich vermutlich um eine optionale Windows-Komponente, die auf Ihrem Computer nicht installiert worden ist. Kein Problem, das können Sie nachholen.

Software

1 Öffnen Sie das Ordnerfenster der Systemsteuerung und wählen Sie im Fenster *Systemsteuerung* das Symbol *Software*.

2 Windows öffnet das Dialogfeld *Software*, in dessen linker Spalte Sie auf das Symbol *Windows-Komponenten hinzufügen/entfernen* klicken.

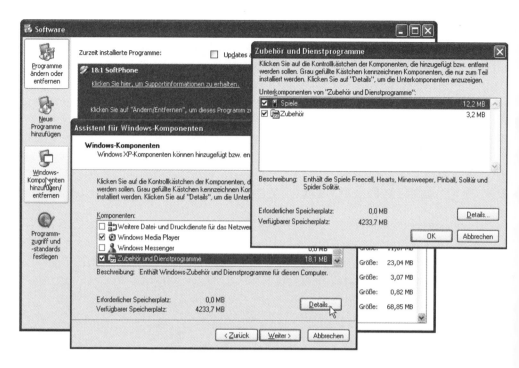

Windows öffnet das Dialogfeld *Assistent für Windows Komponenten*, in dem die verfügbaren Komponenten aufgelistet sind.

3 Markieren Sie in der Liste die Kontrollkästchen der Komponenten, die hinzuzufügen sind. Ein gelöschtes Kontrollkästchen entfernt die Komponente.

4 Für einige dieser Komponenten gibt es Unterkomponenten. Klicken Sie dann auf die Schaltfläche *Details* und wiederholen Sie im angezeigten Dialogfeld die obigen Schritte zur Auswahl einer Komponente.

Zu den markierten Komponenten blendet Windows eine Beschreibung im unteren Teil der Registerkarte ein.

5 Schließen Sie die geöffneten Unterdialoge über die jeweilige *OK*-Schaltfläche und klicken Sie im Dialogfeld des Assistenten auf die *Weiter*-Schaltfläche.

6 Ist der Assistent fertig, schließen Sie dessen Dialogfeld über die *Fertig stellen*-Schaltfläche. Danach können Sie auch das Dialogfeld *Software* über dessen *Schließen*-Schaltfläche beenden.

Windows überprüft während der obigen Schritte Ihre Vorgaben und installiert die erforderlichen Komponenten. Haben Sie dagegen die Markierung von Kontrollkästchen gelöscht, werden die Windows-Komponenten entfernt.

Treiber installieren

Wird ein neues Gerät an das Notebook angeschlossen, benötigt Windows einen Treiber (dies ist ein Steuerprogramm), um mit dem Gerät arbeiten zu können. Viele Geräte sind unter Windows XP bereits bekannt und der entsprechende Treiber wird beim erstmaligen Anschluss des externen Geräts automatisch eingerichtet. Besitzt Windows XP keinen Treiber für das Gerät, erkennt es dieses beim ersten Einstöpseln in die USB-Buchse. Dann erscheint ein Dialogfeld, welches Sie auffordert, die Installations-CD des Herstellers einzulegen und dann die Installation auszuführen.

Bei einigen Geräten gibt es aber ein kleines Problem, der Gerätetyp wird nicht erkannt. Manchmal muss vor dem Anschluss des Geräts ein Installationsprogramm von der Installations-CD des Herstellers ausgeführt werden. Entsprechende Hinweise finden Sie in der Gerätedokumentation des Herstellers. Wird das Gerät nicht erkannt (bei sehr alter Hardware), können Sie in der Systemsteuerung auch das Symbol *Hardware* per Doppelklick anwählen. Dann startet ein Assistent, der das Gerät und den erforderlichen Treiber sucht. Sie müssen in den Dialogen lediglich die gewünschten Optionen wählen. Die Beschreibung der möglichen Varianten zur Geräteinstallation und zur Aktualisierung der Treiber sprengt aber den geplanten Umfang dieses Buches. Lassen Sie sich in diesem Fall von versierten Bekannten oder vom Händler helfen bzw. konsultieren Sie weiterführende Literatur (z. B. meinen beim Verlag erschienenen Titel »Erste Hilfe für Ihr Notebook«).

Programme installieren ...

Um ein neues Programm unter Windows zu benutzen, müssen Sie dieses meist von einer CD oder DVD installieren. Hierzu sind nur wenige Schritte erforderlich.

1 Legen Sie den Datenträger (CD oder DVD) in das entsprechende Laufwerk ein.

Bei neueren Programmen, die auf CD/DVD vorliegen, erkennt Windows dies und öffnet automatisch ein Dialogfeld mit Optionen zur Programminstallation. Dies ist beispielsweise der Fall, wenn Sie die Windows-CD in das Laufwerk einlegen. Sie müssen dann nur noch die gewünschten Optionen wählen. Falls das Installationsprogramm dagegen nicht automatisch startet, gehen Sie folgendermaßen vor:

1 Öffnen Sie das Fenster
Arbeitsplatz und doppelklicken Sie auf das Symbol
des Laufwerks.

2 Suchen Sie im Ordnerfenster
das Installationsprogramm (meist
ein Programm mit dem Namen
Setup.exe oder *Install.exe*) und
starten Sie dieses mit einem
Doppelklick auf das Symbol.

3 Befolgen Sie die Anweisungen
des Installationsprogramms.

Detailliertere Hinweise zur Installation sollte die Dokumentation
des betreffenden Programms enthalten.

HINWEIS

Wenn Sie ein Programm oder ein Gerät kaufen, sollte diesen ein Be-
dienhandbuch oder eine Anleitung beiliegen, in der die Installation der
Programme oder der Treiber erklärt wird. Lesen Sie ggf. in der betreffenden Anleitung nach, was es dabei zu beachten gibt.

... und wieder entfernen

Benötigen Sie ein **Programm** nicht mehr, dürfen Sie dieses i. d. R.
nicht einfach von der Festplatte löschen sondern müssen dieses
deinstallieren. Einige Programme bieten eine Funktion zur Deinstallation. Oft findet sich dann ein Befehl *Deinstallieren* in der
betreffenden Programmgruppe des Startmenüs, bei dessen Anwahl
ein Dialogfeld zum Deinstallieren erscheint. Fehlt ein entspre-
chender Eintrag, gehen Sie folgendermaßen vor.

Software

1 Öffnen Sie das Ordner- - - - - ▶
fenster der Systemsteuerung
und wählen Sie im Fenster
Systemsteuerung das Symbol
Software.

2 Windows öffnet das
Dialogfeld *Software*, in dessen linker Spalte Sie auf das
Symbol *Programme ändern
oder entfernen* klicken.

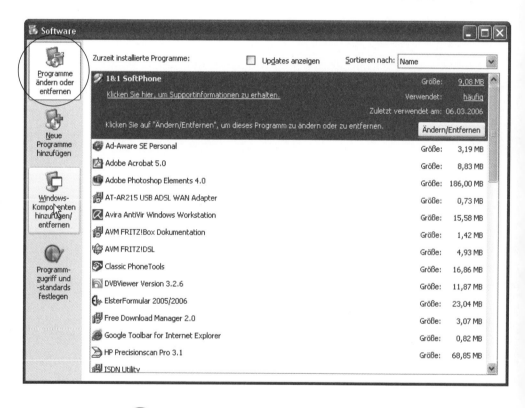

3 Suchen Sie in der Liste der vorhandenen
Programme den gewünschten Eintrag und
markieren Sie diesen per Mausklick. - - - - - - - - - - - ▶

4 Anschließend können Sie in der rechten Spalte des markierten Eintrags die Schaltfläche *Ändern/ Entfernen* anwählen.

Meist startet dann ein Assistent, der Sie über Dialogfelder durch die Schritte der Deinstallation führt. Anschließend beenden Sie das Dialogfeld *Software* über dessen *Schließen*-Schaltfläche.

HINWEIS

Manche Programme besitzen auch eine Reparaturfunktion oder eine Möglichkeit, zusätzliche Funktionen nachträglich zu installieren (z. B. Microsoft Office). Sie können dann wie beim Deinstallieren vorgehen, wählen aber im Dialog des Installationsassistenten die Schaltflächen zur Reparatur oder zum Hinzufügen neuer Funktionen.

Mauseinstellungen anpassen

Sind Sie Linkshänder oder haben Sie Schwierigkeiten mit dem Doppelklick bei der angeschlossenen externen Maus? Sie können die Mauseinstellungen anpassen.

1 Öffnen Sie die Systemsteuerung und doppelklicken Sie im Ordnerfenster der Systemsteuerung auf das Symbol *Maus*.

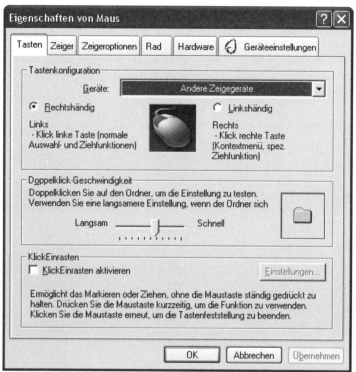

2 Wählen Sie die Registerkarte *Tasten* und stellen Sie die Optionen ein.

Je nach Notebook ist die Registerkarte etwas unterschiedlich aufgebaut. Manchmal finden Sie in der *Tastenkonfiguration* das Kontrollkästchen *Primäre und sekundäre Taste umschalten,* die Sie markieren müssen. Beim von mir benutzten Notebook muss dagegen das Optionsfeld *Linksbündig* markiert werden.

Über das Listenfeld *Geräte* der Registerkarte *Tasten* können Sie ggf. zwischen dem internen Touchpad des Notebooks und einer externen Maus umstellen. Sobald Sie das Eigenschaftenfenster durch Drücken der ⏎-Taste schließen, sollten die Maustasten umgestellt werden. Haben Sie **Probleme mit** dem **Doppelklick**?

3 Passen Sie auf der Registerkarte *Tasten* über den Schieberegler die Doppelklickgeschwindigkeit an.

Ziehen Sie den Regler je nach Problem zu »Langsam« oder »Schnell«. Sie können anschließend die Einstellung durch Doppelklicken auf das Testfeld rechts neben dem Regler testen. Bei jedem Doppelklick ändert sich das angezeigte Symbol. Schließen Sie die das Eigenschaftenfenster über die *OK*-Schaltfläche.

Benutzerkonten einrichten

Benutzerkonten dienen in Windows dazu, die Einstellungen des Benutzers zu verwalten. In Windows XP regeln Benutzerkonten zudem noch, was ein Benutzer am Computer alles machen darf. Diese Betriebssysteme unterscheiden zwischen so genannten **Administratoren** (Benutzer, die den Rechner betreuen und z.B. Programme oder Geräte installieren oder löschen dürfen) und normalen Benutzern (sowie einem Gastkonto). Normale Benutzer können sich nur am eigenen Konto anmelden und dort mit den installierten Programmen arbeiten oder im Internet surfen – diese Konten sollten aus Sicherheitsgründen zum Arbeiten mit dem Rechner benutzt werden. Diese Benutzerkonten kann ein Administrator über die Systemsteuerung einrichten und anpassen.

Benutzerkonten

1 Öffnen Sie das Fenster der Systemsteuerung und wählen Sie das Symbol *Benutzerkonten* per Doppelklick an.

2 Im Dialogfeld *Benutzerkonten* wählen Sie den gewünschten Befehl (hier *Neues Konto erstellen*).

Alternativ können Sie das Symbol eines Kontos anklicken, um dessen Einstellungen anzupassen.

In allen Fällen führt Windows XP Sie über Formulare durch die Schritte zur Kontenanpassung bzw. -einrichtung – Sie können also nicht viel falsch machen.

3 Tippen Sie zum Anlagen des neuen Kontos den neuen Benutzernamen im betreffenden Formularfeld ein und klicken Sie auf die im Formular angezeigte Schaltfläche *Weiter*.

4 Markieren Sie im Folgedialog das Optionsfeld des Kontentyps für den neuen Benutzer und klicken Sie auf die Schaltfläche *Konto erstellen*.

Für normale Benutzer sollte immer die Option *Eingeschränkt* gewählt werden.

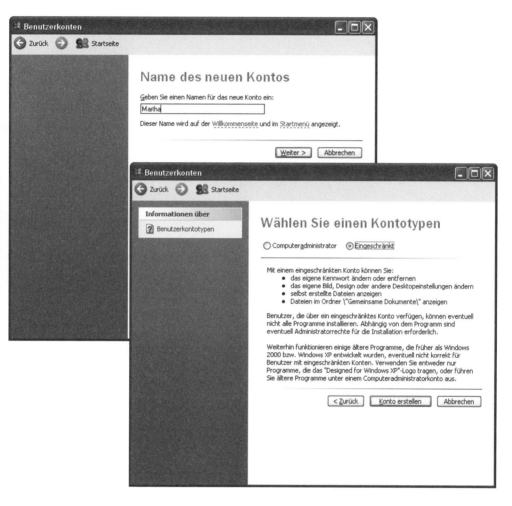

Windows legt das neue Konto an und kehrt wieder zur Eingangsseite der Benutzerverwaltung zurück. Sie können nun das Symbol des neuen Kontos anklicken, um dessen Formularseite aufzurufen.

In diesem Kontenformular finden Sie Befehle, um den Benutzernamen zu ändern, das Konto zu löschen oder ein Kennwort zuzuweisen etc. Sobald Sie einen Befehl anwählen,

werden Sie über Folgeformulare durch die Schritte geführt. Abschließend gelangen Sie wieder zur Eingangsseite der Benutzerverwaltung.

Sobald das Konto samt Einstellungen erstellt wurde, können Sie die Benutzerverwaltung wieder schließen.

HINWEIS

Aus Sicherheitsgründen sollte es nur ein Administratorenkonto auf dem Rechner geben. Dieser Benutzer kann neue Konten anlegen, bestehende Konten löschen oder ein vergessenes Kennwort bei einem Konto umsetzen. Alle Benutzerkonten sollten mit Kennwörtern als Zugangsschutz ausgestattet sein. Ein normaler Benutzer kann die Einstellungen seines eigenen Kontos (z.B. das Kennwort) ändern, erhält aber keinen Zugriff auf die Daten anderer Konten.

Windows absichern

Um möglichst risikoarm im World Wide Web surfen, E-Mails verwalten oder andere Internetfunktionen nutzen zu können, ist es wichtig, dass Sie Windows aktuell halten und durch ein Virenschutzprogramm gegen den Befall von Schädlingen sichern.

So bleibt Windows aktuell

Ähnlich wie ein Auto regelmäßig in der Werkstatt gewartet werden muss, sollten Sie Windows ebenfalls auf dem neuesten Stand halten. Microsoft stellt hierzu kostenlose Programmverbesserungen (als Patch, zu deutsch »Flicken«, oder Update bezeichnet) bereit. Die Installation ist mit folgenden Schritten durchzuführen.

1 Stellen Sie eine Internetverbindung her, rufen Sie den Internet Explorer auf und wählen Sie im Menü *Extras* den Befehl *Windows Update.*

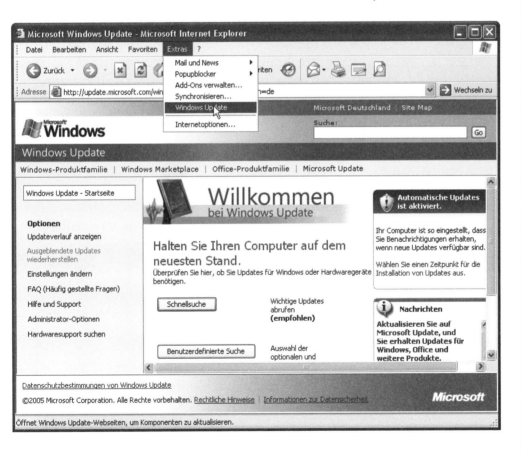

Im Browserfenster erscheint die Microsoft Update-Seite, deren Inhalt sich von Zeit zu Zeit leicht ändert. Die Seite liefert Informationen zu Updates sowie Schaltflächen, über die sich nach verfügbaren Updates suchen lässt.

2 Klicken Sie auf die mit *Schnellsuche* oder ähnlich beschriftete Schaltfläche. Erscheinen Sicherheitswarnungen, dass ActiveX-Komponenten installiert werden, müssen Sie deren Installation zulassen.

3 Verfügbare Updates werden im Browserfenster aufgeführt. Sie können dann Updates über Kontrollkästchen zum Download markieren und dann den Download sowie die Installation über eine auf der Seite eingeblendete Schaltfläche anstoßen.

Je nach Umfang der Updates und der Geschwindigkeit der Internetverbindung kann das Herunterladen einige Zeit dauern. Anschließend werden die betreffenden Komponenten automatisch installiert und der Computer muss nach dem Trennen der Internetverbindung ggf. neu gestartet werden.

HINWEIS

Wichtig ist, dass das Service Pack 2 für Windows XP auf Ihrem Notebook installiert ist, da dann eine automatische Update-Funktion vorhanden ist, die bei jeder Internetsitzung automatisch im Hintergrund prüft, ob neue Aktualisierungen auf dem Microsoft Update-Webserver vorhanden sind. Updates werden dann auf den Rechner heruntergeladen und automatisch installiert. Lassen Sie sich ggf. von Enkeln, Kindern oder anderen versierten Nutzern oder dem Händler bei der Aktualisierung von Windows bzw. beim Einspielen des Service Packs unterstützen.

Das Sicherheitscenter von Windows XP

In Windows XP mit installiertem Service Pack 2 überwacht das so genannte **Sicherheitscenter**, ob eine **Firewall**, das **automatische Update** sowie ein **Virenschutz** vorhanden und eingeschaltet sind.

Bei Sicherheitsproblemen erscheint ein stilisiertes (in roter Farbe gezeichnetes) Schild als Symbol im Infobereich der Taskleiste.

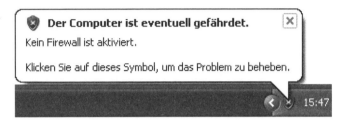

Gleichzeitig wird kurzzeitig eine QuickInfo mit einem Hinweis über die Art des Problems (z.B. ausgeschaltete Firewall, veralteter Virenscanner etc.) angezeigt. Das Symbol verschwindet erst aus dem Infobereich, wenn die Sicherheitsprobleme behoben sind!

Um nähere Informationen zu gemeldeten Sicherheitsproblemen zu erhalten oder die Sicherheitseinstellungen anzupassen, reicht ein Mausklick auf das Symbol der Windows-Sicherheitswarnung im Infobereich der Taskleiste. Alternativ können Sie das Symbol *Sicherheitscenter* in der Detailanzeige der Windows-Systemsteuerung per Doppelklick anwählen. Windows öffnet daraufhin das Fenster des Sicherheitscenters.

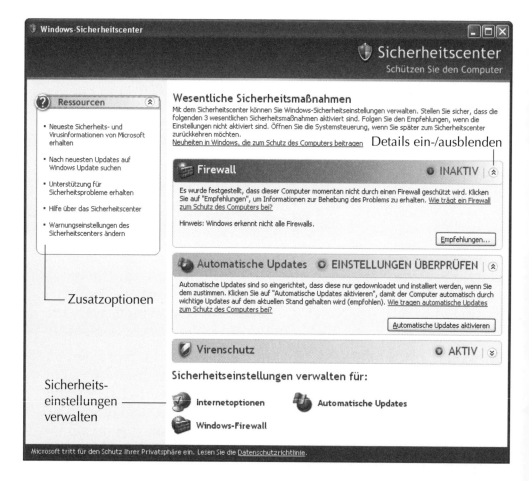

In der rechten Spalte sehen Sie sofort den Status der drei über-wachten Kategorien **Firewall**, **Automatische Updates** und **Virenschutz**. Ein **grüner Punkt** und der Text »AKTIV« am rech-ten Rand einer Kategorie signalisiert, dass im Hinblick auf Sicher-heitsaspekte alles in Ordnung ist. Ein **gelber** oder ein **roter Punkt** weist ggf. auf eine reduzierte Sicherheit bzw. auf ein Sicher-heitsproblem (z.B. abgeschaltete Firewall, fehlender Virenscanner) hin. Sie sollten diesem Punkt dann schnellstmöglich nachgehen oder sich von einem Experten helfen lassen. Über die Schaltfläche *Details ein-/ausblenden* am rechten Rand der jeweiligen Kategorie können Sie Detailinformationen anzeigen lassen oder verstecken (einfach die Schaltfläche anklicken). Durch Anklicken der Symbole am unteren Fensterrand (im Abschnitt *Sicherheitseinstellungen verwalten für*) können Sie die zugehörigen Eigenschaftenfenster für automatische Updates, die Windows-Firewall oder für die Interneteinstellungen öffnen.

HINWEIS

Wenn ein Rechner eine Verbindung zum Internet herstellt, kann er durch Dritte gezielt angegriffen werden. Eine so genannte **Firewall** schottet den Rechner gegen solche Angriffe aus dem Internet ab und filtert alle unerwünschten Daten. Wenn Sie Windows XP mit Service Pack 2 verwenden, ist eine Firewall vorhanden. Die Firewall schlägt Alarm, sobald ein Programm erstmalig Verbindungen aus dem Internet freigeben möchte. Sie müssen dann in einem Dialogfeld festlegen, ob die Firewall das Programm weiter blockieren oder dessen Verbindungen zum Internet erlauben soll. Blockierte Verbindungen bewirken u.a., dass ein Programm nicht mehr funktioniert. Administratoren können in Windows XP die Firewalleinstellungen über das Symbol *Windows-Firewall* kontrollieren. Die Konfigurierung der Firewall erfordert jedoch einige Erfahrung. In meinen Titeln »Internet – leichter Einstieg für Senioren« und »Sicherheit – leichter Einstieg für Senioren« finden Sie einige Hinweise auf Firewalleinstellungen. Lassen Sie sich ggf. von Experten beim Einrichten der Firewall helfen.

Schutz vor Viren und anderen Schädlingen

Computerbenutzer werden durch **Viren, Trojaner** und andere Schadprogramme gefährdet. Die Schadprogramme nisten sich unbemerkt auf dem Rechner ein. Während Viren Dateien löschen, spähen Trojaner ggf. Ihren Rechner aus und melden Kennwörter etc. per Internet weiter. Solche Schädlinge wie **Viren, Trojaner** und **Dialer** können Sie sich **per Internet einschleppen**, wenn Sie Programme herunterladen und dann auf dem Rechner ausführen. Oder die Schädlinge kommen als Anhang zu einer E-Mail und werden vom Benutzer beim Öffnen der betreffenden Datei installiert.

- Um sich vor Viren, Trojanern oder anderen Schädlingen zu schützen, sollten Sie **Programmdateien** nur von vertrauenswürdigen Webseiten **herunterladen**.

- **E-Mails mit Anhängen** von unbekannten Personen sollten Sie auf keinen Fall öffnen und die Nachricht im Zweifelsfall löschen.

- Zusätzlich ist es erforderlich, ein so genanntes **Virenschutzprogramm** unter Windows zu installieren.

   Auf der Internetseite *www.free-av.de* finden Sie das für Privatanwender bisher kostenlose Virenschutzprogramm **Avira AntiVir Personal Edition Classic** zum Download. Ist AntiVir installiert, überwacht das Programm AntiVir Guard im Hintergrund alle Versuche zum Öffnen von Dateien. Um noch besser geschützt zu sein, empfehle ich Privatanwendern aber den Erwerb der **AntiVir PersonalEdition Premium-Version**. Die betreffende Lizenz kostet 20 Euro pro Jahr und das Paket bietet schnellere Aktualisierungen sowie erweiterte Schutzfunktionen (z.B. Spyware-Erkennung). Es gibt weitere Anbieter kostenpflichtiger Virenschutzprogramme (z.B. Symantec, McAfee). Wichtig ist aber, dass Sie den Virenscanner des installierten Virenschutzprogramms von Zeit zu Zeit aktualisieren bzw. automatisch über das Internet aktualisieren lassen, da immer neue Viren auftauchen.

   Sie können ein Virenschutzprogramm wie AntiVir auch gezielt aufrufen und die Festplatte oder einzelne Dateien/Ordner überprüfen lassen. Wird ein Virus erkannt, schlägt das betreffende Programm Alarm und meldet den Befall in einem Dialogfeld. Sie sollten dann die betroffenen Dateien löschen lassen. Weitere Details zu AntiVir entnehmen Sie der Programmhilfe.

Die Hilfe nutzen

Dieses Buch kann Ihnen nur die wichtigsten Windows-Funktionen zeigen. Vielleicht benötigen Sie aber weitere Funktionen oder arbeiten mit zusätzlichen Programmen. Oder Sie brauchen Unterstützung bei der Lösung einer Aufgabe. Windows und viele Programme geben Ihnen mit einer eingebauten Hilfe wichtige Hinweise und Informationen. Wählen Sie im Startmenü den Befehl *Hilfe und Support*, erscheinen die Seiten der **Windows-Hilfe**. Klicken Sie dagegen in der Menüleiste eines Programmfensters auf das Fragezeichen *?* und wählen Sie im dann geöffneten Menü den Befehl *Hilfethemen*, öffnet Windows die **Programmhilfe**.

TIPP

Oft reicht es auch, wenn Sie einfach die Funktionstaste `F1` (oben links auf der Tastatur) drücken. Ist ein Fenster geöffnet, sehen Sie die Programmhilfe zum geöffneten Fenster. Wenn kein Fenster geöffnet ist, wird die Windows-Hilfe aufgerufen.

Das Hilfefenster enthält Text mit Erläuterungen zu Windows oder zum Programm. Die Textseiten sind ähnlich wie Webseiten mit Hyperlinks versehen und wie ein Buch organisiert, d.h., es gibt ein Inhaltsverzeichnis und ein Stichwortverzeichnis. Der genaue Aufbau des Hilfefensters hängt dabei etwas vom benutzten Programm ab.

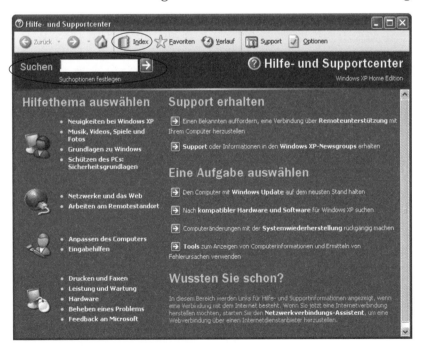

Im hier gezeigten Fenster der Windows-Hilfe können Sie über die Schaltfläche *Index* das Stichwortverzeichnis aufrufen. Dann lassen sich Stichwörter durch Eintippen nachschlagen. Über das *Suchen*-Textfeld können Sie auch gezielt nach Begriffen suchen lassen. Das Hilfefenster von Programmen (z. B. beim Internet Explorer) ist geteilt, wobei die Hilfetexte in der rechten Fensterhälfte erscheinen. Die linke Fensterhälfte weist dann Registerkarten wie *Inhalt*, *Index*, *Suchen* etc. auf.

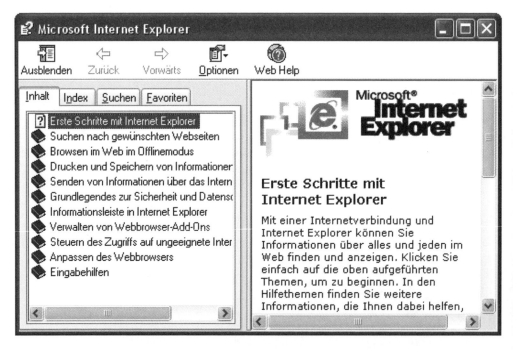

Die Registerkarte *Inhalt* entspricht dem Inhaltsverzeichnis eines Buches, wobei die Kapitelüberschriften als stilisiertes zugeklapptes Buch dargestellt werden. Durch Anklicken der Einträge lassen sich Unterkapitel ein-/ausblenden und über die entsprechenden Hyperlinks auch die Hilfeseiten (Anzeige als stilisiertes Blatt Papier mit Fragezeichen) abrufen. Die Registerkarte *Index* entspricht dem Stichwortverzeichnis eines Buchs. Sie können im Feld *Zu suchendes Schlüsselwort* die Stichworte durch Eintippen der Anfangsbuchstaben abrufen. Markieren Sie einen Eintrag und zeigen Sie dessen Hilfeseite über die Schaltfläche *Anzeigen* an. Die gezielte Suche nach im Text vorkommenden Begriffen ist auf der Registerkarte *Suchen* möglich, indem Sie den Suchbegriff eintippen und die Suche über die Schaltfläche *Themenliste* starten. In der Liste der gefundenen Hilfeseiten können Sie einen Eintrag anklicken und die Seite über die Schaltfläche *Anzeigen* abrufen.

HINWEIS

Die Windows-Hilfe enthält übrigens selbst weitere Hinweise zur Bedienung der Hilfe. Lesen Sie sich gegebenenfalls die betreffenden Seiten durch. Weist ein Dialogfeld in der rechten oberen Ecke die Schaltfläche der Direkthilfe auf? Klicken Sie auf die Schaltfläche und dann auf ein Element des Fensters, blendet Windows eine Quickinfo mit zusätzlichen Hinweisen zur Funktion ein.

Zusammenfassung

In diesem Kapitel haben Sie einige Zusatzfunktionen von Windows kennen gelernt. Für den Einstieg reicht das, und Sie kommen mit den gezeigten Funktionen auch schon recht weit. Damit möchte ich das Buch schließen. Aus Platzgründen musste vieles verkürzt dargestellt werden. Bei Bedarf sollten Sie auf die in den betreffenden Abschnitten angegebene Zusatzliteratur zurückgreifen.

Lernkontrolle

Zur Überprüfung Ihres Wissens können Sie die folgenden Fragen beantworten. Die Antworten sind in Klammern angegeben.

Was ist beim Ändern von Systemeinstellungen zu beachten?

(Für die meisten Änderungen müssen Sie unter einem Administratorenkonto angemeldet sein.)

Wie passen Sie Uhrzeit und Datum an?

(Die Uhrzeit im Infobereich der Taskleiste per Doppelklick anwählen und dann die Werte auf der Registerkarte *Datum und Uhrzeit* ändern.)

- **Wie lassen sich die Anzeigeoptionen anpassen?**
  (Mit der rechten Maustaste auf eine leere Stelle des Desktop klicken und den Kontextmenübefehl *Eigenschaften* wählen. Dann auf den Registerkarten die gewünschten Optionen setzen und über die *OK*-Schaltfläche bestätigen.)

- **Wie lässt sich die Systemsteuerung öffnen und verwenden?**
  (Verwenden Sie den Startmenüeintrag *Systemsteuerung*. Anschließend sollten Sie die Darstellung der Systemsteuerung zur klassischen Ansicht umschalten. Dann können Sie die Funktionen durch einen Doppelklick auf die jeweiligen Symbole aufrufen.)

- **Wie halten Sie Windows aktuell?**
  (Über die Funktion *Automatische Updates* oder über den *Windows Update*-Befehl des Internet Explorer.)

- **Wozu dient das Windows-Sicherheitscenter?**
  (Es zeigt vorhandene Sicherheitsprobleme oder potentielle Schwächen wie abgeschaltete Update-Funktion, veraltete Virenschutzprogramme etc. an.)

- **Was ist bei den Windows-Benutzerkonten zu beachten?**
  (Diese sollten durch ein Kennwort geschützt werden. Normale Anwender sollten eingeschränkte Benutzerkonten zum Arbeiten benutzen.)

- **Wie schütze ich den Computer vor Viren?**
  (Indem Sie ein Virenschutzprogramm wie AntiVir installieren und dieses aktuell halten.)

Kleine Pannenhilfe

In diesem Abschnitt finden Sie einige Tipps, um kleine Pannen zu beheben.

Probleme beim Notebook-Start

Nach dem Einschalten tut sich nichts

Prüfen Sie bitte folgende Punkte:

Ist der Netzstecker des Netzteils an Steckdosen angeschlossen und das Netzkabel am Notebook eingesteckt?

Ist vielleicht der Akku beim mobilen Betrieb leer?

Ist das Notebook überhaupt eingeschaltet?

Das Notebook piept beim Einschalten ständig

Prüfen Sie bitte, ob vielleicht ein Gegenstand auf der Tastatur liegt oder eine Taste klemmt. Einfach das Notebook ausschalten und mit dem Finger über alle Taste streichen – so dass diese niedergedrückt werden. Piept das Gerät nach dem Einschalten ständig und wird kein Windows geladen, ist etwas kaputt. Dann muss das Gerät zum Service.

Die Windows-Anmeldung ist nicht möglich

Sie haben das »richtige« Kennwort am Anmeldedialog eingetippt, Windows meldet aber eine falsche Eingabe. Prüfen Sie folgende Punkte:

Haben Sie wirklich das richtige Konto und das zugehörige Kennwort benutzt?

Haben Sie die Groß-/Kleinschreibung bei der Eingabe beachtet und sind die Modi »CapsLock« oder »NumLock« ausgeschaltet?

Haben Sie ein Kennwort vergessen? Dann kann sich ein Administrator unter seinem Konto anmelden und das Kennwort für den jeweiligen Benutzer ändern. Dann müssen Sie sich mit diesem Kennwort neu anmelden.

Probleme mit Tastatur und Maus

Nach dem Start funktionieren manche Tasten nicht richtig

Handelt es sich um blau hinterlegte Tasten ($\boxed{U}$ bis $\boxed{P}$, $\boxed{J}$ bis $\boxed{Ö}$ und $\boxed{M}$ bis $\boxed{-}$)? Drücken Sie die $\boxed{Fn}$-Taste und tippen Sie kurz auf die $\boxed{NumLock}$-Taste am oberen Rand der Tastatur. Dadurch wird die nummerische Doppelbelegung der betreffenden Tasten aufgehoben. Ein eingeschalteter NumLock-Modus sollte durch eine Leuchtanzeige signalisiert werden (siehe auch Kapitel 2 bei der Windows-Anmeldung). Ein erneutes Drücken der Tastenkombination schaltet die Tastatur wieder in den NumLock-Modus. Werden bei den Schreibmaschinentasten Großbuchstaben angezeigt, drücken Sie die $\boxed{CapsLock}$-Taste der Tastatur, um diesen Modus abzuschalten.

Beim Drücken einer Taste erscheint ein Zeichen mehrfach

Die Tastatur besitzt eine Wiederholfunktion. Drücken Sie eine Taste etwas länger, wiederholt der Rechner das betreffende Zeichen. Vielleicht drücken Sie die Taste zu lange. Sie können die Zeit, bis die Wiederholfunktion von Windows aktiviert wird, ändern. Wählen Sie in der Systemsteuerung das Symbol *Tastatur*. Auf der Registerkarte Geschwindigkeit lässt sich die Einstellung der Schieberegler *Verzögerung* und *Wiederholrate* anpassen. Sie können die Einstellungen im Testfeld überprüfen und anschließend das Eigenschaftenfenster über die *OK*-Schaltfläche schließen. Lässt sich das Problem auf diese Weise nicht beheben, prüfen Sie bitte, ob vielleicht eine Taste klemmt oder die Tastatur beschädigt ist.

Der Mauszeiger bewegt sich gar nicht oder nicht richtig

Prüfen Sie bitte folgende Punkte:

Ist das Touchpad vielleicht abgeschaltet (siehe Kapitel 1)?

Ist die externe Maus korrekt am Rechner angeschlossen?

Bei einer externen Maus sollten Sie diese auf einem Mauspad auflegen. Bei einer Funkmaus können ggf. leere Batterien die Störungsursache sein.

Maustasten vertauscht, Doppelklicks klappen nicht richtig

Fehlerbild: Die linke Maustaste öffnet ein Kontextmenü, die rechte Taste markiert dagegen etwas. Die Wirkung der linken/rechten Taste ist also vertauscht. Dieses Verhalten entspricht einer Mauseinstellung für Linkshänder. Lesen Sie in Kapitel 7 nach, wie Sie die Maus oder das Touchpad auf den Modus für Rechtshänder zurückstellen. Haben Sie **Probleme mit** dem **Doppelklick**? Wie Sie die Doppelklickgeschwindigkeit anpassen, ist im betreffenden Kapitel ebenfalls besprochen.

TIPP

Haben Sie Schwierigkeiten, den Mauszeiger auf dem Bildschirm des Notebooks zu erkennen? Dann aktivieren Sie die Registerkarte *Zeigeroptionen* und markieren Sie das Kontrollkästchen *Mausspur anzeigen*. Weiterhin können Sie auf dieser Registerkarte auch einstellen, wie schnell sich der Mauszeiger bewegt. Auf der Registerkarte *Zeiger* können Sie über das Listenfeld *Schema* einen anderen Satz an Mauszeigern wählen. Sind Ihnen die normalen Zeiger zu klein, setzen Sie das Schema beispielsweise auf *Windows-Standard (extragroß)*. Die Registerkarte Rad erlaubt die Einstellung für den Bildlauf des Rädchens einer externen Maus zu ändern.

Probleme mit dem Windows-Desktop

Die Windows-Elemente sind zu klein und schlecht zu erkennen

Haben Sie Schwierigkeiten, die Symbole auf dem Windows-Desktop zu erkennen? Können Sie die Texte in Menüs oder unter Symbolen nur schlecht lesen? Vielleicht ist die Grafikauflösung für den Bildschirm zu hoch gesetzt. Lesen Sie in Kapitel 7 nach, wie Sie die Grafikauflösung oder die Anzeigeoptionen ändern können.

Der Desktop ist »verschwunden«

Sie sehen die Symbole des Windows-Desktop nicht mehr, sondern nur noch Dateisymbole, Texte, eine Grafik oder sonst etwas. Vermutlich haben Sie ein Fenster im Vollbildmodus geöffnet, das dann den Desktop verdeckt. Klicken Sie in der rechten oberen Ecke die Schaltfläche *Verkleinern* an, um das Fenster zur vorherigen Größe zu reduzieren. Bei Windows-Ordnerfenstern und beim Internet Explorer hilft es auch, die Funktionstaste F11 zu drücken, um zwischen Vollbild- und Normalbildmodus umzuschalten.

Eine Symbolleiste fehlt im Programmfenster

Bei vielen Programmen können Sie Symbol- und Statusleisten über das Menü *Ansicht* ein- und ausblenden.

Ein Programm lässt sich nicht mehr bedienen

Manchmal kommt es vor, dass sich ein Programm nicht mehr bedienen lässt. Es reagiert weder auf Tastatureingaben noch auf Mausklicks.

1 Drücken Sie gleichzeitig die Tastenkombination Strg + Alt + Entf.

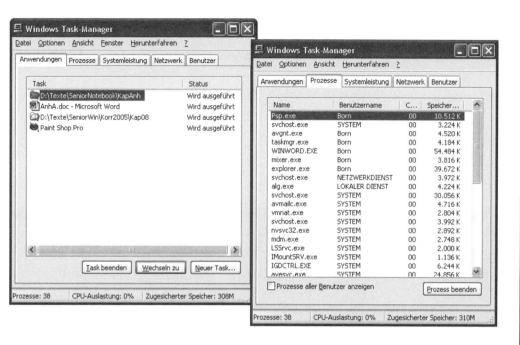

2 Wählen Sie im Fenster des Windows Task-Manager die Registerkarte *Anwendungen* oder die Registerkarte *Prozesse*.

3 Markieren Sie den Eintrag des nicht mehr reagierenden Programms und klicken Sie anschließend auf die Schaltfläche *Task beenden* bzw. *Prozess beenden*.

Windows versucht jetzt, das Programm zwangsweise zu beenden. Geht das nicht, erscheint ein weiteres Fenster mit dem Hinweis, dass das Programm nicht reagiert. Sie müssen dann die Schaltfläche zum Beenden des Programms wählen. Beachten Sie aber, dass das Beenden von Prozessen die Stabilität von Windows XP beeinträchtigen kann. Sie sollten ggf. anschließend einen Neustart von Windows XP durchführen.

Ordner und Dateien

CD oder DVD lässt sich nicht lesen

Beim Doppelklicken auf das Symbol des Laufwerks erscheint ein Meldungsfeld mit dem Hinweis, dass das Laufwerk nicht bereit ist. Überprüfen Sie in diesem Fall die folgenden Punkte:

- Befindet sich eine CD oder DVD im Laufwerk?

- Versuchen Sie durch Entnehmen und erneutes Einlegen des Mediums, ob das Laufwerk anschließend dessen Inhalt lesen kann.

- Ist die CD/DVD auch mit der richtigen Seite in das Laufwerk eingelegt (siehe Kapitel 1)?

Handelt es sich vielleicht um ein Medium, welches Ihr Laufwerk nicht lesen kann (z. B. eine DVD+R DL)? Manchmal ist die Oberfläche der CD/DVD auch verkratzt oder verschmutzt und Windows meldet, dass die Daten fehlerhaft sind. Verschmutzte Medien lassen sich vorsichtig säubern, bei verkratzten Datenträgern können Sie die Oberfläche ggf. mit Zahnpasta polieren.

Auf einen Wechseldatenträger lässt sich nichts speichern

Beim Versuch, eine Datei auf einen Wechseldatenträger zu speichern, erscheint ein Fenster mit der Fehlermeldung, dass dieser schreibgeschützt ist. Bei CDs oder DVDs ist die Sache klar, diese sind schreibgeschützt und entsprechende Rohlinge können nur mit einem Brennprogramm beschrieben werden (siehe Kapitel 3). Bei Speicherkarten von Digitalkameras, Handys etc. oder bei USB Speicherstiften sollten Sie prüfen, ob ggf. ein Schreibschutzschalter aktiviert ist. SD-Speicherkarten besitzen z. B. einen solchen Schreibschutz-Schieber an der Seite. Deaktivieren Sie den Schreibschutz und wiederholen Sie den Schreibvorgang.

Eine Datei/ein Ordner lässt sich nicht ändern oder löschen

Der Versuch, eine Datei oder einen Ordner umzubenennen oder zu löschen wird von Windows mit einem Hinweis auf einen Schreibschutz abgelehnt? Oder Sie haben eine Dokumentdatei in einem Programm geladen und die Funktion *Speichern* gewählt. Das Programm öffnet jedoch das Dialogfeld *Speichern unter* und schlägt einen neuen Dateinamen vor. Geben Sie den Namen der alten Datei ein, meldet das Programm, dass die Datei schreibgeschützt ist. Bei den Dateien einer CD/DVD ist das immer so, da Sie deren Inhalt nicht ändern können. Bei Dateien auf der Festplatte kann ein gesetzter Schreibschutz die Ursache sein. Sie können den Schreibschutz bei solchen Dateien aber aufheben, indem Sie mit der rechten Maustaste auf das Symbol der Datei klicken und den Kontextmenübefehl *Eigenschaften* wählen. Entfernen Sie die Markierung des Kontrollkästchens *Schreibgeschützt* auf der Registerkarte *Allgemein* und schließen Sie das Dialogfeld über die *OK*-Schaltfläche. Ist das Schreibschutzattribut der Datei nicht gesetzt? Dann kann es sein, dass ein anderes Programm die Datei oder den Ordner noch verwendet. Warten Sie ggf. bis zum nächsten Windows-Neustart und probieren Sie danach erneut, das Element zu löschen.

Probleme beim Drucken

Der Drucker funktioniert nicht

Die Druckausgabe ist gestört und Windows zeigt eine Meldung als QuickInfo im Infobereich der Taskleiste.

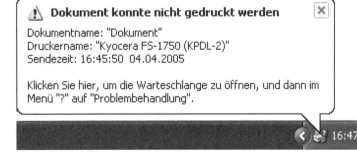

⚠ **Dokument konnte nicht gedruckt werden** ✖

Dokumentname: "Dokument"
Druckername: "Kyocera FS-1750 (KPDL-2)"
Sendezeit: 16:45:50 04.04.2005

Klicken Sie hier, um die Warteschlange zu öffnen, und dann im Menü "?" auf "Problembehandlung".

16:47

Zum Beheben der Druckerstörung sollten Sie die folgenden Punkte überprüfen:

- Ist der Drucker eingeschaltet und erhält er Strom?
- Ist das Druckerkabel zwischen Rechner und Drucker richtig angeschlossen?
- Ist der Drucker auf **online** gestellt?
- Hat der Drucker genügend Papier und Toner bzw. Tinte?
- Gibt es eine Störung am Drucker (z.B. Papierstau)?

Prüfen Sie bei einem neuen Drucker oder bei Änderungen an Windows, ob der Druckertreiber richtig eingerichtet ist. Sobald die Störung behoben ist, sollte der Ausdruck wieder möglich sein.

TIPP

Falls Sie den Drucker zur Störungsbehebung abschalten müssen, würde der Drucker beim Einschalten nur »Mist« ausgeben. Wählen Sie in diesem Fall das im Infobereich eingeblendete Druckersymbol per Doppelklick an. Im Fenster des Druckmanager sehen Sie die noch nicht ausgeführten Druckaufträge. Wählen Sie im Menü *Drucker* den Befehl *Alle Druckaufträge abbrechen*. Nach dem erneuten Einschalten des Druckers werden diese Aufträge dann gelöscht.

Querdruck beheben

Die Druckausgaben erfolgen quer auf dem Blatt. In diesem Fall müssen Sie die Druckoptionen von Querformat auf Hochformat umstellen. Sie können dies auf der entsprechenden Registerkarte vornehmen, die Sie aus dem Dialogfeld *Drucken* über die Schaltfläche *Eigenschaften* erreichen (siehe auch Kapitel 4 im Abschnitt zum Drucken in Word).

Internetprobleme

Die Verbindung zum Internet klappt nicht

Überprüfen Sie die folgenden Punkte:

Sind alle Kabel richtig angeschlossen und ist das Analog- bzw. ISDN-Modem richtig konfiguriert (z. B. Treiber vorhanden)?

Funktioniert das Telefon oder ist die Telefonleitung vielleicht gestört?

Klappt die Einwahl, aber der Zugang wird abgelehnt, prüfen Sie, ob die Zugangsdaten (Einwahlnummer, Benutzername, Kennwort) richtig eingetragen sind (siehe Kapitel 5).

Die angewählte Webseite wird nicht geladen

Tut sich im Browser nach der Eingabe einer Webseitenadresse nichts, schauen Sie nach, ob in der Titelleiste der Begriff »Offline« auftaucht. In diesem Fall wählen Sie im Menü *Datei* den Befehl *Offlinebetrieb* an (es darf kein Häkchen vor dem Befehl angezeigt werden). Überprüfen Sie, ob die Adresse richtig geschrieben ist – geben Sie ggf. die Adresse einer anderen Webseite zum Test ein. Wird diese Seite angezeigt, liegt eine Störung im Internet vor; probieren Sie es zu einem späteren Zeitpunkt nochmals mit der Adresse.

Der Internet Explorer versucht beim Start online zu gehen

Sie haben vermutlich eine Webseite als Startseite eingestellt. Wählen Sie im Menü *Extras* des Internet Explorer den Befehl *Internetoptionen*.

Klicken Sie auf der Registerkarte *Allgemein* auf die Schaltfläche *Leere Seite* und schließen Sie das Dialogfeld über die *OK*-Schaltfläche.

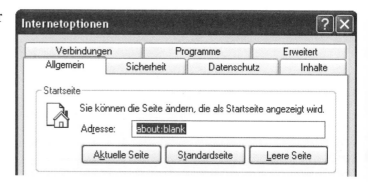

Dann zeigt der Browser zukünftig beim Start eine leere Seite an. Findet sich nach dem Neustart wieder eine Webseite im Feld *Adresse*, ist vermutlich ein Schädling (Hijacker) im System. Lassen Sie dann das Notebook von einem Spezialisten überprüfen.

TIPP

Eine wesentlich umfangreichere Pannenhilfe für die kleinen und großen Probleme, die mit dem Notebook oder beim Arbeiten mit Windows auftreten können, finden Sie in dem von mir beim Verlag publizierten Titel »Erste Hilfe für Ihr Notebook«.

Lexikon

ActiveX
Zusatzprogramme für den Internet Explorer, deren Funktionen in Webseiten genutzt werden können. Es sollten nur ActiveX-Komponenten von vertrauenswürdigen Firmen eingesetzt werden, Module aus unbekannter Quelle stellen Sicherheitsrisiken dar.

Adresse
Speicherstelle im Adressbereich (Hauptspeicher) des Computers oder Angabe zur Lage einer **Webseite** bzw. zum Empfänger einer **E-Mail**.

ADSL
Abkürzung für Asymmetric Digital Subscriber Line, eine schnelle Technik zur Datenübertragung per Telefonleitung (schneller als ISDN).

Analog
Ein analoges Signal ist im Gegensatz zu Digitalsignalen ein kontinuierlich verlaufendes Signal bzw. dessen Übertragung (Beispiel: elektrische Ströme oder Schallwellen).

ANSI-Zeichen
ANSI ist die Abkürzung für American National Standards Institute. ANSI-Zeichen definieren die unter Windows verwendeten Zeichen.

Arbeitsspeicher (RAM)
Das ist der Speicher im Computer, der über kleine Steckmodule bereitgestellt wird. Die Speicherkapazität wird in Megabyte angegeben.

AVI
Spezielles von der Firma Microsoft definiertes Videoformat zur Speicherung von Filmen. Wird auch bei Videokameras benutzt.

Backslash
Der Schrägstrich \ (wird z.B. zum Trennen von Ordnernamen benutzt).

Backup
Bezeichnung für die Datensicherung (Dateien werden auf CD/DVD gesichert).

BASIC
Abkürzung für Beginners All-purpose Symbolic Instruction Code. Das ist eine in den 1960er Jahren entworfene Programmiersprache für Einsteiger. Unter Windows leben die Ansätze von BASIC in Produkten wie Microsoft Visual Basic, VBA (Programmiersprache in Microsoft Office) und in VBScript (Skriptsprache) weiter.

Baud
Geschwindigkeitsangabe bei der Datenübertragung über serielle Leitungen.

Beta-Software
In der Erprobung/Entwicklung befindliche Programme, die noch nicht zum Verkauf freigegeben sind.

Bildschirmschoner
Programmfunktion, die beim unbenutzten, aber eingeschalteten Notebook nach einer Wartezeit wechselnde Motive auf dem Bildschirm zeigt. Bei TFT-Anzeigen überflüssig.

BIOS
Abkürzung für Basic Input Output System. Dies sind Programmfunktionen, die fest in einem ROM-Baustein auf der Hauptplatine des Notebooks hinterlegt sind und Basisfunktionen zur Steuerung der Rechners bieten.

Bit
Das ist die kleinste Informationseinheit in einem Computer (kann die Werte 0 oder 1 annehmen). 8 Bit werden zu einem Byte zusammengefasst.

Bitmap
Format, um Bilder oder Grafiken zu speichern. Das Bild wird wie auf dem Bildschirm in einzelne Punkte aufgeteilt, die zeilenweise gespeichert werden.

Bluetooth
Nach dem dänischen König »Blauzahn« benannte neue Funktechnik, um Geräte wie Maus, Tastatur etc. drahtlos mit dem Computer zu verbinden. Soll schneller und zuverlässiger als die Infrarot-Übertragung arbeiten.

Booten
Laden des Betriebssystems nach dem Einschalten des Computers.

Bug
Englische Bezeichnung für einen Programmfehler.

Bus
Leitungssystem zur Übertragung von Signalen. Die Hauptplatine eines Computers enthält einen Bus, um die Steckkarten anzuschalten.

Byte
Gibt eine Menge von Computerdaten an. Ein Byte besteht aus 8 Bit und kann Zahlen von 0 bis 255 darstellen. 1024 Byte = 1 **Kilobyte** (KB), 1024 KB = 1 **Megabyte** (MB), 1024 MB = 1 **Gigabyte** (GB).

Chip
Allgemeine Bezeichnung für einen elektronischen Baustein.

Client
Rechner oder Programme, die mit einem Server Kontakt aufnehmen und dessen Dienste in Anspruch nehmen (z.B. Daten auf dem Server ablegen oder abrufen).

COM
Name der seriellen Schnittstellen des Computers (z.B. COM1:).

Cookie
Eine kleine Datei mit Zusatzinformationen, die vom Server beim Surfen im Internet auf dem lokalen Computer (Client) abgelegt wird. Wegen der Gefahr des Missbrauchs (Ausspionieren des Surfers) allgemein nicht gerne gesehen; bei bestimmten Webseiten wie beispielsweise Online-Shops aber

zur Speicherung des Warenkorbs erforderlich.

CPU
Englische Abkürzung für **Central Processing Unit**, die Recheneinheit (Prozessor) des Computers.

(Foto AMD)

Datenbankprogramme
Programme (z.B. Microsoft Access) zur Speicherung, Verwaltung und Abfrage von Daten.

Datenschutz
Gesetzliche Bestimmungen zum Schutz personenbezogener Daten gegen Missbrauch durch Dritte.

Decoder
Gegenstück zum Encoder; dient zum Entschlüsseln kodierter Signale (z.B. Satellitendecoder, MP3-Decoder, Audiodecoder, Videodecoder).

Defragmentieren
Bezeichnet das Neuschreiben von Teilen einer Datei in aufeinander folgende Abschnitte (Sektoren) einer Festplatte. Dies erlaubt einen schnelleren Zugriff auf die Daten der Datei.

Desktop Publishing (DTP)
Aufbereitung von Dokumenten (Prospekte, Bücher etc.) am Rechner.

DFÜ
Abkürzung für Datenfernübertragung.

DHTML
Kürzel für Dynamic HTML (HTML plus Skriptprogramme für besondere Effekte).

Digital
Im Gegensatz zu *analog* eine diskrete Darstellung von Signalen oder Funktionen mit den Zuständen 0 und 1. Besitzt große Bedeutung bei Computern.

DirectX
Spezielle Softwareerweiterung für Windows, die Anwendungen den direkten Zugriff auf Video- und Sound-Hardware erlaubt.

Divx
Andere Bezeichnung für das MPEG4-Verfahren zur Speicherung von Videodaten.

Drag & Drop
Wörtlich »Ziehen und Ablegen«, eine Technik in Windows, mit der Objekte per Maus bei gedrückter linker Maustaste gezogen werden. Durch Loslassen der Maustaste werden die Objekte (z.B. im Papierkorb) abgelegt.

Editor
Programm zum Erstellen und Bearbeiten einfacher Textdateien.

Encoder
Verschlüsselung bzw. Umformung von Signalen/Daten und damit das Gegenstück zum Decoder. Encoder wandeln z.B. Musikdaten oder Videodaten in eine komprimierte, d.h. wesentlich kompaktere, Form um.

Ethernet
Technik zur Übertragung von Daten in Netzwerken.

Farbkalibrierung

Erlaubt die Festlegung, wie Farbtöne zwischen verschiedenen Geräten wie Scanner, Monitor, Drucker umzurechnen sind, um immer den gleichen Farbeindruck zu erreichen.

Farbtiefe

Gibt an, wie viele Farben pro Bildpunkt darstellbar sind. Bei 8-Bit-Farbtiefe sind 256 Farben darstellbar. Eine 24-Bit-Farbtiefe erlaubt 16,8 Millionen Farben pro Bildpunkt (Echtfarbendarstellung). Bei 16-Bit-Farbtiefe sind nur 65.000 Farben möglich (High-Color-Darstellung).

FAT

Abkürzung für **File Allocation Table**. Definiert, wo und wie Windows Dateien auf Disketten/Speicherplatten ablegt und verwaltet. Auf der Festplatte kommt meist das effizientere und sicherere NTFS-Dateisystem (New Technology File System) zum Einsatz.

Firewire (IEEE 1394)

Eine in der Norm IEEE 1394 festgelegte Technik, mit der sich externe Geräte wie Laufwerke, Kameras, CD-Laufwerk etc. über ein entsprechendes Kabel an die Firewire-Schnittstelle des Computers anschließen lassen. Erlaubt eine schnellere Datenübertragung als der USB-Bus.

Firmware

In einem Gerät oder im Computer fest hinterlegte Programmfunktionen, die beim Einschalten des Geräts sofort zur Verfügung stehen.

Flame

Verletzende oder beleidigende Antwort auf einen Beitrag in Nachrichtengruppen oder auf eine E-Mail.

Flash

Name einer Technik, um in Internetseiten Trickfilme und Effekte speicherplatzsparend abzubilden. Benötigt einen Flash-Player zur Wiedergabe im Browser.

Flash-Speicher

Spezieller Baustein, dessen nichtflüchtiger Inhalt gelöscht und neu beschrieben werden kann.

Font

Englisch für Schriftart.

Format

Anordnung von Daten. Speicherkarten werden durch Formatieren zur Aufnahme von Daten (Ordner, Dateien) vorbereitet. Bei Texten bedeutet Formatieren das Auszeichnen von Textstellen durch Unterstreichen, fett Hervorheben etc.

Frame

Englischer Name für Rahmen. Bei der Anzeige einer Webseite im Browser bezeichnen Frames rechteckige Ausschnitte im Dokumentfenster, in denen weitere Dokumente angezeigt werden können. Bei Videobildern bezeichnet ein Frame das Einzelbild.

Frequenz

Maß für die Geschwindigkeit (Taktrate), mit der ein Signal sich ändert. Bei Rechnern gibt die Taktfrequenz der CPU einen Hinweis auf deren Schnelligkeit. Heutige Rechner werden mit Taktraten im Gigahertzbereich betrieben.

FrontPage/FrontPage Express
Programme der Firma Microsoft zur
Erstellung von Webseiten.

Gbyte
Abkürzung für Gigabyte (GB, entspricht 1.024 Megabyte).

GIF
Grafikformat, das zur Speicherung
von Bildern insbesondere für Webseiten benutzt wird.

Hacker
Personen, die illegalerweise in fremde
Computersysteme eindringen.

Hardcopy
Englischer Ausdruck für einen ge-
druckten Bildschirmabzug.

Hertz
Maßeinheit (Hz) für die Frequenz.
1000 Hertz = 1 Kilohertz (KHz),
1000 KHz = 1 Megahertz (MHz),
1000 MHz = 1 Gigahertz (GHz).

Homepage
Startseite einer Person oder Firma
im World Wide Web. Von der Startseite führen Hyperlinks zu weiteren
Webseiten.

Hotline
Telefonische Kontaktstelle eines Herstellers für Hilfe bei Problemen mit
einem Produkt.

HTML
Steht für **Hypertext Markup Lan-
guage**, dem Dokumentformat im
World Wide Web. Mit HTML werden
Webseiten erstellt.

HTTP
Akürzung für **H**ypertext **T**ransfer **P**ro-
tocol, ein Standard zum Abrufen bzw.

Übertragen von Webseiten.

Icon
Englischer Name für die kleinen
Symbole, die unter Windows auf dem
Desktop oder in Fenstern angezeigt
werden.

Java/JavaScript
Jeweils eine Programmiersprache, die
z.B. zum Erstellen von Zusatzfunktionen in Webseiten zum Einsatz
kommt.

Joystick
Ein Joystick ist eine Art Steuerknüppel
zur Bedienung von Spielprogrammen.

JPEG
Grafikformat, das für Grafiken in
Webseiten benutzt wird.

Junk-Mail
Unerwünschte E-Mail, die meist Müll
enthält.

Kbyte
Abkürzung für Kilobyte (entspricht
1.024 Byte).

Komprimieren
Verdichten von Daten, so dass diese
weniger Platz benötigen.

Konvertieren
Umwandeln von Daten oder Signalen
in eine andere Darstellung (z.B. ein
Dateiformat in das Format eines anderen Dateityps umsetzen).

LAN
Abkürzung für **Local Area Network**; bezeichnet ein Netzwerk
innerhalb einer Firma.

Layout
Das Layout legt das Aussehen eines
Dokuments fest.

317

LCD
Spezielle Anzeige (Liquid Crystal Display) auf Flachbildschirmen.

Linux
Alternatives Unix-basiertes Betriebssystem, welches weltweit von vielen Leuten weiterentwickelt wird und frei verfügbar ist. Konkurrenz bzw. Alternative zu Microsoft Windows.

Macintosh
Eine Rechnerfamilie der Firma Apple.

Mailbox
Englisch für elektronischer Briefkasten.

Makro
Aufgezeichnete Folge von Tastenanschlägen oder Befehlen, die anschließend automatisch wiederholt werden kann.

Manual
Englischer Name für ein Handbuch.

Mbyte
Abkürzung für Megabyte (1 Million Byte).

MIDI
Musical Instruments Digital Interface. Über diese Schnittstelle kann der Computer digitale Instrumente ansteuern. MIDI-Dateien enthalten Noten, die der Computer über einen Synthesizer in Klänge umsetzen kann. Dadurch lassen sich elektronische Stücke (Instrumentalstücke) sehr kompakt speichern und später wiedergeben.

MP3
Standard zur Komprimierung und Speicherung von Musik in Dateien. Das MP3-Verfahren führt zu sehr kleinen Dateien, spezielle MP3-Player

können die Musik auf Chips speichern und wiedergeben.

MPEG
Steht als Abkürzung für Motion Picture Experts Group, ein Gremium zur Standardisierung von Verfahren zur Komprimierung und Speicherung von Musik und Videos in Dateien. Es gibt verschiedene MPEG-Verfahren (MPEG-2, MPEG-3, MPEG-4) zur Speicherung und Wiedergabe dieser Dateien.

Multimedia
Techniken, bei denen auf dem Computer Texte, Bilder, Video und Sound integriert werden.

Netzwerk
Verbindung zwischen Rechnern, um untereinander Daten austauschen zu können.

NTBA
Abkürzung für Netzwerk-Terminator-Basisanschluss, eine Baugruppe, die beim Kunden montiert wird und den Zugang zum ISDN-Netzwerk der Telefongesellschaft bereitstellt.

OCR
Abkürzung für Optical Character Recognition. Mit OCR ist es möglich, Textseiten per Scanner einzulesen und den ursprünglichen Text herauszulesen. Der Text kann dann mit Programmen wie Microsoft Word weiter verarbeitet werden.

Onlinedienst
Dienste zum Zugang zum Internet wie T-Online, AOL oder CompuServe.

Online-Shop
Webseite, über die Waren bestellt werden können.

Outlook/Outlook Express
Windows-Programme zum Erstellen,
Versenden, Lesen und Empfangen
von E-Mails.

Packer/Packprogramm
Ein Programm wie WinZip, das Dateien in eine komprimierte Form (z.B.
mit Dateinamenerweiterungen wie
.zip, .arc oder .lzh) umwandeln kann.
Dies erlaubt die kompakte Speicherung von Dokumenten (z.B. Bilder).

Parallele Schnittstelle
Anschluss zwischen einem Computer
und einem Gerät (meistens einem
Drucker).

PDA
Abkürzung für Personal Digital Assis-
tant, ein kleiner in der Hand zu hal-
tender Computer (auch als Organizer
bezeichnet), mit dem sich Adressen,
Telefonnummern und Termine verwalten lassen.

PDF-Format
Spezielles Format der Firma Adobe
zur Speicherung und Wiedergabe von
Dokumenten (Text, Bilder etc.). PDF-
Dateien lassen sich mit dem freien
Programm Adobe Acrobat Reader auf
verschiedenen Computern anzeigen.

Peripheriegerät
Sammelbegriff für Geräte wie Drucker,
Scanner etc., die sich an den Compu-
ter anschließen lassen.

PGP
Abkürzung für Pretty Good Privacy,
ein Programm zur Verschlüsselung
von Daten.

Pin
Bezeichnung für einen Kontaktstift in
Steckern, an Chips oder auf Platinen.
PIN ist auch die Abkürzung für Perso-
nal Identification Number, die per-
sönliche Identifikationsnummer für
EC-Karten und Geldgeschäfte.

Pixel
Englische Bezeichnung für Picture
Element, d.i. ein Bildpunkt in einer
Grafik.

Plug-In
Zusatzprogramm, welches in eine
Anwendung integriert wird und dieser
neue Funktionen bereitstellt. Plug-
Ins werden gelegentlich bei Browsern
benutzt, um neue Dokumentformate
(z.B. Flash-Player) darstellen zu können.

Proxy
Ein Computer im Internet, der häufig
angeforderte Webseiten zwischen-
speichert, damit diese beim Abrufen
durch die Benutzer schneller angezeigt werden. Über einen Proxy-Server
lässt sich auch kontrollieren, welche
Webseiten überhaupt erreichbar sein
sollen.

Public Domain
Public Domain ist Software, die
öffentlich zugänglich ist und mit
Erlaubnis des Autors frei kopiert oder
weitergegeben werden darf (siehe
auch Freeware).

QWERTY-Tastatur
Dieser Name bezeichnet die englische Tastatur (die ersten sechs Tasten
der zweiten Reihe ergeben das Wort
QWERTY).

Registrierung

Stelle (Datenbank), in der Windows seine Konfigurierung (d.h. Benutzereinstellungen, Programmeinstellungen, Geräteeinstellungen) hinterlegt. Oder Mitteilung an einen Hersteller, dass man ein Programm gekauft hat und benutzt.

RGB

Steht für Rot, Grün und Blau, ein Farbsystem, mit dem sich eine Mischfarbe aus den genannten Grundfarben definieren lässt. Wird bei Farbgrafiken benutzt, um die Farbe eines Bildpunkts anzugeben.

RJ-11-/RJ-45-Stecker

Genormte Stecker, die z.B. in modernen Telefonen (RJ-11) zum Anschließen des Telefonkabels, bei ISDN-Anschlüssen in der Wandanschlussdose genutzt wird. Der RJ-45-Stecker kommt dagegen bei DSL- und Netzwerkanschlüssen zum Einsatz.

ROM

Steht für Read Only Memory. ROMs sind Speicherbausteine, die den Inhalt (Programme, Daten) auch beim Ausschalten des Rechners behalten. Die Informationen in ROMs lassen sich nicht verändern, sondern werden bei der Herstellung des Bausteins aufgebracht. Das BIOS eines Rechners ist üblicherweise in einem ROM (oder in Varianten wie EPROM) gespeichert.

Scanner

Ein Zusatzgerät, mit dem sich Bilder oder Schriftstücke in den Computer einlesen lassen.

SCART

Anschlussbuchse, über die sich Bilder und Ton (z.B. zwischen Fernsehgerät und Computer) übertragen lassen.

Schnittstelle

Sammelbegriff für die Verbindungsstellen verschiedener Computerteile (meist Hardware, der Name wird aber auch für Verbindungsstellen in Software benutzt).

Server

Hauptrechner in einem Netzwerk, der Client-Rechnern Dienste (Services) wie Speicherplatz bereitstellt.

Setup

Programm zum Einrichten (installieren, konfigurieren) einer Hard- oder Softwarekomponente.

Signatur

Unterschrift unter ein Dokument. In der Computertechnik werden Signaturen zur eindeutigen Identifizierung des Absenders sowie zur Verifizierung der Gültigkeit eines elektronischen Dokuments (E-Mail, Bestellung, Programm) benutzt.

Smiley

Aus Zeichen wie :-) stilisiert dargestellte Gesichter. Werden bei elektronischen Nachrichten (E-Mail) häufig in den Text eingebaut, um Aussagen abzuschwächen oder Stimmungen wiederzugeben.

SMTP

Abkürzung für Simple Mail Transfer Protocol, ein Protokoll, mit dem sich elektronische Post von einem lokalen Computer in den »Briefkasten« des E-Mail-Servers im Internet übertragen lässt. Gegenstück ist das POP3-Protokoll zum Abholen eingegangener Post.

Snap-Shot/Screenshot

Schnappschuss, allgemein ein Abzug des aktuellen Bildschirminhalts. Kann unter Windows über die Taste `Druck` angefertigt und mit den Tasten `Strg`+`V` aus der Zwischenablage in ein Grafikprogramm mit Paint übernommen werden. Die Tastenkombination `Alt` + `Druck` fertigt dagegen nur einen Abzug des aktuellen Fensters in der Zwischenablage an.

Spam-Mail

Bezeichnung für unerwünschte E-Mails, die Werbung, Kettenbriefe oder anderen Müll enthalten.

SSL-Protokoll

Steht für Secure-Socket-Layer, ein Protokoll zur sicheren Verschlüsselung von Daten (z.B. Kreditkarteninformationen) zur Übertragung im Internet.

S-Video

Steht für Super-Video, eine Technik, bei der Farb- und Helligkeitsinformationen getrennt übertragen werden.

Suchmaschine

Webseite im Internet, über die Sie gezielt über Stichwörter nach anderen Seiten im WWW suchen lassen können.

Super-Video-CD

CD-ROM, auf der Videos im MPEG-2-Verfahren gespeichert werden. Bietet eine etwas schlechtere Qualität als DVDs, erlaubt aber die Verwendung normaler CDs.

TCP/IP

Ein Protokoll, d.h. eine Vereinbarung, zur Übertragung von Daten in Netzwerken. Ist das Standardprotokoll im Internet.

Trojaner

Programme zum Ausspionieren eines Rechners. Gaukeln im Vordergrund dem Benutzer z.B. eine Funktion vor und übertragen im Hintergrund Kennwörter an eine Internetadresse.

Unicode

Ein 16-Bit-Zeichenstandard, der in einigen Windows-Versionen benutzt wird. Der Vorteil des Unicode-Zeichensatzes besteht darin, dass dort auch Zeichen anderer Sprachen wie Hebräisch, Arabisch, Koreanisch, Japanisch, Chinesisch etc. festgelegt sind.

URL

Abkürzung für **Uniform Resource Locator** (Adresse einer Webseite).

Utility

Das englische Wort für Werkzeug, beim Computer meist der Sammelbegriff für verschiedene Hilfsprogramme.

Verschlüsselung

Bezeichnet ein Verfahren zur Umwandlung von Nachrichten (z.B. Daten) in Zeichenfolgen, in denen die Ursprungsdaten nicht mehr erkennbar sind. Der Empfänger solcher Daten kann diese mit dem richtigen Schlüssel wieder in die Ursprungsdaten zurückwandeln (entschlüsseln). Verhindert die missbräuchliche Einsicht vertraulicher Daten durch Dritte.

VGA
Grafikstandard (16 Farben und 640 x 480 Bildpunkte). Heute wird Super-VGA mit mehr Farben und Bildpunkten benutzt. Ein VGA-Ausgang erlaubt den Anschluss eines VGA-Bildschirms an eine VGA-Grafikkarte.

Viren
Programme, die sich selbst verbreiten und in andere Programme kopieren, wobei häufig Schäden an anderen Programmen, an Daten oder an der Hardware auftreten. Meist werden Viren durch ein bestimmtes Ereignis ausgelöst (z.B. an einem bestimmten Tag). Es gibt unterschiedliche Viren, die auch unterschiedlich wirken. Je nach Wirkungsweise unterscheidet man Boot-Viren, Makro-Viren, Skript-Viren, Trojanische Pferde etc.

Website
Eine Präsenz einer Firma oder einer Person im World Wide Web.

WMA/WMV
Abkürzung für Windows Media Audio und Video, zwei von Microsoft definierte Formate zum Speichern von Audio- (WMA) und Videodaten (WMV).

WYSIWYG
Kürzel von: what you see is what you get. Bezeichnet eine Darstellung von Inhalten (Texten), die bereits bei der Eingabe so angezeigt werden, wie sie beim Ausdruck oder bei der Ausgabe angezeigt werden.

XML
Abkürzung für Extended Markup Language, eine Spezifikation zur Speicherung von Daten in Webseiten.

Zertifikat
Dient im Web zur Bestätigung der Echtheit eines Dokuments.

ZIP-Datei
Eine mit einem speziellen Programm erstellte Archivdatei, die andere Dateien in einem komprimierten Format enthält. Wird häufig benutzt, um viele Dateien kompakt in einem Archiv abzulegen und dann per E-Mail zu versenden oder per Diskette weiterzugeben.

Stichwortverzeichnis

329